外国货币史译丛   石俊志 主编

A Monetary History of the Ottoman Empire

奥斯曼帝国货币史

瑟夫科特·帕慕克（ŞEVKET PAMUK）著

张红地 译

中国金融出版社

责任编辑：刘 钊 吕 楠
责任校对：孙 蕊
责任印制：丁淮宾

北京版权合同登记图字 01-2018-5700

图书在版编目（CIP）数据

奥斯曼帝国货币史／（土）瑟夫科特·帕慕克著；张红地译 .—北京：中国金融
出版社，2020.9
ISBN 978-7-5220-0857-8
（外国货币史译丛）

Ⅰ.①奥… Ⅱ.①瑟… ②张… Ⅲ.①奥斯曼帝国—货币史 Ⅳ.①F823.749

中国版本图书馆 CIP 数据核字（2020）第 204277 号

奥斯曼帝国货币史
AOSIMAN DIGUO HUOBISHI
出版
发行 **中国金融出版社**
社址 北京市丰台区益泽路 2 号
市场开发部 （010）66024766，63805472，63439533（传真）
网 上 书 店 http://www.chinafph.com
（010）66024766，63372837（传真）
读者服务部 （010）66070833，62568380
邮编 100071
经销 新华书店
印刷 北京市松源印刷有限公司
尺寸 155 毫米×230 毫米
印张 13.5
字数 196 千
版次 2021 年 1 月第 1 版
印次 2021 年 1 月第 1 次印刷
定价 98.00 元
ISBN 978-7-5220-0857-8
如出现印装错误本社负责调换 联系电话（010）63263947

总　　序

货币史是经济史的重要组成部分。

货币史研究可以分为两种形式：一是关于古代货币本身的研究，在中国体现为《钱谱》《古泉谱》等民间著作，西方国家亦有各种《钱币目录》流传于世，这种研究被称为"钱币学"；二是关于古代货币发展历程的研究，在中国体现为历朝的《食货志》，以及近代学者撰写的货币史论著，西方国家亦有各种关于古代货币发展历程的专著。

近代数百年间，世界范围的社会史学出现了蓬勃的发展，结合古代钱币学的丰硕成果，促进了货币史学的崛起，各种货币史著作纷纷涌现，使我们能够在此基础上，开展进一步的研究。

研究货币史可以使我们同时获得两个方面的学术成果：一是货币学的学术成果；二是历史学的学术成果。研究外国货币史更可以使我们深刻了解世界各国的社会结构、历史演变和文化根源。

货币史学借助货币学与历史学学科交叉的方式，通过对古代各王朝货币状况的分析，深入探讨货币起源、货币本质、货币演变规律等货币理论，使货币理论从历史实践上获得更加坚实的基础。

此外，货币史学更重要的意义在于揭示历史真实，辨真伪，明是非，以史为鉴，面对未来。

古代各民族、各王朝的盛衰兴替，都有政治、经济、军事、文化等诸多方面的原因。然而，传统的政治精英史对于古代各民族、各王朝的败亡，多归咎于其军事失败或政治失败，很少分析其经济原因。

马克思主义主张：经济基础决定上层建筑。采取马克思主义的科学研究方法，分析古代各民族、各王朝的经济变化，才是找出其败亡原因的最佳途径。

从经济角度研究古代社会是一个比较可靠的视角。记述历史的人，大多难以摆脱其政治立场。因此，史书典籍中记载的帝王将相、社会精英们的政治、军事活动及其言论主张，多有虚假伪造。经历了后世历代王朝基于各种不同政治立场的人们的反复篡改，历史就变得更加扑朔迷离。然而，无论是伪造历史，还是篡改历史，都围绕着政治立场展开，很少在社会经济状况方面蓄意作伪。于是，从经济角度研究古代社会，我们就获得了一个比较可靠的研究视角。

无论在中国古代，还是在外国古代，货币是社会经济中枢纽带。货币发展对社会变化发挥着重要的影响作用。所以，研究外国货币史是拨开世界古代各国、各王朝盛衰兴替迷雾的"钥匙"。

然而，迄今为止，我国对世界各国货币史知之甚少，有关资料、书籍十分匮乏。为此，国民信托博士后工作站与华南理工大学货币法制史研究中心联手合作，针对世界各国货币史进行研究。在此基础上，我们邀请了一批国内金融学、法学、史学和外国语的专家学者，经过认真广泛的调查收集，筛选了一批外国货币史著作，翻译成中文，介绍给国内读者。

我们相信，这套《外国货币史译丛》的出版，对于我国货币理论研究，以及我国关于世界各国历史、政治、经济和文化的研究，具有一定的参考价值。

2017 年 4 月 16 日

序 言

　　本书写的是在资本主义萌芽时期，货币、帝国以及它们在世界经济中的地位。在研究方法和研究重点上，最近几十年来诸多优秀的历史学家对该领域的研究，令我深受启发，认识到货币的历史博大精深。这些历史学家包括费尔南·布罗代尔（Fernand Braudel），我以前的老师卡罗·奇波拉（Carlo Cipolla）、维托利奥·麦哲伦－乔达诺（V. Magalhaes－Godinho）、彼得·斯塔福德（Peter Spufford）、皮埃尔·维拉尔（Pierre Vilar）等。长途贸易和货币流通之间的频繁双向互动，让全球视野成为理解中世纪和现代早期货币史的关键。特别是位于洲际贸易交叉点的庞大帝国，它的货币史总是容易受到商业、支付和货币流通变化的影响。因此，货币历史让我们能超越很多历史学家条块分割的研究方法，而着重研究地中海东部或姑且称近东和欧洲及南亚超过六个世纪的历史联系。

　　货币史上一个重要的问题是价格、通货膨胀及其对早期现代世界的影响。自从厄尔·汉密尔顿（Earl J. Hamilton）大半个世纪前根据在西班牙档案馆收藏的证据提出新的货币理论后，历史学家就对 16 世纪及 17 世纪早期从美洲大量涌入的黄金和白银与旧大陆的物价上涨之间的联系争论不休。近几十年来，最支持这一假说的要数追随货币主义和年鉴学派的经济史学家。20 多年前，欧麦·鲁特非·巴坎（Ömer Lütf Barkan）在一次辩论中，将 16 世纪 80 年代的奥斯曼价格上涨与来自欧洲的贸易和货币流入联系在一起时，提供了一个最引人注目的设想——在辩论中引用奥斯曼。他的理论框架与年鉴学派的理论框架非常相似。然而，米歇尔·莫里诺（Michel Morineau）最近编制的新数据表明，汉密尔顿的数据是不完整的，在 17 世纪乃至随后，流入欧洲的货币一直在持续增加甚至在价格已经开始下降之后仍在增加。他的发现对金条（bullion）流入和通货膨胀之间因果联系的有效性提出严重质疑。鉴于这些新发现可能会提供新的视角以供探讨地中海在现代早期对西方和东方之间的联系，现在将返回最近的辩论。

因此，不同于对奥斯曼货币史数量有限的早期研究，目前的研究将会立足于奥斯曼帝国的更广泛角度，关注整个奥斯曼货币体系，尽可能多地研究货币体系的各个方面及其相互联系。在可利用的资源范围内，研究将涵盖奥斯曼帝国的所有地区，从巴尔干半岛（Balkans）和克里米亚（Crimea），经叙利亚（Syria）、埃及（Egypt）和波斯湾（Gulf）到马格里布（Maghrib）。毫无疑问，中心地区和这些地区之间的政治的、行政的以及经济的联系，在不同时期差别巨大。特别是地区间的经济联系被带入自西欧到印度洋地区迥异的贸易模式和支付流动中。因此，鉴于本土经济和全球经济发展的双重力量，本书将重点关注货币安排的复杂性、异质性及其进化。我希望从奥斯曼帝国整体这样一幅"恢宏画卷"的视角研究货币史，能为其他问题提供重要的洞察线索，特别是奥斯曼帝国的历史和演变、帝国的含义、帝国的本质以及奥斯曼帝国自身如何看待自己。

对货币史的深入了解也应该为研究这些地区的经济和社会历史提供新的视野。一提到货币的来源（availability）和使用，许多历史学家长期认为，奥斯曼帝国信用市场不发达，也长期缺乏钱币和货币（specie and coinage）。例如，费尔南·布罗代尔（Fernand Braudel）在他颇受追捧的有关资本主义崛起的三卷本中，有关于奥斯曼经济的资料也不是全都准确的。

总之，商业生活在土耳其仍有一些陈旧的特性……原因是货币（money）作为西方贸易的工具，通常在土耳其帝国都是微不足道的。这些货币部分流入了一直洞开的苏丹国库中，有些则被用于推动顶级贸易，其余的大量地流失于印度洋地区。西方世界由此享有在黎凡特市场

自由使用其货币的权利……①

毫无疑问，奥斯曼市场经历了货币（specie）的周期性短缺。在一些时期的主要特点就是货币短缺，如17世纪下半叶。事实上上文所提及的就是这一时期的发展。然而，如果认为货币短缺是奥斯曼经济从15世纪到18世纪的持续特征，并不恰当。事实上，来自各方面的档案资料和其他资料足以证明，虽然货币化程度在不同的时间和空间有所差异，但在奥斯曼帝国这片土地上，使用货币的人并不仅仅是城市居民。特别是在16世纪，随着货币的增长，以及城市和农村地区经济联系更加紧密，加之国家对更多的经济活动进行征税，大量的农村人口通过参与市场交易来使用货币。此外，小规模但密集的信用网络关系在城市中心及其周围发展起来。农民、牧民以及工匠、商人都参与了这些货币交易。同样，18世纪见证了奥斯曼帝国新货币的设立，即货币（coinage）和信贷使用率的增加以及在奥斯曼帝国的不同地区，主要是伊斯坦布尔和奥斯曼的货币之间日益密切的联系。

货币发展史上曾提出了一些关于国家经济政策本质的重要问题。现有史学一直强调，奥斯曼政府经常干预经济，为的是确保城市经济有序保障宫廷和军队的需求，更普遍的是为保持农民生产者、公会和城市消费者之间传统的平衡。在这个概念框架下，出现了争议，有部分学者认为在城市地区持续使用和实行价格上限（干涉主义）是奥斯曼干预主义和死板地维护传统秩序的典型例子。

我对奥斯曼干涉主义的说法持保留意见。因为有大量的证据表明，15世纪后，奥斯曼帝国逐渐意识到对经济事务采取干涉主义的局限。他们发现价格上限严重脱离了基础市场在现实中明显分化不能长期实行。出于此原因，奥斯曼的干涉主义越来越具有选择性。干涉主义主要用在对首都和军队的供应以及若干商品上。或许更重要的是，干涉主义并未被当作一项永久性政策，而是作为应对特殊情况的措施，如战争、

---

① Fernand Braudel, *Civilization and Capitalism, Fifteenth to Eighteenth Century*, Vol. III: *The Perspective of the World* (New York, NY: Harper and Row Publishers, 1982), 473.

首都供应遇到特殊困境，或者是货币波动期。

因为只有少量的有关货币问题的资料存在，所以我们对土耳其货币思想的了解相当有限。尽管如此，仍有可能通过研究政府的措施追溯其发展。政府措施表明奥斯曼的官僚们很快就认识到（如果说他们之前并不知道的话），国家干预货币事务比干预贸易和城市经济更困难，因为钱币、货币以及支付交易比商品交易更能轻易地规避官方的限制。出于这个原因，他们处理货币事务的方式总体上都较为灵活务实。如今重新评估这些货币实践，应该迫使我们重新考虑对奥斯曼经济实践和"奥斯曼经济头脑的假设"的认识。

然而，货币史提供的另一个观点是长期的经济波动或经济周期存在，导致货币和经济状况之间存在一个强大的、双向的互动。一方面，货币的稳定，经常为贸易和生产的扩张铺平道路。同样，货币不稳定或短缺通常会对信贷、生产和贸易产生负面影响。另一方面，经济繁荣或经济活动的扩张经常使一国能够获得额外的财政收入，这又反过来促进货币的稳定。因此，从长期来看，货币状况和经济状况存在诸多关联。因此，对奥斯曼帝国历史上的长期货币状况和事态进行研究可能会揭示出关于其长期经济周期和紧要关头的新证据。

大多数经济史学家都认为，直到16世纪80年代，至少在帝国的核心区域，16世纪是一个人口膨胀和经济扩张的时期。有关货币史的证据与这一观点是一致的。另一方面，对17世纪的定论仍是多种多样的。直到最近，奥斯曼史学描述的还是一个在16世纪后一直衰落的帝国。这种观点现在正被另一种观点取代，即更强调国家进行自我重组，以适应不断变化的环境的能力。这种灵活性正是帝国经久不衰的关键。这种范式转变的结果是，经济史学家们开始质疑17世纪和18世纪是否只是充斥着危机和停滞的时期。许多人都强调过18世纪期间贸易的扩大和生产的增长。很明显，货币史引发了这个辩论。本书发现，虽然17世纪的货币波动甚至出现分裂，但认为货币持续下降的旧理论也站不住脚。事实上，18世纪之后很长一段时间，都是奥斯曼货币体系的恢复时期，在这一时期，有了新的货币，帝国的中心和边缘地带之间的联系也得到了加强。显然，这些长期趋势具有重要的经济和政治意义。

本书的发现以及我正在进行的价格研究表明，奥斯曼历史上大多数快速贬值的时期以及通货膨胀，并不是发生在 16 世纪晚期至 17 世纪早期。这一所谓的价格革命，像经济史学家们一直认为的那样，发生在 19 世纪早期。这一时期即将迎来坦齐马特（Tanzimat），这是一个充斥着战争、内部叛乱和改革的时期。虽然帝国得益于价格回落，但价格的回落也催生出强大的政治反对派。从政治经济学的角度分析奥斯曼的衰落过程将收获丰硕的成果。因此，详细地分析价格快速上涨的原因、规模以及后果，不但能阐明那一时期的经济和社会史，也能阐明那一时期的政治。

尽管最近几十年来，对奥斯曼帝国的经济和社会史的研究不断增多，但是货币史研究仍是奥斯曼帝国以及更广泛的中东地区史学研究领域中最少的部分。在帝国各地实行的货币安排，对其基本特性和演变进行的全面研究当前还没有，更不用说对整个系统进行研究的逻辑（如果存在的话）。目前可用的经济史学家的作品相当过时，并且都是支离破碎的。钱币学文献虽然有助于阐述许多问题，但其范围仍然有限。货币史研究者也面临着风险和挑战，即编年史家和法律史家在几个世纪以来不断提供的有关货币和国家财政的零星碎片的文献，虽然是有用的，但很多都是错误的，会误导这些研究者。① 从这些大量的材料中取其精华，去其糟粕，至少需要建立一个独立的货币标准，这样才能够以更可靠的证据形式检验这些陈述和断言的正确性。

很明显，在项目的早期阶段，由于没有奥斯曼帝国货币单位的详细资料，不可能对其进行长期研究。鉴于来自造币厂和其他资源的档案证据的有限性，我为此广泛依赖奥斯曼钱币学（coinage）文献虽然不完整但却是很有价值的证据。使用大量已出版的文献连同档案材料，使我能够首次构造完整的奥斯曼货币标准时间序列［重量、纯度和硬币（specie）上的含量］，不仅包括了核心区的银阿克斯（akçe）和库鲁斯

---

① 例如，贝伦"贝林"，*Türkiye İktisadi Tarihi Hakkinda Tetkikler*，翻译、作家 Ziya（伊斯坦布尔：杰夫列特 . Matbassi, 1931）；埃弗雷姆 . Kolerk ilic, *smanli Imparatorluǧunda* 帕拉，（安卡拉：道古斯有限公司，şirketi Matbassi 1958）。

（Kuruş），奥斯曼金沙阿，还包括各省发行的帕拉（para）、沙阿（shai）、纳斯里（nasri）和里亚尔（riyal）。在这个框架中，硬币含量的下降，或其他表明货币质量不断下降的货币学证据，被认为是帝国财政恶化，或在整体经济层面货币日益短缺的写照。研究者将这些问题与各种档案资料相结合，并参照这些证据，核实这些问题。此外，他们还将这些货币与欧洲主要货币的汇率做对比。整个文本列出了详细的时间序列表，本书中相当一部分的分析都是以这些时间序列提供的证据和观点开始的。尽管如此，那些寻找奥斯曼货币史的著名特征 M × V = P × Q 的简单概述的人肯定会感到失望，因为即使可以估计价格水平与国民生产总值的近似值，除了两个时间点——15 世纪 60 年代和 1914 年——我们几乎没有奥斯曼货币供应的信息。

尽管对货币量进行跨时期的比较是长期研究最基本的前提，但中世纪晚期和近代早期的中东经济和社会史学家仍无法理解最基本的货币量，包括价格、工资和财富。随着对不同的奥斯曼货币标准的时间序列的建立，现在可以研究该地区价格的长期趋势，并将奥斯曼与旧世界其他国家的情况进行比较。

近年来，我一直在从事另一个相关的项目——研究伊斯坦布尔的价格和工资史，并在更有限的程度上研究 15 世纪到 1918 年奥斯曼的其他城市的价格和工资史。这个项目调用了大量的账簿，这些账簿不仅是为国家机构，如宫廷厨房所用，也是为宗教事务（瓦基佛）、个人、当地政府发布的有关官方价格上限的年度列表（干涉主义）、其他价格以及从奥斯曼档案查到的工资的证据。我们已将价格系列的一些初步结果纳入本书，收录在第七章和第十二章。这些资料表明，首先，货币贬值是奥斯曼通货膨胀最重要的原因；其次，在中期和长期伊斯坦布尔每克白银的价格随着地中海地区价格的变动而变动。后面这一发现再次被确认，因为海上贸易的力量，首都仍与几千英里外的地区在经济上紧密相连。初步结果还表明，在奥斯曼帝国的其他城市，特别是在沿海地区，长期价格趋势也都大同小异。因此，我们凭借这本书，加上即将对价格、工资，还有财富史开展的研究工作，可以将奥斯曼帝国经济的长期演进与那些也构建起同样安排的其他地区进行比较。

近年来，虽然我从古币研究学家的工作中受益匪浅，但只能希望以本书回报一二。我也认识到他们的关注和重点往往是不同于经济史学家的。在最后的分析中，我意识到我们对这些问题各有偏好，这恰好说明了我们的不同以及共同兴趣。

目　　录

第一章　引言

第一节　地中海盆地的贸易、货币和国家

经济学家通常不仅根据货币的功能和交易手段定义货币，而且也把货币当作支付手段，一个记账单位和价值储藏手段来定义它。这些货币职能就如何以及为什么使用货币给出了清晰的逻辑解释。在经济学家看来，真正的货币或发展成熟的货币需要实现所有这些功能。事实上，从历史发展的真实情况看，多种形式的货币只实现了部分功能。

从历史上看，货币作为支付手段的功能似乎比其作为交易手段历史更为悠久。在市场出现之前，古代统治者为搜罗各种形式的贡品，作为交易手段的货币由此出现。例如，即使在迦太基这样的城市，并且只在波斯帝国，货币的出现也仅仅是为军事开支提供一种手段，而不是作为交易的媒介。① 因此，在物物交换的情况下，可能有货币但没有市场交

---

① Max Weber, *General Economic History* (Glencoe, IL: The Free Press, 1927), chapter 19. 也可参考 Michael Crawford, "Money and Exchange in the Roman World," *Journal of Roman Studies* 60 (1970), 40 – 48；以及 Michael F. Hendy, *Studies in the Byzantine Monetary Economy c.* 300 – 1450 (Cambridge University Press, 1985) 讨论了更晚的罗马和拜占庭国家也有类似情形。

易，有物物交易但没有使用货币。① 然而，易货交易是一个昂贵笨重的交易系统。建立稳定的价值度量手段会极大地便利交易。虽然很多商品具有价值度量的功能，但金属最终承担起记账单位和交易工具的职能。金属货币被广泛接受实际上降低了交易成本，刺激了贸易的扩张。因此，货币化也就是货币使用的扩大，已经与商业化，也就是市场的出现和传播联系在一起。货币本身的概念和不同货币的历史发展特别依赖于市场的机构。

在货币使用的传播中，比交换和市场甚至更重要的是长途贸易的扩张。许多拥有大量贵金属资源的社会，直到贸易发展到要求充足的资金供应时，才开始利用这些贵金属。铸造货币的一个重要先驱是贵金属条，这些贵金属条由商家标印记，先后出现在印度市场、巴比伦和中国。通过称重得到公认，古代近东的锡克尔只是一块印有某个商业家族印记的银条。类似的是，中国银两也是一块由商业行会标明印记的银条。可见，交换和贸易出现在货币之前，并且创造了货币，而不是像货币创造了交换和贸易。

直到后来，国家才开始接管制造，并垄断了这一产业。货币第一次以钱币的形式出现，是在公元前 7 世纪的丽迪雅。并非巧合的是，丽迪雅位于安纳托利亚海岸，处于古代的贸易网内部。政治当局发行钱币的一个重要动机是，为他们自己提供提取和调动收入的方便。通过发行钱币，并要求以钱币形式支付税收，国家建立了法定的支付形式和私人交易的统一标准。尽管如此，我们应该强调货币作为一国的支付手段在逻辑上不同于它的交易功能。

希腊城邦最早的钱币作为交易媒介而在爱琴海和地中海流通之后，

---

① 可用的货币量下降并不总是导致市场汇率的下跌。当货币量减少时，市场汇率承压，但在某些情况下，借物物交易和其他做法避免下跌，比如由支付税收接管。有个印度的例子，见约翰·乐移（John Leyell），《没有白银的生活：中世纪早期印度北部的货币历史》（*Living Without Silver：the Monetary History of Early Medieval North India*, Delhi：Oxford University Press，1990）。

亚历山大大帝征服之战促进了这些钱币流入埃及、波斯帝国和印度北部。[1] 罗马帝国再现了货币和货币体系发展的一个重要阶段。地中海盆地及其周边地区的政治和经济的一体化，促进了这个大区域以黄金、白银和铜币为基础的货币体系的出现。随着各国规定国家标准，不同类型的钱币之间建立起合理且严格的关系。

黄金用于大型交易和财富储存，而青铜和后来的铜主要用于小型日常交易，银币占领了中间领域。商品货币的一个典型例子是，金银币的价值仍与金属包含的商品价值密切相关。相反，青铜币和铜币经常以法定货币形式流通，国家赋予它们的价值高于其金属含量。[2] 这个系统随着市场的扩张、经济的商业化和货币使用量的增加不断发展。欧洲和中东在现代使用的许多货币术语可以追溯到罗马时期。

古代也实行过国家钱币（coinage）垄断。从古希腊早期钱币开始，钱币的发行已经被看作统治者主权的一个重要的象征。[3] 然而，罗马人发行货币的动机超越了主权象征。像早期的国家一样，罗马人需要某种形式的货币收税，来向士兵、官僚和其他人支付报酬。或许更重要的是，他们意识到货币可用性和经济福祉之间存在联系。因此，发行货币促进了交易和贸易，促进了经济更好地运作。[4]

然而，需要在更广泛的背景下解释货币化。尽管货币或货币体系的主要功能是促进商品和服务的交换，以及执行财政目标和其他义务，但货币的存在不仅仅是降低交易成本。随着货币的产生，经济关系变得更加抽象，更公开。现金支付倾向于取代季节性劳动义务，进一步削弱了

---

① Philip Grierson, *Numismatics* (Oxford University Press, 1975), pp. 9 – 44.

② 前现代国家长期缺乏维护法定货币的权威性。法定货币的终极例子是纸币，纸币几乎没有商品价值。在现代之前，直到 14 世纪，纸币只是在中国得到成功应用。冯·德格拉恩（Von Glahn），《财富之泉》（*Fountain of Fortune*），48 – 70。

③ Thomas R. Martin, *Sovereignty and Coinage in Classical Greece* (Princeton University Press, 1985).

④ 霍普金在 "Taxes and Trade," 101 – 125. 中提出了精彩的讨论。Cranford 讨论了财务头寸，"Money and Exchange," 40 – 48 and Hendy, *Byzantine Monetary Economy*.

传统的维护权力和影响力的手段。从更长期来看，由于支付是约定俗成的，且有明文规定，货币势力范围的扩张和经济一样，对社会的影响更大。

自从金属钱币首次出现，从东方的波斯到西方欧洲的庞大地理区域，在经常借助地中海盆地这个重要的媒介基础上，见证了货币进化史中一些最鲜活的交易。最重要的是，这些交易是由于区域内部持续的商业交流。不仅是古希腊、罗马、萨珊、拜占庭、伊斯兰和西欧的钱币和设计在这个盆地流通，而且生产技术和货币管理也在这个盆地相互影响。地中海盆地也仍与旧世界的其他两个独立的货币传统保持联系，即印度次大陆以及中国，包括东亚和东南亚的货币传统。[1] 几个世纪以来，由于持续的商业联系，地中海和印度的货币传统持续地互相影响，而直到现代，东亚和东南亚都主要是在追求独立的方式。[2] 纸币在中国出现几百年之后，也就是在 11 世纪到 14 世纪，才在中国得以零星使用。纸币在 13 世纪通过蒙古人到达伊朗。比如马可·波罗记载的就是蒙古人对纸币的使用。但直到 17 世纪，纸币才出现在欧洲。

随着日耳曼入侵，地中海盆地的货币传统连同经济和商业出现了两个分支。在罗马帝国的西部省份，伴随着人口数量下降、贸易萎缩和城

---

① Grierson, *Numismatics*, pp. 9 – 44. 关于印度和东南亚货币体系的早期演进，参见 Leyell, *Living Without Silver*; and Robert S. Wicks, *Money*, *Markets and Trade in Early Southeast Asia*, *the Development of Indigenous Monetary Systems to AD* 1400 (Ithaca, NY: Cornell University, Studies on Southeast Asia, 1992).

② Grierson, *Numismatics*, 44 – 71；关于 16 世纪和 17 世纪的印度莫卧儿王朝的货币体系，参见 J. F. Richards (ed.), *The Imperial Monetary System of Mughal India* (Delhi: Oxford University Press, 1987). 从更广泛的角度强调现代早期欧洲和亚洲之间持续不断的商业的、货币的和金融的相互影响，参见 Frank Perlin, "Monetary Revolution and Societal Change in the Late Medieval and Early Modern Times-a Review Article," *Journal of Asian Studies* 45 (1986), 1037 – 1048; and Frank Perlin, "Financial Institutions and Business Practices across the Euro-Asian Interface: Comparative and Structural Considerations, 1500 – 1900," in Hans Pohl (ed.), *The European Discovery of the World and its Economic Effects on pre-Industrial Society*, 1500 – 1800 (Stuttgart: Franz Steiner, 1990), 257 – 303.

市经济的衰退，也出现了钱币和其他形式货币可用量的急剧减少。黄金消失了，欧洲的银币主要是小银便士。越来越多的支付开始以货代款或以劳务形式进行。因此，封建欧洲逐渐在价值标准和交易手段之间出现分化。交易手段有时是钱币，但更多时候是其他商品、原始货币、食品、香料、布、珠宝和动物。易货交易或其他形式的无货币交易也变得普遍。钱币在许多方面并没有比其他商品更具有货币的性质。只有在国际贸易中，相比于其他商品，它们仍然被作为交易手段的首选。①

由于城市经济和经济活动仍活跃在地中海东部，因此罗马传统的金、银、铜铸币在拜占庭帝国仍然十分繁盛。直到 11 世纪，拜占庭帝国的金币统一流通在地中海地区，成为"中世纪的美元"。当伊斯兰国家在 7 世纪开始从阿拉伯和叙利亚扩张，他们与已经高度货币化的两个经济体拜占庭帝国和萨珊有了联系。从一开始，伊斯兰统治者试图将这些已经建立的货币体系融入自身的财政和经济框架中。第一批真正意义上的伊斯兰钱币是在公元 696—697 年，作为著名的哈里发·阿卜杜勒·马利克货币改革的一部分发行的，这些努力是成功的。在中世纪，从西班牙到印度次大陆，几乎每一个伊斯兰国家的显著特征之一都是黄金、银和铜铸币具有非常重要的作用。在伊斯兰教义中，对于发行的货币以及祈祷者读某人的名字时，"萨赫比－塞克·哈特比"，被认为是统治者最重要的主权象征。② 简而言之，伊斯兰国家深受地中海盆地货

---

① Peter Spufford, *Money and its Use in Medieval Europe* (Cambridge University Press, 1988), 7 – 105; also, Carlo M. Cipolla, *Money, Prices, and Civilization in the Mediterranean World, Fifth to Seventeenth Century* (Princeton University Press, 1956), 3 – 11; Cipolla, "Currency Depreciation in Medieval Europe," *Economic History Review* 15 (1963), 413 – 422 and Marc Bloch, *Esquisse d'une Histoire Monetaire de l'Europe* (Paris: Librarie Armand Colin, 1954), 3 – 28. 当然，货币体系的崩溃，以及经济转变到以物易物，不仅发生在欧洲封建社会，也发生在其他时期的许多国家，尽管可能并不总是那么显著。

② 发行硬币的权利仅适用于金、银铸币。从一开始，伊斯兰传统将铜铸币在本质上视为本地事务。参见 S. Album, *A Checklist of Islamic Coins*, second edition (Santa Rosa, CA: S. Album, 1998), 9.

币传统的影响，并因此得到发展。

从古币的角度来看，伊斯兰钱币的共同特征是它们几乎完整的铭文题字都使用了阿拉伯语脚本，这与主导欧洲的图画钱币和拉丁字符完全不同。然而，尽管存在外部差异，由于跨地中海地区的商业联系，这两个传统在整个中世纪继续相互影响。传统的伊斯兰货币面额是黄金第纳尔（dinar）、银迪拉姆（dirham）和铜费尔斯（fels）或浮露（fulus），这些名称分别起源于罗马、比中世纪更早的古代和拜占庭。反过来，中世纪晚期的欧洲很多都是借用伊斯兰的货币惯例和传统。十二三世纪，在拜占庭的经济和商业逐渐衰退的时期，伊斯兰黄金第纳尔通过效仿通行货币（nomizma）早些时候的作用，提供了一个国际公认的支付标准，有时还作为地中海周边的交易媒介。其他形式的商品和货币也在地中海交易。例如，中世纪欧洲最受欢迎的业务伙伴关系类型克门达，起源于中世纪的伊斯兰社会的利润分享（mudaraba），通过地中海通往西欧的贸易得到发展。欧洲汇票是否受到伊斯兰（suftadja）和哈瓦拉（hawala）的影响，还存在大量的争议。

在伊斯兰国家，政府的货币实践受制于市场的需求，也受制于长期影响中世纪所有经济体的长途贸易和货币的经常性短缺。尽管这些国家商人的政治影响力有限，但统治者鉴于他们重要的经济地位，也会听从他们的声音并容忍他们。例如，与意大利城邦国家相比，中世纪的伊斯兰国家不是以商人为主导，但多数情况下，国家也不反对他们。大多数伊斯兰国家努力维持稳定的钱币供应。为了鼓励和增加可用的钱币数量，当局通常采用自由铸造钱币的政策。更重要的是，为了维持硬币和铸币的流通，很多国家都小心翼翼采取不干涉主义的做法，允许货币市场自由发展。

对奥斯曼货币实践产生重大影响的一个国家是蒙古国。由于蒙古国控制着从中国到西亚的长途贸易路线，并且在西亚与来自欧洲的商人交易，可汗尼德可以接触到大量的银。在 13 世纪末期皈依伊斯兰教后，他们在波斯建立了一个新的货币体系，继续大规模地生产金银货币，包括一些非常有趣的例子，如伊斯兰国家雕刻的文字。可汗尼德的铸币厂网点增加至超过 200 个地点，主要集中在波斯西部和北部，也在安纳托利亚东部和中部。可汗尼德货币的质量和数量是 13 世纪波斯和安纳托利亚经济和商业复兴的强有力的证据。

虽然在古代国家和中世纪的伊斯兰高度垄断货币，但在封建欧洲，这些规定却能使许多司法管辖区和其所有者的货币恰当发挥功能。铸币权力在官方由国王或帝王持有，但钱币的实际生产却是由一个手工业生产协会完成的。因此，铸币业务的收入开始进入个人货币生产商的手中，后者开始从铸币税或铸币费用中获得可观的收入。由于作为收入来源的税收越来越重要，出现铸币稳定供应的新需求。特别是从 14 世纪开始，随着国家集中制的稳步巩固，军费开支不断增加，政府支出和财政赤字愈加严重，出现更加明显的货币贬值趋势。① 货币贬值中有损失者，也有得利者。然而，是升值还是贬值，取决于那些手握国权并从贬值中获利的人与遭受价格下跌或盘旋下降的人之间的力量较量。②

几乎在整个中世纪，贸易尤其是沿地中海的货币支付，一直由来自东方的商人和货币体系所主导。直到 13 世纪，东地中海和近东才出现了更高程度的商业化和货币化，相关机构也更加成熟。然而，从 11 世纪开始，一个重大转变已经在欧洲悄然发生。在接下来的两个世纪，贸易的增长和货币化的推进受到银铸币扩张的支持。由于黄金在 13 世纪再现，欧洲货币回到黄金、白银和铜的三分层结构。贸易和货币再次齐头并进。流通于意大利商业繁荣的城市的货币，开始在地中海和欧洲贸易中占据主导地位。

各城邦国家的金铸币的竞争最终以威尼斯的钱币获胜而告终。14 世纪下半叶，达克特以其最重要的钱币（coin）和商品支付的主要标准，占据了地中海及其周围地区主导地位。为了促进贸易发展，许多欧洲国家将自己的金铸币沿用达克特的标准。之后，在 16 世纪，从美洲流入的大量金银即将从根本上改变旧世界的货币格局，为全球贸易和货

① Cipolla, "Currency Depreciation in Medieval Europe," 413–422.
② 如果要参考更有见地的理论，see Spufford, *Money and its Use*, chapter 13。

币流动的出现铺平了道路。可用的硬币量的增加，使美洲和欧洲铸造大型银币成为可能。17世纪，随着欧洲在世界市场影响力的提高，这些钱币成为全球公认的标准和交换手段。

统治者和政府通过私人领域的代理人赋予贵金属高于购买价格的价值，以及通过他们调节的黄金、银的相对价值钱币，来征收货币税，以促进货币和货币体系的发展。例如，在16世纪的欧洲，商人银行家和放债者通过使用汇票在当地集市开发了一个密集的支付网络，这是一个真正的国际私人资金的例子。在天平的另一端，在印度莫卧儿王朝，农村人口广泛使用的小面额货币或"谦卑"货币通过货币、信贷和市场交易网络将农村社会和经济与更大区域和全球经济联系在了一起，赋予了莫卧儿王朝货币体系独有的特征。像弗兰克·佩林在18世纪的印度西部所指出的那样，事实上，没有理解"谦卑"货币和普通人在其中的作用，就不可能理解现代早期旧世界的货币体系。

第二节　奥斯曼帝国的经济政策

在中世纪晚期和现代早期阶段，旧世界几乎所有国家都必须解决常见的经济问题，其中最基本的问题是与维持国家运转直接相关的。供应首都城市、武装部队和在较低程度保证其他城市的税收，以及对长途贸易的监管，维持稳定的货币供给，这些是经济政策中的主要问题。

尽管国家处理这些经济问题的能力最初是相当有限的，但经过几个世纪的发展，国家的能力、机构设置，甚至政府的性质都发生了重要的变化。基于这些变化，政府干预经济事务的范围和有效性也发生了相应转变。努力构建政策所需的组织和机构使很多欧洲国家和亚洲部分地区出现更强大的国家组织。人们应该添加这样的限制条件，那就是在中世纪后期和现代早期，大多数社会谈及经济领域时，都很难脱离政治、行政和财政制度或体制。

国家的本质和国家与社会的关系，是决定经济政策和经济机构采取何种形式的重要决定因素。在一定的抽象意义上，国家经济政策并没有追求公共利益。相反，经济政策的目标和设计以及相关实施机构是由社会结构、国家和社会之间的关系、国家结盟的不同社会群体的利益或由国家代表的社会群体的利益，以及更普遍的，由国家的社会和政治影响的状态决定的。

换句话说，社会角色塑造国家政策。利益和压力团体以及社会阶层通过国家寻求保护并促进他们的利益。在某些情况下，某个特定社会群体的影响力非常强大，国家政策也要符合他们的利益，成就他们的利益。在其他情况下，国家掌握在官僚机构的手中，他们独立行动，或者脱离这些社会群体行动。

因此，要想了解土耳其的经济政策或实践的本质，就要了解土耳其国家的性质及其与不同社会群体的关系。直到15世纪末，奥斯曼社会中的土耳其土地贵族和中心官僚之间的关系还十分紧张，前者深深卷入领土征服，后者主要由买卖奴隶组成（德伍希尔迈），权力平衡通常在两者之间转移。15世纪下半叶，穆罕默德二世成功完成集权制，驱动了动荡不定的社会向前发展。这次变革非常果断。地主贵族被击败，实行国有制，私有土地消失，权力集中在中央官僚机构手中。这种转变后，政府在伊斯坦布尔的政策开始更强烈地代表官僚特权群体。各种社会群体对中央政府政策的影响，不仅是地主，也包括商人和货币兑换商，仍然是十分有限的。

最重要的是，中央官僚机构尝试再生一个官僚主义至上的传统秩序。城市地区的供应、长途贸易和进口社会秩序的稳定都是十分必要的。政府容忍甚至鼓励商人的活动，只要行会和货币兑换商帮助再生传统的秩序，国内制造商就或多或少独立于他们。① 尽管在17世纪和18

---

① 奇波拉（Cipolla）认为，在中世纪的意大利，贸易城镇上的商人和国家之间有一个虚拟特征。"商人行会曾多次确认此意 l'eÂtat c'est moi"。早期现代时期的土耳其商人不可能做出一个类似的说法。相反，正如阿多维奇得出的结论，对于11世纪的埃及商人而言，土耳其商人充其量可以宣告"l'eÂtat n'est pas contre moi."奇波拉，《货币贬值》，397，阿多维奇（Udovitch），《商人和阿米尔》（Merchants and Amirs），53 – 72。

世纪，帝国出现分权化的总体趋势，商人和国内生产商作为欧洲重商主义政策的主要支持者和实际开发人员，从未强大到足以向奥斯曼政府施压让其改变或者修改这些传统政策的程度。只有在省里，本地权势团体才能够不断给省级行政官员施加压力。

在最近发表的一篇文章中，穆罕默德·根茨基于多年对中央政府档案的研究，查出了中央官僚机构的经济职能和特权。然而，他警告说这些从来不以纯经济形式出现，却总是与政治、宗教、军事、行政、财政问题和声明共同出现，认为可能会减少奥斯曼经济事务在三条基本原则上的特权。首个特权是对城市经济的供应，包括军队、宫殿和国家官员。政府想要确保对城市经济进行稳定的商品供应，特别是首都。官僚主义非常清楚商人在这方面所扮演的角色至关重要。16世纪，随着帝国的领土扩张以及对叙利亚和埃及的整合，长途贸易和洲际贸易路线的控制对这些需求变得越来越重要，甚至成为这些需求的关键。外国商人特别受欢迎，因为他们带来了奥斯曼帝国没有的货物。在这一背景下，就能完全理解为什么奥斯曼早在16世纪初期，就给予欧洲商人进行贸易时的鼓励和各种特权、让步并制定了法案。然而，有时候，外商也是导致国内因出口稀缺商品而造成货物短缺的原因，奥斯曼帝国不得不实施禁止出口临时令。

资源配置的重点是需要区分进口和出口。由于人们增加了城市市场的货物量，货物进口得到鼓励。相比之下，只有国内经济的需求得到满足，才允许出口。然而，一旦出现短缺的趋势，政府将毫不犹豫地禁止出口基本必需品，特别是食品和原材料。

这些政策和重商主义的实践之间的对比在欧洲尤为明显。然而，只关注奥斯曼帝国或伊斯兰国家的城市供应问题是错误的。频繁出现的农作物歉收、饥荒和流行病，加之运输工具的原始性质，导致大多数中世纪政府（如果不是全部的话）关注城市的粮食供应或更多地将资源配置作为经济政策的关键。在中世纪晚期——从12到15世纪，这些奥斯曼特权和西欧、南欧政府的政策具有很强的相似性。在欧洲重商主义的时代，奥斯曼帝国和欧洲之间的经济政策出现差异。①

　　根茨还指出，第二个特权是财政收入。政府经常实施干涉主义以在广泛的经济活动中收税，然后在这个过程中认识到，至少从长远来看，经济繁荣对国家的财政力量而言，至关重要。然而，在较短时间内，尤其是在危机时期，它毫不犹豫地增加生产商的税收。

　　第三个特权是对传统秩序的保护，它与其他两个特权密切相关。在奥斯曼帝国和社会群体之间，如农民、公会和商人，保持着理想的社会秩序和平衡。苏丹和官僚主义处于社会秩序的顶端。这个特权具有灵活性。传统秩序和社会平衡的典型构成会随着时间的推移，经济和社会的变化而改变。政府尽量保护主流秩序和社会平衡，包括就业结构和生产。例如，从这个角度看，商人、公会成员或任何其他集团快速积累资本并不会获得大量收益，因为它会导致现有秩序的迅速瓦解。

　　因此，政府对商人的态度非常不明朗。大型商人和小型商人都被看作是城市经济必不可少的组成部分。然而，与此同时，他们投机取巧，常常导致基本商品的短缺，给公会系统以及更多的城市经济带来压力。因此，中央政府的主要任务通常被认为是控制商人，而不是保护他们。然而同时，对商人的控制比公会的控制更加困难。公会的位置虽然是固

----

　　①　奥斯曼帝国并未意识到重商主义思想和实践。例如，18世纪早期历史学家奈玛反对重商主义思想和实践，认为如果伊斯兰人口购买当地产品而不是进口货物，阿克斯和其他货币将扎根在奥斯曼帝国的土地上，参阅奈玛，Zuhuri, Danosman 伊斯坦布尔：Danosman Yayonevi, 1968，第四卷，1826－1827和第六卷，2520－2525；Danisman, Istanbul：Danisman Yayinevi, 1968, Vol. IV, 1826－1827 and Vol. VI, 2520－2525；Inalcik，《奥斯曼经济思想》，215 年，莎亚，Osmanlo Iktisat Dusuncesi, 110－112。重商主义思想从未在奥斯曼帝国的土地上扎根的一个重要原因是，虽然商人和国内生产商的想法和观点对欧洲重商主义的发展影响甚大，但没能对土耳其经济思想产生影响。相反，中央官僚机构的特权主导了奥斯曼帝国的经济思想和政策。了解欧洲重商主义，比较 F. 以利·赫克舍，《重商主义》，修正后第二版（伦敦：安文乔治·艾伦和，1955）；D. C. 科尔曼，《重商主义修订》（伦敦：梅图恩出版社有限公司，1969 年）；和罗伯特·B. 埃克隆/Jr. 罗伯特·F. 赫伯特，《经济理论和方法的历史》（纽约：麦格劳希尔，1990），42－72。

定的，商人却可以移动。不用说，官员对资本家的态度和货币兑换商（sarraf）同样模糊。

为了追求这些特权，奥斯曼政府毫不犹豫地介入本地和长途贸易，规范市场，以保证对军事、宫殿和更普遍的城市经济的供应。相比伊斯兰法律和中世纪的伊斯兰国家的惯例，早期的奥斯曼更多地采用干预方法。在经济和财政事务以及在许多行政实践上，他们经常颁布自己的州法律（法规），即使这些法律与沙里亚特有联系。他们采取的措施，如在城市市场执行法规（hisba）和价格上限（干涉主义）都源自伊斯兰传统，但是奥斯曼帝国更频繁地依赖于这些干预措施。[①]

根茨的方案对分析奥斯曼帝国官僚机构的重点和意图是非常有用的。然而，正如根茨自己强调的那样，优先级和意图需要区别于实际的政策。政府是否成功地通过干预带来想要的结果取决于他们的能力。早有观点认为，在中世纪晚期和现代早期，各州的行政资源、组织和能力已经存在严重的限制。他们没有能力全面、有效地干预市场。政府行为的混合成功不可避免地导致土耳其当局承认他们的权力受到限制。因此，土耳其政府在穆罕默德二世统治时期放弃综合干预措施，在后期更多地倾向于选择性干预。

不幸的是，15 世纪和 16 世纪后，人们还没有充分认识到政府干预的进化和更具选择性的性质。[②] 穆罕默德二世和他的继任者颁布的法律继续被当作政府干预经济的例子。由于国家集权思想，许多历史学家无力对干涉主义做出一个更现实的评估。此外，许多实际原因也表明，档

---

① 了解 15 世纪末到 16 世纪初，奥斯曼大城市规范市场的法律，参阅 Omer Lutf Barkan, "Bazi Buyuk Sehirlerde Esya ve Yiyecek Fiyatlarinin Tesbit ve Teftisi Hususlarini Tanzim Eden Kanunlar," Tarih Vesikalari 1/5 (1942), 326 – 340; 2/7 (1943), 15 – 40; and 2/9 (1943), 168 – 177. 了解奥斯曼帝国确保城市地区的粮食供应的详细库存，可以参阅 Lutf Gucer, XVI. ve XVII. Yuzyillarda Osmanli Imparatorlugunda Meselesi (Istanbul Universitesi Iktisat Fakultesi, 1964).

② 一个例外是艾哈迈德·冈塞耶（Ahmed Guner Sayar），他指出 1650 年后奥斯曼对干涉主义的态度发生了变化，见 Sayar, Osmanli Iktisat Dusuncesi, 73 – 74.

案证据误导历史学家夸大国家干预经济的频率和程度。一个基本的错误是可用材料不具有代表性。通常每个政府干预行为都会被记录在案，以命令的形式发布给当地法官（回教法官）或其他权威机构。相比之下，并没有记录政府无数次地让市场自由运转的情况。面对这种片面的证据，许多历史学家得出结论，国家干预和监管在帝国的大部分地方的大部分市场都是一个永久的组成部分。

官方价格上限列表（干涉主义）就是这方面一个很好的例子。从法庭档案收集了一些资料后，许多人认为干涉主义是城市经济生活永久的部分。事实上，我最近调查过的伊斯坦布尔三家法院的上千份档案，例如旧世界、加拉塔、于斯屈达尔，从 15 世纪到 19 世纪中期来看，干涉列表并不是定期出现的。

他们主要在不稳定和窘迫的非常时期干涉商品或货币市场，这一时期的价格，特别是食品价格，倾向于大幅通货膨胀或上升。战争、农作物歉收、城市供应的其他困难、衰退等货币不稳定或者货币改革都是非常时期的表现。但是，在没有这样的问题时，当地行政官员又会长时间不发布干涉列表，有时持续几十年。①

有一种倾向与事实相关，大部分可用的文档提供的国家干预的证据表明，国家干预直接与首都经济相关。② 这一证据导致了许多历史学家认为相同的模式可以应用到帝国的其他地区。事实上，伊斯坦布尔在规模和政治重要性上，都不可替代。其人口接近 100 万，是 16

---

① 干涉主义列表频繁发布于 1585—1640 年和 1785—1840 年。这两个时间段都是货币和价格不稳定时期，第八章和第十二章将详细探讨。除此之外，很长一段时期，往往几十年，伊斯坦布尔都不发布干涉列表。即使一些干涉列表从法院档案丢失，这种清晰的模式也不会改变。寻找干涉列表的工作是正在进行的伊斯坦布尔的价格和工资历史研究的一部分。

② 伊斯坦布尔依靠其庞大的内陆地区，成了一个巨大的消费城市。介绍首都经济和国家干预经济的本质的经典著作是 Robert Mantran, Istanbul dans la seconde moitie du XVIIe siecle（Paris：1962），233 – 286. 以及 Inalcik and Quataert（eds.），Economic and Social History of the Ottoman Empire，179 – 187。

世纪欧洲和西亚最大的城市。其他地方的大城市也是如此，政府经济政策往往以其为中心。相反，中央政府不太关心其他城市中心的供应，国家组织在那里不是那么强大，由中央任命的地方当局，更愿意配合当地强大的团体、公会、商人、税吏和货币兑换商等共同协商治理。

一个更现实的评估是奥斯曼政府经济干预的本质是拖延期限。当将档案证据的偏见和限制国家的权力和能力考虑在内时，奥斯曼帝国对贸易和市场的政策，不是永久的和全面的干预，而是选择性干预。在以后的时期，干预主要用于保证将所选商品供应给首都和军队，以及用在非常时期，应对货物短缺危机。

第三节 金钱、经济与奥斯曼帝国

征服美洲后，从罗马到拜占庭帝国，再到中世纪的伊斯兰国家，波斯的蒙古人、意大利城市国家以及西班牙帝国，在他们发行的货币和货币实践中，奥斯曼帝国深受旧世界的影响，成为旧世界特别是地中海盆地的货币传统的搬运工。然而，依据资料研究这些货币实践我们需要考虑最基本的问题是：为什么奥斯曼帝国发行货币，为什么他们经过许多世纪后仍然存在，并维持了一个稳定的货币体系？

第一，按照伊斯兰传统，奥斯曼帝国接受斯克（钱币）连同哈特比（hutbe，以统治者的名义命名祈祷者）作为两个主权的象征。例如，16世纪奥斯曼帝国历史学家阿里认为哈特比和斯克是"两个特殊的神圣的礼物"，需要区分前者的抽象性和后者的具体性。对他来说，哈特比是"皇家声誉的伟大思想"的代名词，提醒民众服从他们的统治者，而斯克以清晰的书面和口头方式传播"王权"的信息。因此，随着金银币在人与人之间传播、地区和地区之间传播，它们成为一个统治者的权力象征。

第二，奥斯曼帝国需要某种形式的货币，以此收税和支付士兵、官僚以及其他人的工资或者薪酬。正如前面说的，这种动机来自古代地中海盆地。然而，只从这两个方面的动机看待奥斯曼处理货币的方法是狭隘的。奥斯曼帝国也意识到资金的可用性与贸易和经济的繁荣之间存在一个强大的联系。从其早期，奥斯曼帝国就位于长途贸易路线上，贸易总是涉及某种形式的货币。另外，当前的货币化程度因时间和空间的不同而各异，货币使用并不限于少量的城市人口。16 世纪，对货币的使用大幅增加，因为货币增加，城市和农村地区之间的经济联系日益增长。大量的农村人口，通过参与市场活动，以及国家在广泛的经济活动中征税，开始使用货币，尤其是小面额的银阿克斯和铜曼克。此外，在同一时期，小规模但密集的网络信用关系在城市中心及其周围发展起来。农民和城镇居民参加了这些货币交易。面对这些证据，毫无疑问，相当一部分的奥斯曼经济以及国家财政都依靠资金和货币稳定，奥斯曼管理者非常清楚这一点。①

正如土耳其经济政策体现了中央官僚机构的特权和利益一样，奥斯曼帝国货币措施与同样的特权和利益密切相关。15 世纪下半叶，在奥斯曼帝国中央集权主义全盛时期，土耳其货币措施也具有全面干涉主义的特点。然而，中央政府的局限性在货币市场的案例中更加明显。与商品市场和长途贸易相比，控制货币的供应以及调控价格，也就是改变汇率和利率，对政府来说更加困难。奥斯曼帝国的管理者从而认识到货币市场的参与者、商人、货币兑换商以及金融家，比商品市场的参与者更能轻易地逃避国家法规的限制。看到政府行动成败参半，他们认识到，货币市场的干预并不总是产生理想的结果。这本书的其余部分有大量的证据表明，15 世纪后政府干预货币市场也变得更有选择性。总的来说，奥斯曼帝国后期货币实践，实际上具有显著的实用主义和灵活性特点。

然而，即使在实用主义和灵活性的基础上，在一个坐落在洲际贸易交汇点的大帝国建立和维护一个稳定的货币体系，也是一个复杂的任务。奥斯曼帝国在这方面面临的困难，需要着重说明。在中世纪和现代

---

① 货币的可用性和货币使用量在 16 世纪达到了顶峰。相比之下，在 16 世纪和 17 世纪，频繁出现硬币和货币的短缺。参阅第三、第四、第七、第九章。

早期，建立和维持一个稳定的货币体系，是所有地区需要考虑的问题。由于货币主要由黄金、白银和其他贵金属铸造，满足这些金属的可用性和货币供应之间存在着强烈的联系。如果一个地区经历了贸易不便利，货币会向外流动，将对货币供应产生不利的影响。同样，由于缺乏自信以及为了应对货币的不稳定，囤积贵金属和货币将导致货币供应减少。大多数中世纪和现代早期国家实际上经常遇到货币短缺的问题，对经济产生不利的影响。奥斯曼帝国也遇到了同样的问题。

奥斯曼帝国还面临着帝国规模和它所处的位置带来的其他挑战。尽管一些历史学家把研究的重点放在政府控制的程度上，但奥斯曼经济因其单一的劳动分工，并不是一个封闭或深受控制的实体。从巴尔干到埃及，再从高加索（Caucauses）到马格里布，帝国的不同地区与遥远的旧世界其他地区建立了商业关系。例如，巴尔干半岛在黑海从事与中欧和东欧的贸易，埃及与印度洋、南亚和东南亚进行贸易。这些深远的商业关系使得控制货币流通和维护货币稳定变得十分困难。

此外，奥斯曼帝国恰好地处亚洲和欧洲之间的主要贸易路线上。自从12世纪在波希米亚和匈牙利发现大型银矿床开始，欧洲倾向于从亚洲进口更多的商品，如香料、丝绸、纺织品和其他商品，而反过来亚洲又十分需要货币。从美洲到来的大量金银并没有开启这些运动但肯定增加了他们的数量。15世纪下半叶，随着奥斯曼帝国开始控制地中海东部的主要贸易路线，他们非常欢迎从西方到来的货币。然而，他们不能阻止因对东贸易不便而导致钱币向东外流。这些商品和货币流的波动增加了奥斯曼货币管理的压力。[①]

当然，更普遍的是，奥斯曼人面临的货币困境也是潜在的经济和财

---

① 在这方面，奥斯曼帝国和同时代的伊斯兰国家，即印度的莫卧儿王朝之间有相当大的差异。在16、17世纪，当奥斯曼帝国在贸易瑕疵以及由此产生的不稳定的货币体系抗争时，莫卧儿王朝享有巨额贸易顺差、货币流和繁荣的货币体系。如果不参考各自的贸易平衡，很难理解奥斯曼帝国对货币事务实行灵活政策，愿意允许外国货币流通，与莫卧儿王朝坚持货币统一和禁止外国货币的差异。了解莫卧儿王朝的货币体系，参阅 Richards（ed.），Imperial Monetary System。

政现实的写照。一方面，16 世纪后，随着欧洲国家经济实力和商业活动不断增加，加之奥斯曼帝国国力衰落，要控制商品和货币流波动和维护一个稳定的货币体系变得越来越困难。奥斯曼困境增加了财政危机的复发，而财政危机又破坏了资金流。面对这些困境，奥斯曼政府试图通过综合的成功措施保持货币稳定，稍后将讨论。

可见，在探讨这六个世纪奥斯曼的货币史时，不能将大帝国孤立起来，而应将其作为世界经济不可分割的一部分，并尊重它的变迁兴衰。尤其是在处理货币的过程中，最好把这个帝国看作一个非封闭和不受控制的个体，一个边界松散、多孔，像筛子一样的实体。

第四节　周期化

在六个世纪里，世界经济环境和帝国不同地区的主流货币秩序，以及奥斯曼实体本身的性质经历了重大变化，本书将就此具体探讨。总而言之，奥斯曼国家在 14 世纪还是一个西北安纳托利亚的贸易路线上的小土耳其省都辖区，16 世纪和 17 世纪演变成了洲际贸易交叉口的辽阔的帝国。在这个时期，帝国也接触到全球的货币流。直到 16 世纪的最后 25 年，奥斯曼货币体系都运作良好。然而，从 16 世纪 80 年代到 17 世纪 40 年代是一个不同寻常的动荡时期。货币流通量不断下降，币值频繁波动，最终导致巴尔干半岛和安纳托利亚停止造币。阿克斯被减少到可以忽略不计，而实际交易通常是用欧洲货币进行的。然而，17 世纪之后，奥斯曼货币体系并未连续地衰落瓦解。18 世纪，中央政府可以建立一个新的、合理稳定的货币体系，加强与帝国外围货币的联系。从 18 世纪中叶开始，随着帝国由于领土损失和分离主义运动导致规模开始缩小，它也卷入了来自西欧的商业和财政网络。19 世纪 20 年代后，随着贸易和资本的急剧扩张，这些趋势进一步加快。19 世纪是奥斯曼帝国的改革世纪。在货币事务上，政府首先采用金银二本位制，然后和世界各地的许多国家一起转向黄金标准。

每个世纪的货币流和货币问题以及货币机构的本质或编制都截然不

同。出于这个原因，我将在本书确定五个截然不同的时间段，并分别探讨每个时间段的问题。尽管这种周期化已经有明确的定义了，但重要的是，就现行的货币沿革而言，我将说明它在很大程度上与这六个世纪经济历史的普遍趋势相吻合。

1. 公元 1300 年至公元 1477 年，基于位于安纳托利亚和巴尔干半岛的贸易路线上的新兴国家的相对稳定的货币（阿克斯）而出现的银制货币。

2. 公元 1477 年到公元 1585 年，经济、财政和政治力量强大时出现的金、银和铜铸币；黄金铸币的统一，主权的终极象征，帝国内不同银货币区域的出现；城市中心及其周围密集的信用网络的发展。

3. 公元 1585 年至公元 1690 年，财政、经济和政治困境导致的货币不稳定，跨洲货币运动带来的负面效果加剧了这种不稳定，这是一个阿克斯的消失、土耳其市场的外国钱币流通性增强和他们日渐衰落的版本。

4. 公元 1690 年到公元 1844 年，一个新的银货币单位的建立；帝国的中心和边缘之间货币联系加强；直到 18 世纪 80 年代，相对稳定的新库鲁，以及紧随其后的严重财政危机和货币迅速贬值，伊斯坦布尔传统的放贷者通过大规模贷款转换为财政资产阶级。

5. 公元 1844 年到公元 1918 年，在工业革命之后融入世界市场，基于银库鲁和黄金里拉的一个新的双金属体系；通过中止贬值创造财政收入和外部借贷的增长；在 19 世纪 80 年代，采用"跛脚"黄金标准，开始发展商业银行。

第二章　贸易和货币的起源

最可靠的货币发展证据表明，奥斯曼帝国于公元 1326 年在安纳托利亚的西北角首次以自己的名义发行货币。就像蒙古主权倒塌，帖木尔塔斯可汗尼德的最后一位统治者逃跑了一样，在接下来的一个半世纪，这个新兴国家在安纳托利亚和巴尔干半岛迅速扩大。奥斯曼帝国位于亚洲和欧洲之间的贸易路线的这一有利事实，不仅促进了他们的军事和政治成功，而且也增强了国家经济活力和财政实力。同样重要的是，他们的新兴货币体系深受国家货币实践和控制或操作这些路线的商人的影响。

本章在东方和西方的贸易、支付以及从欧洲南部延伸到西亚并进一步向东的货币流的背景下，介绍新兴奥斯曼帝国的汇率和货币实践。为了这个目的，本章在一方面采取一个强调商品流和贸易平衡之间联系的框架，同时在另一方面强调钱币和货币的可用性，作为货币替代来源的当地煤矿的供应也是本章关注的重点。

第一节　金和银，东方和西方

从 10 世纪中叶到 12 世纪，拜占庭帝国和东地中海的伊斯兰国家由于缺乏银，用黄金、金或银与非贵金属合金来铸币。拜占庭的"超精制"金币和伊斯兰国家的第纳尔曾作为中世纪地中海周围的"美元"。相比之下，欧洲国家在这几个世纪中都依赖于银制货币。直到 13 世纪中叶，欧洲才有了黄金铸造。

然而，13 世纪中叶却发生了一个重大转变。黄金回到欧洲，银币的重要性开始下降。佛罗伦萨和威尼斯是第一个铸造自己金币的国家。14 世纪中期，欧洲已经从一个主要使用银币的区域转变为主要使用金币的区域。与此相反，黄金开始从地中海东部地区消失，而开始越来越依赖丰富的银币。13 世纪，拜占庭"超精制"金币稳步贬值，并在 14 世纪中叶完全消失。尽管这个词继续用于指称拜占庭银币。13 世纪的前半叶，银在尼西亚帝国、拜占庭提拉布宗（Trabizond）、格鲁吉亚、亚美尼亚基督教王国和叙利亚的阿尤布变得越来越重要。在下半叶，白银货币在蒙古、伊朗和埃及马穆克繁荣起来。虽然直到 13 世纪末期，起源于欧洲的银才大量地进入君士坦丁堡，但它很早之前就在安纳托利亚开始使用了。12 世纪的最后几年，塞尔柱王朝的统治者开始自己在首都科尼亚和开塞利铸造银币。①

虽然这种转变本身是毫无疑问的，但对于这种转变的解释却大相径庭。最初关注这个现象的学者安德鲁·沃森认为这是与黄金的区别：地中海东部和西部之间的白银价格比率，以及随着时间的推移差异不断逆转，导致了这种转变。然后商人利用差价，向相反方向运输金银。这个观点指出了简单套利是不同地区金银积累的基本机制。然而，它无法解释为什么不同的比率首先出现。

哈利·米斯基明和彼得·斯塔福德，虽然没有参与这种转变本身的辩论，但是他们拒绝承认套利的重要性，并试图解释价格差异的起源以及他们可能会触发的机制。他们强调两个地区不同矿业活动的重要性，将其作为黄金与白银比率的重要决定因素。从这个角度看，一旦建立黄金白银比率，商家应该将支付货币的贸易平衡，这对他们更有利。长途贸易和如何支付贸易平衡因此成为决定金银最终走向的关键机制。

米斯基明也强调，考虑到中世纪的铸造技术不精确的性质和以相同

---

① A. M. Watson, "Back to Gold and Silver," The Economic History Review 20 (1967), 1-21. 最近，斯蒂芬·艾本（S. Album）已经研究过从大约公元 960 年到公元 1200 年近东和北非细银币的消失情况，see S. Album, A Checklist of Islamic Coins, second edition (Santa Rosa, CA: S. Album, 1998)。

的标准铸造的钱币内容的广泛变化，纯粹套利也就是从相反的方向运输金银币不太可能有成效。彼得·斯塔福德以欧洲为中心的观点，最终将13世纪欧洲的商业革命与中欧银的发现联系起来。他认为，随着欧洲拥有越来越多的钱币，早在12世纪中叶，北意大利与君士坦丁堡、叙利亚和埃及的贸易就得到扩张。然而，大多数的贸易是不平衡的，欧洲人用白银来支付差额。[1]

在13世纪，地中海东部和欧洲的商人用亚洲的丝绸和香料以及欧洲近东国家出产的商品换取一些欧洲商品和大量的银。要通过东地中海和近东，有三条主要路线，而东地中海和近东将欧洲与亚洲遥远的地区联系在一起。北部的路线穿过君士坦丁堡到黑海海岸，然后穿过整个中亚辽阔的平原。中央路线连接地中海和波斯湾，通过安纳托利亚和伊朗或叙利亚和巴格达连接印度洋。南部路线将亚历山大—开罗—红海与阿拉伯海和印度洋连接起来。在埃及，马穆鲁克国家成立于13世纪50年代，且通过红海和印度洋控制了通往亚洲南部的路线。[2]

然而，蒙古人控制了黑海地区和安纳托利亚的大部分地区以及亚洲航线后，贸易路线发生了变化，不再是从埃及和印度洋到黑海区域。北部到达亚洲的路线，在西方的终点是黑海北海岸，就是卡法和塔纳湖，这条路线是欧洲与亚洲贸易的主要通道。从13世纪的最后25年开始，

---

[1]　P. Spufford, Money and its Use in Medieval Europe（Cambridge University Press, 1988）, 109 – 162. 厄里亚·阿什特（Eliyahu Ashtor）估计在15世纪，来自东方的大约40%的货物都是用西方商品交换的，60%是用贵金属支付的。E. Ashtor, Les Metaux Precieux et la Balance des Payements du Proche – Orient a la Basse Epoque（Paris: S. E. V. P. E. N. , 1971）.

[2]　J. L. Abu – Lughod, Before European Hegemony, the World System AD 1250 – 1350（Oxford University Press, 1989）. Ashtor, Les Metaux Precieux; and E. Ashtor, Levant Trade in the Later Middle Ages（Princeton University Press, 1983）. 值得一提的是，这几个世纪以来，东西方之间持续的贸易失衡使得近东与欧洲的贸易很难发展汇票，因为汇票通常在平衡交易条件下才会得以发展。E. Ashtor "Banking instruments between the Muslim East and the Christian West," Journal of European Economic History 1（1972）, 553 – 573.

欧洲商人大多将银（以锭的形式）通过君士坦丁堡带入黑海，然后进入亚洲西部的大草原，用银购买从东方来的货物。这一时期大多数银都是以锭的形式存在，但一定量的银是由金帐汗国的蒙古汗和其他蒙古国家铸造的，其中最主要的就是由可汗尼德铸造的迪拉姆。在14世纪早期，欧洲商人把这些迪拉姆叫作胪列，那时迪拉姆已经成为黑海区域的通用货币，包括特拉比松。商人们将迪拉姆从特拉比松向南或向东带到安纳托利亚的塞尔柱王朝统治的领土上和波斯的可汗尼德统治的领土上。① 因此，安纳托利亚和黑海北部海岸以及波斯被卷入蒙古的贸易范围。②

---

① Spufford, Money and its Use, 146 – 147; and Abu – Lughod, Before European Hegemony, 153 – 184. 了解这一时期黑海的西部海岸的蒙古货币，参阅 D. M. Metcalf, Coinage in South – Eastern Europe 820 – 1396 (London: Royal Numismatic Society, Special Publication No. 11, 1979), 280 – 284.

② 北方路线最活跃的时期正好是南方路线的衰落时期。公元1291年马穆鲁克捕获阿克里之后，教皇发表了一系列训谕，禁止和穆斯林教徒进行贸易。这些努力最终导致意大利与埃及贸易的衰落（E. 阿什特，黎凡特贸易3 – 82）。14世纪中叶蒙古帝国解散后，南部路线再次成为连接地中海和印度洋的最重要的通道，这一地位一直保持到16世纪结束。Abu – Lughod, Before European Hegemony, 212 – 247; also R. S. Lopez, H. Miskimin, and A. Udovitch, "England to Egypt, 1350 – 1500: Long – Term Trends and Long – Distance Trade," in Michael A. Cook (ed.), Studies in the Economic History of the Middle East (London: Oxford University Press, 1970), 115 – 128. 埃及在14世纪和15世纪的货币史已经成为很多重要研究的主题。See P. Balog, "History of the Dirham in Egypt from the Fatimid Conquest until the Collapse of the Mamluk Empire," Revue Numismatique VIe serie, 3 (1961), 109 – 146; P. Balog, The Coinage of the Mamluk Sultans of Egypt and Syria (New York: American Numismatics Society, Numismatic Studies No. 12, 1964); J. L. Bacharach, "Circassian Monetary Policy: Silver," The Numismatic Chronicle, seventh series, 11 (1971), 267 – 281. J. L. Bacharach, "The dinar versus the ducat," International Journal of Middle Eastern Studies 4 (1973), 77 – 96. E. Ashtor, "Etudes sur le SysteÁme Monetaire des Mamlouks Circassiens," Israel Oriental Studies 6 (1976), 264 – 287; B. Shoshan, "From Silver to Copper: Monetary Changes in Fifteenth – Century Egypt," Studia Islamica 56 (1982), 97 – 116; B. Shoshan, "Exchange Rate Policies in Fifteenth – Century Egypt," Journal of the Economic and Social History of the Orient 39 (1986), 28 – 51.

　　但是从欧洲到近东的货币流，贸易并不是唯一的机制。宗教和政治因素也影响着黄金的流动。在短期内，这些对货币流产生的影响比贸易平衡产生的影响更大，尽管从长期来看，贸易总是更为重要。在宗教方面，教皇的运作、朝圣，地中海东部的拉丁基督教活动是货币流向东部的主要原因。

　　除了最昂贵的十字军东征外，战争和战争准备比任何宗教活动涉及的资金都大。大部分与战争和战争准备相关的大额支付，实际上与商业支付的流向相同，都是从西到东。[1]

　　所向披靡的勇士约翰在公元1396年尼哥波立（NigIbolu）战役中被奥斯曼帝国俘虏，奥斯曼帝国向他索要赎金，并承诺支付赎金后释放他，这是一个巨大的数额。把这笔钱从欧洲运到安纳托利亚是一件大事，需要欧洲主要银行家的参与。这对欧洲货币市场产生了干扰。[2]

　　如果两个区域的黄金和白银的差异需让商人们决定如何解决贸易平衡，我们应该期望黄金取代银作为支付手段，前提是黄金和银比率的地区差异正好相反。事实上，有证据表明爱琴海的白银时代和黄金时代之间的分界线约在公元1350年。直到14世纪40年代，大部分的贸易逆差通过银进行支付，以及最近形式的吉廖蒂在安纳托利亚的西部很流行。然而，到14世纪50年代，伴随着远东地区贸易平衡的恶化，白银作为货币交易工具也随之消失。

　　当地的铸币厂，包括那些在热那亚、土耳其省都辖区，以及萨尔汗、门泰谢（Mentese）和艾登控制下的铸币厂，开始模仿威尼斯达克特金币的铸造。因此可以合理推断，达克特在安纳托利亚西部建立的日

① Spufford, Money and its Use, 157－162.

② R. de Roover, The Bruges Money Market around 1400, 以及海曼·萨迪（Hyman Sardy）的补充统计（Brussells：Paleis der Academien, 1968），43－44。

期可以追溯到 14 世纪中叶。①

然而，斯塔福德对欧洲贸易逆差和钱币流坚定的解释，不应使我们忽视对银在东地中海崛起的其他解释。银可能有其他起源。一种可能性是银是从中亚地区引进的。有证据表明，在此期间伊拉克和波斯的银是由突厥斯坦重新开业的银矿提供的。另一种可能性是近东银矿业本身得到了复苏。例如，钱币的证据表明在安纳托利亚东部被蒙古人控制后，该地区在银矿或银矿附近建立了铸币厂，这些铸币让可汗尼德在 13 世纪下半叶产出了大量的高质量银币。有幸的是，未来的研究将进一步揭示这些多样的解释。

第二节　拜占庭帝国和巴尔干半岛

为了更好地理解早期土耳其货币实践所受到的区域影响，有必要研究巴尔干半岛和安纳托利亚的政治、经济和货币政策。我们从 14 世纪和 15 世纪拜占庭和巴尔干半岛诸国与奥斯曼帝国之间的密切联系着手。

公元 12 世纪和 13 世纪，由于土库曼部落入侵安纳托利亚和蒙古，以及这些事件带来的日益频繁的战争，拜占庭的领土减少，从而导致其经济和财政基础大大削弱。由于这些和其他原因，拜占庭帝国在其存在的最后几个世纪不是一个强劲的经济和商业玩家。君士坦丁堡于 13 世纪中叶从拉丁人入侵中恢复后，热那亚被赋予自由访问所有拜占庭港口的权利。黑海贸易在蒙古人到来之后不断发展，热那亚在佩拉的殖民地很快近乎垄断了这个繁荣区域的贸易。早在 14 世纪早期，威尼斯人也

---

① P. Spufford, Handbook of Medieval Exchange (London: Royal Historical Society, 1986), 283 – 286. 该地区黄金的引入也催生了有关黄金货币汇率的出现 (286 – 313)。归还埃及金币，see Bacharach, "The dinar," 77 – 96; and J. L. Bacharach, "Monetary Movements in Medieval Egypt, 1171 – 1517," in J. F. Richards (ed.), Precious Metals in the Later Medieval and Early Modern Worlds (Durham, NC: Carolina Academic Press, 1983), 159 – 181. 直到 15 世纪最后 25 年，奥斯曼帝国才开始铸造自己的金币，参阅第四章，60 – 62 页。

通过与君士坦丁堡一系列条约建立了一个贸易基础。

帝国的货币资源和储备仍然出奇的大，这说明奥斯曼帝国偶尔会收到贡品。然而，由其继续控制的银矿输出的银并不匹配黄金，帝国的货币库存量最终被耗尽。因此，拜占庭银币的流通，"超精制"金币、螺旋纹币、国王币和斯塔拉顿仍然局限于君士坦丁堡的市郊，马尔马拉盆地，在更小的区域上，就是萨罗尼加。14 世纪中叶后，拜占庭货币很少在君士坦丁堡以外流通。它无法与热那亚、威尼斯、那不勒斯的货币相媲美，这些货币在爱琴海和安纳托利亚西海岸广泛流通并被模仿。①

公元 14 世纪，巴尔干半岛陷入经济停滞和持久的财政困境，而黑死病和欧洲的经济衰退进一步加重了这一时期的困境。拜占庭财政危机加重了这些困境，从这一时期的巴尔干铸币就能看出来。在巴尔干半岛的许多地方，这一世纪的中期 50 年见证了金属银铸币迅速减少。在 14 世纪，该地区黄金货币和大银币的缺乏和欧洲与近东的许多地区的趋势一致。显然，缺乏内在价值可能被认为是钱币减少的主要原因，代表着经济体的货币部门直到这个世纪下半叶才得到发展。威尼斯人在克里特岛和爱琴海的其他属地获得了相当数量的银币。直到 14 世纪中叶，威尼斯格罗索银币在巴尔干半岛南部沿海地区仍是最重要和最具影响力的钱币。然而，波斯尼亚、塞尔维亚、保加利亚和瓦拉吉亚的当地统治者经常抵制外国货币，坚持流通自己的货币。②

由于撒克逊人、来自波希米亚的其他殖民者以及匈牙利人带来了更多的矿业开发技术，奥斯曼时期一个极具意义的发展是 13 世纪末到 14 世纪初马其顿、塞尔维亚和波斯尼亚银矿业的崛起。15 世纪末，矿的

---

① Metcalf, Coinage, 333 – 335. 拜占庭晚期货币史同样见 P. Grierson, Byzantine Coins (London: Methuen & Co. Ltd. , 1982), 277 – 318 and M. F. Hendy, Studies in the Byzantine Monetary Economy c. 300 – 1450 (Cambridge University Press, 1985), 439 – 447 and 527 – 551。

② Metcalf, Coinage, 284 – 303. 在此期间，爱琴海拉丁国家的货币，see P. Lock, The Franks in the Aegean, 1204 – 1500 (Harlow: Longman, 1995), pp. 262 – 264。

输出稳定增加，成为巴尔干半岛统治者主要的收入来源。例如，一位勃艮第骑士伯特兰·德拉·伯鲁克（Bertrandon. de la. Broquiere），他在奥斯曼帝国占领造币厂之前，估计塞尔维亚和波斯尼亚的银矿在15世纪前半叶的年产量不少于10吨。除了少量经由陆路运往君士坦丁堡，几乎所有的银都经海运被运送出杜布罗夫尼克。大多数被运送至威尼斯，但是还有一些被运送至意大利和西西里。

第三节　安纳托利亚

在许多早期的账户中，尤其是那些与奥斯曼有联系的账户，都与安纳托利亚的塞尔柱王朝有关联。然而，最近的研究显示，在奥斯曼帝国和其他土耳其省都辖区摆脱了蒙古人的统治后，仍然受到可汗尼德持续的影响。对文献最新的回顾和评估将不仅有助于理解奥斯曼货币的起源，还有助于理解奥斯曼接下来的发展历程。

在13世纪的近东，银币在安纳托利亚（Anatolia）广泛传播开来。详细的钱币证据表明，尤其是从13世纪中叶开始到塞尔柱王朝时代的末期，从安纳托利亚中部和东部，银币铸造厂和银币在不断扩散。从13世纪40年代到1255年，发行银迪拉姆的塞尔柱铸币厂的数量每年递增，从3家增加到9家，每年从6家低层次排到15家高层次。这种现象一直持续到13世纪末，毫无疑问，银币的产量在这段时间也增加了。

尽管直到14世纪前10年塞尔柱王朝继续发行货币，但已无法抵御蒙古东部的压力。在13世纪的最后20年，安纳托利亚开始由可汗尼德和波斯的蒙古人统治。土库曼公国（土耳其省都辖区）包括奥斯曼帝国，开始直接向波斯任命的可汗尼德献贡品。然而，可汗尼德无法在安纳托利亚遥远的西部和中部建立长期的政治统治结构。因此，在13世纪下半叶，新一波的土库曼部落继续前往这个地区。尽管土库曼定居者承认塞尔柱王朝以及后来的可汗尼德的统治，但他们建立的新君主国享有充分的自治权。

从13世纪80年代开始到14世纪30年代，在将权力过渡给蒙古人之后，铸币厂的数量和产量迅速增加。14世纪末期，安纳托利亚40多个铸币厂以可汗尼德的名义生产钱币，虽然并不是所有的铸币厂都定期生产。可汗尼德的造币厂网络超过 100 个，该网络以大不里士为中心，从东部的霍拉桑一直延伸到南部的波斯湾和伊拉克。安纳托利亚的造币厂其实就是这个网络的一部分。

通过近东的北部和中部路线是帕克斯蒙古统治下东西方贸易的主要渠道，而可汗尼德货币活动的成功直接与这条路线的复苏相关。可汗尼德能够收取贸易税，也能确保商家们把贵金属和外国货币带到造币厂来兑换，然后收取评估费用。因此，意大利商人彭歌诺提所认为的可汗尼德的造币高峰与贸易路线上的货币量高峰一致就不奇怪了。可汗尼德发行了大量的黄金米斯卡、银第纳尔和较小的银迪拉姆，虽然他们在安纳托利亚的造币厂只生产银币。可汗尼德货币数量多、质量高，至今仍被认为是最杰出的伊斯兰国家货币之一。通过蒙古的连接，可汗尼德还引入了伊朗纸币，当时已在中国广泛使用，但这种尝试并未成功。[1]

在蒙古帝国的鼎盛时期，安纳托利亚主要的东西方贸易路线从伊朗大不里士一直延伸至科尼亚，还从塞尔柱王朝的首都延伸至安纳托利亚南部港口，比如阿兰亚港口。当可汗尼德失去科尼亚去往卡拉干达时，一个贯穿埃尔、瑟瓦斯省、安卡拉和西部的新路线变得十分重要。奥斯曼帝国征服布萨后，它迅速成为这条路线的西部终点站。另一个主要路线是从克里米亚的卡法到锡诺普和西部的港口。这些路线的大宗商品数量虽少，但价值高，主要是丝绸和香料。因此，蒙古以和平手段迎来了来自安纳托利亚东部和半岛西部的大量转口贸易。

---

[1]　J. M. Smith Jr. and F. Plunkett, "Gold Money in Mongol Iran," Journal of the Economic and Social History of the Orient 11 (1968), 275 – 297; Martinez, "Regional Mint Outputs," 121 – 126; B. P. Francesco, La Pratica Della Mercatura, A. Evans (ed.) (Cambridge, MA: Harvard University Press, 1936), 28 – 43. 塞尔柱王朝和可汗尼德时期，意大利商人在安纳托利亚的商业活动，见 S. Turan, Turkiye – Italia Iliskileri lar'dan Bizans'in Sona Erisine Kadar (Istanbul: Metis Yayinlari, 1990), 85 – 190.

然而，贸易和贸易税收并不是可汗尼德银的唯一来源。13 世纪下半叶，可汗尼德也控制了安纳托利亚东部的银矿，如马登、马德因谢伊尔和居米什哈（Gumushane）等，银的输出使得造币活动增加。可汗尼德在这些地方建设造币厂并生产钱币，说明了本地银的重要性。

第四节　奥斯曼帝国早期货币

奥斯曼帝国和安纳托利亚其他土库曼公国在继续接受可汗尼德的统治期间，并没有以统治者的名义铸造货币。在此期间，君主国在安纳托利亚使用可汗尼德和在安纳托利亚流通的其他货币。他们也铸造有限数量的匿名银和铜铸币，以试图满足自己的需求。① 最后，随着可汗尼德在安纳托利亚的统治崩溃，最后一位可汗尼德君主逃往埃及马穆鲁克，奥斯曼帝国在 1326 年开始以奥汉·贝伊的名义罢工。②

我们应该暂停下来，考虑为什么奥斯曼帝国的建国日期不是公元 1326 年。自古以来，货币的发行在地中海盆地已经被认为是一个重要的主权象征。由于伊斯兰国家继续保持着这一传统，将斯克和哈特比（货币和祈祷）视为两个主权象征。奥斯曼史学将公元 1299 年视为国家成立日，让人费解。公元 1299 年可能是奥斯曼帝国最终从科尼亚塞尔柱王朝的苏丹统治中获得独立的日期。也许，他们被迫在同一时间或不久之后，

---

① 例如，鲁迪·林德纳（Rudi. Lindner）曾提出意见，在瑟于特铸造的塞尔柱硬币可能是奥斯曼帝国发行的。Lindner "A Silver Age," 272 – 274 and Lindner, "Hordes and hoards," 280 – 281. 同样，斯蒂芬·艾本认为这可能是奥斯曼省长模仿可汗尼德硬币铸造的一些硬币，进一步研究这个问题是非常有必要的。Album, Checklist, 65. Album, Album。

② 一些研究者试图将各种匿名硬币认定是奥斯曼一世的（公元 1299—公元 1324 年），但是，正如斯蒂芬·艾本最近强调的，这些尝试都不具有说服力。see I. Artuk, "Osmanli Beyligi'nin Kurucusu Osman Gazi'ye Ait Sikke," in O. Okyar and H. Inalcik（eds.）, Social and Economic History of Turkey（1071 – 1920）（Ankara: Meteksan Limited Sirketi, Papers Presented to the First International Congress on the Social and Economic History of Turkey, 1980）, 27 – 33.

接受可汗尼德的封建君主统治。因此，奥斯曼编年史作家急于强调他们的塞尔柱王朝血统，但淡化了他们与蒙古的关系，急于强调前者而忽视了后者。因此，钱币证据表明，直到公元 1326 年，才真正取得独立。

在详细分析奥斯曼帝国货币的类型、伊斯芬迪亚德（Isfendiyarid）以及埃瑞特尼德（Eretnid）君权后，菲利普·雷默表示，尽管一些奥汉省钱币模仿了安纳托利亚的塞尔柱王朝的货币，总的来说，在 14 世纪的大部分时期，这些君主国的钱币的设计都是相互关联的，并能从可汗尼德钱币中找到渊源。在早期奥斯曼钱币高质量工艺的基础上，雷默推测，奥汉省可能从安纳托利亚一个老可汗尼德铸币厂购买了一个刻模机。在他看来，一组可汗尼德货币组成了一个储备库。土耳其省都辖区在从可汗尼德统治中取得独立后，就根据这个储备库类型反复绘制他们的钱币。

菲利普·雷默也认为，在 14 世纪，奥斯曼货币、伊斯芬迪亚德（Isfendiyarid）货币以及埃瑞特尼德（Eretnid）货币之间有着密切的关系。他指出，这几种货币起源和设计相同，特别是各种形式货币两面的铭文和大小尺寸相似，因此属于货币共同体。然而，应该补充说明，尽管设计相似，不同土耳其省都辖区的银币的重量差异却很大。奥斯曼帝国在 14 世纪 60 年代开始设计自己的货币，而伊斯芬迪亚德（Isfendiyarid）以及埃瑞特尼德（Eretnid）将可汗尼德模式持续到了 14 世纪 80 年代。最近，康斯坦丁·茹科夫也表示，在安纳托利亚西部，直到公元 1390 年奥斯曼帝国征服这一地区，奥斯曼帝国和卡拉斯德（Karasid）以及萨鲁汗公国之间存在一个类似的货币共同体。与其他货币共同体相比，这些土耳其省都辖区的银和铜重量相似，在此期间被交替使用。货币之间的紧密联系表明，安纳托利亚西部和中部存在密切的商业和经济联系。

建立阿克斯货币体系的另一个重要问题是钱币的重量。尽管与可汗尼德钱币在设计上具有联系已非常明确，但在货币重量上很难建立一个类似的联系。奥斯曼银阿克斯的重量在 1.15 克到 1.18 克之间，远小于当代蒙古迪拉姆，但还没有小到可以称为半迪拉姆。当时，奥斯曼人首次发行了自己的钱币，蒙古迪拉姆的重量和银含量都迅速下降，从 14

世纪20 年代的1. 85 克降到14 世纪30 年代中期的1. 44 克。很可能是在
14 世纪早期，奥斯曼帝国和其他西部安纳托利亚的土库曼土耳其省都
辖区开始发放银币时，他们选择让钱币的重量接近仍然在该地区传播的
拜占庭钱币。[①]

因此，就重量而言，很难将奥斯曼阿克斯与可汗尼德迪拉姆联系在
一起。然而，与此同时，哈利勒·萨赫利格鲁表示，奥斯曼帝国模仿了
可汗尼德银币的重量。在铸造银币时期，奥斯曼人将迪拉姆一直使用到
了17 世纪，这种迪拉姆是蒙古人使用的大不里士迪拉姆，重3. 072 克。
经典的伊斯兰迪拉姆重3. 207 克，这个单位较其轻4% 多。实际上，19
世纪以来，这种差异让很多古币研究家疑惑不已。因为他们认为奥斯曼
帝国沿用经典的伊斯兰计量银币。因此，在迪拉姆收藏方面，有一段时
间很难表述奥斯曼阿克斯的标准。

在这些发现中，至少得出两个重要结论。第一，可汗尼德货币和土
耳其省都辖区货币之间的联系表明，蒙古对安纳托利亚和奥斯曼仍保持
着威望和影响力。这与奥斯曼年史编写者的叙述，以及当今大部分史学
的叙述形成鲜明对比。[②] 第二，可汗尼德货币持续的影响力和安纳托利

---

① 这一假设需要进行额外的钱币研究调查。了解类似的观点，见 Robert E. Dar-
ley – Doran，"An alternative approach to the study of Ottoman numismatics" in A Festschrift
Presented to Ibrahim Artuk on the Occasion of the 20th Anniversary of the Turkish Numismat-
ic Society（Istanbul：Turkish Numismatic Society，1988），87 – 90；and S. Vryonis Jr.，
"Byzantine Legacy and Ottoman Forms，" Dumbarton Oaks Papers 33 – 34（1969 – 1970），
278. 在仔细研究拜占庭货币后，菲利普·格里尔生（Philip Grierson）提供了早在 14
世纪重量超过 1 克的银币的流通证据。Grierson，Byzantine Coins，277 – 318 and espe-
cially p. 381；also Hendy，Studies，536 – 538. 公元 14 世纪入库满发行的重量超过一克
的银币，see Artuk and Artuk，Istanbul Arkeoloji Muzeleri，433 – 451.
② 可汗尼德不仅是蒙古传统的搬运工，也成了波斯和伊斯兰教的传统的继承
者。See H. Inalcik，"The Question of the Emergence of the Ottoman State，" International
Journal of Turkish Studies 2（1980），75 – 77. 蒙古对早期奥斯曼的影响，see
C. H. Fleischer，Bureaucrat and Intellectual in the Ottoman Empire，the Historian Ali
（1541 –1600）（Princeton University Press，1986），273 – 292.

亚持久的货币共同体，再次确认了安纳托利亚东西贸易路线的繁荣，以及他们对早期奥斯曼和其他土库曼土耳其省都辖区的重要性。摆脱可汗尼德统治获得独立后不久，奥斯曼帝国占领了丝绸贸易路线在安纳托利亚的西方终点布尔萨。正如泽克·卫力迪·托干在半个多世纪前所说，靠近安纳托利亚主要的转口贸易路线无疑是奥斯曼帝国崛起的一个重要因素。①

然而，从长远来看，就像蒙古和平促进了整个近东贸易路线的崛起一样，蒙古失去对伊朗和安纳托利亚的控制也必将导致这些路线的衰落。例如，克劳德·卡亨说，14世纪上半叶，随着可汗尼德的崩溃，意大利商人与伊朗的贸易和对东部贸易完全停滞。然而，这并不意味着安纳托利亚西部贸易全面崩溃。蒙古衰落之后，安纳托利亚东部地区的贸易好像转移到了西部。奥斯曼帝国控制了该地区后，与爱琴海沿岸南欧的贸易仍然十分重要。尽管如此，安纳托利亚，特别是其东部并没有恢复其在蒙古统治时代的商业地位。

因此，这些路线的衰落，加之钱币日益短缺，可能加速了奥斯曼帝国向银矿丰富的巴尔干半岛扩张。

第五节 造币厂及其管理

直到15世纪，奥斯曼帝国的货币都是小的银阿克斯和铜曼克。账

---

① Togan, "Mogollar Devrinde," 1–42. 穆斯塔法·阿卡德（Mustafa Akdag）也从贸易的角度分析了奥斯曼帝国的崛起，他认为存在马尔马拉流域经济，并试图从奥斯曼的地理位置将马尔马拉盆地与其他地域经济联系起来，从这一角度解释奥斯曼帝国的成功。然而，本论文从未获得认可，因为哈利勒很快就批评这篇文章理据不足。M. Akdag, "Osmanli Imparatorlu gu'nun Kurulus ve Inkisafi Devrinde Turkiye'nin Iktisadi Vaziyeti," (in two parts), Belleten 13 (1949), 497–571; and 14 (1950), 319–418; H. Inalcik, "Osmanli Imparatorlu gu'nun Kurulus ve Inkisafi Devrinde Turkiye'nin Iktisadi Vaziyeti Uzerine Bir Tetkik Munasebe – tiyle," Belleten 15 (1951), 629–690; for a recent review of the debate, see Kafadar, Between Two Worlds, 45.

户的基本单位是阿克斯或阿克贾，寓意白色，西方也称它为阿斯皮尔，具有相同的内涵。早期在马尔马拉盆地以及布萨、埃迪尔内和其他不确定的地方铸造阿克斯，他们和其他土库曼土耳其省都辖区的货币一起流通。①

随着 15 世纪奥斯曼帝国在巴尔干半岛和安纳托利亚中部的领土扩张，奥斯曼帝国效仿塞尔柱王朝和可汗尼德的统治，在靠近主要矿山的商业和城市的中心大量建设铸币厂。在穆罕默德二世 30 年统治期间，阿克斯至少在 12 个地方生产。② 14 世纪末到 15 世纪初，奥斯曼阿克斯在拜占庭和君士坦丁堡正常流通。

大量的造币厂更加说明奥斯曼关注的问题，那就是无论在技术上还是在管理上，都很难做到从几个中心收集所有的黄金，然后把铸币运回省城，吸收货币并让货币在本地流通。还有大量数据表明，不是所有造币厂效率都高。事实上，时间不同，造币活动也是千差万别，还存在大量的产能过剩。

通常，每个造币厂的产量取决于私人带来的或国家收集的钱币的数量。因此，造币产量存在季节性波动。此外，每个新苏丹产生后，政府要求将旧货币带到造币厂，将其改成所属新苏丹的名称，这一举动被称为特塞德－斯克，或更新的货币。这一期间的造币活动急剧增加。③

尽管造币厂数量巨大，但都是由不同体系下的中央政府紧密控制和管理的。位于城市主要中心的较大的造币厂通常由国家运作，他们的日

---

① 14 世纪著名的造币地包括布萨、埃迪尔内和爱琴海海岸的以弗所。A. C. Schaendlinger, Osmanische Numismatik（Braunsch-weig：Klinkhardt & Biermann，1973），87 - 89；Sultan, Coins of the Ottoman Empire，8 - 23.

② 安纳托利亚有布萨、阿马西亚、阿亚图拉、蒂雷、科尼亚、卡斯塔莫努，以及前身就是造币点的巴尔干半岛、赛里斯、诺瓦（诺瓦·布罗德）和斯屈布（斯科普里）的这几个地方都位于或接近主要矿业中心。也包括康斯坦丁和埃迪尔内。Schaendlinger, Osmanische Numis - matik，91 - 93，M. Erureten，"Osmanli Akceleri Darp Yerleri," The Turkish Numismatic Society Bulten，17（1985），12 - 21.

③ 这些欧洲称作设计的转换措施没多大区别。

常运作由国家根据存款体系，指定员工（依米奴）监督。小造币厂通常在包税（iltizam）体制下运营。将他们拍卖给出价最高者或合作人（阿米尔），任其经营三年或六年，偶尔也会更长的一段时间，以换取定期报酬。有时相同的税吏（穆特兹）可以获得多个造币厂的权利。在15世纪70年代的一个极端例子中，安纳托利亚和巴尔干半岛的所有造币厂被同一个穆特兹合伙人承包了。最后，一些造币厂在混合体制下运作，税吏也是国家的受薪员工。

在所有情况下，政府都密切监督造币厂的运营。包税制体系下，穆特兹或阿米尔经常雇佣一个（依米奴）来监督造币厂的日常运作，一名叫萨赫比·爱雅尔的官员负责监督技术操作，同时确保生产出来的货币符合政府法定标准，直接对政府负责。政府还让当地的法官（kadi）定期检查账簿，以此监督技术和财政活动。

中央政府为造币厂制定的标准明确规定了每100个纯银迪拉姆铸造的阿克斯的数量。直到17世纪，往阿克斯中添加合金才是合法的。① 政府也明确规定了造币厂购买黄金的价格，以及个人把自己的黄金带到造币厂要求改成货币时，他们应该收取多少费用。

当地造币厂实际上是否遵守了这些规定取决于政府控制的有效性和银的可用量，而不是政府的命令。几乎所有时期都有档案证据表明中央政府指示当地卡迪追捕、惩罚那些不遵守规定的造币厂。然而，中央政府发布指令的频率相对较低，可用钱币的重量并不一致。直到16世纪中叶，造币厂才遵守规定。

直到17世纪结束，所有土耳其货币，银、铜、金的铸造技术仍然很简单：将一块金属放在两个模具之间，用锤子捶打上模，两个模具的印记就留在了钱币上。而模具的制作、用于造币的金属材料的准备、验证以及制作本身对技术都有很高的要求。在萨赫比·爱雅尔的监督下，大型造币厂雇佣专门的工人、工匠和技师，负责铸造的许多细节工作。

---

① 我们并不完全清楚纯银的含银量，但据估计含银量应该是90%或以上。迄今为止，还没有对阿克斯的纯度和银含量进行系统性的检查。

伊斯坦布尔的造币厂达到了上百家。同样，一些大型造币厂的工人数量已过百。中型造币厂的员工数量通常也有几十人。省城中的小型造币厂经常要依靠大型造币厂做一些更专业的工作。[①]

第六节　银矿

从一开始，奥斯曼帝国政府就十分关注增加货币和钱币的可用量。当然，货币原材料的一个重要来源是矿山本身。拜占庭时期以来，安纳托利亚的一些银矿的开采就已经非常活跃，这些银矿主要位于加利波利半岛东部。而奥斯曼帝国在这个方向上的扩张受到了其他土库曼君权的阻挠，这种阻挠直到15世纪才结束。相比之下，奥斯曼帝国能够迅速进入巴尔干半岛，丰富的银矿也加速了在那个方向上的领土扩张。

从14世纪90年代到15世纪60年代，奥斯曼人占领、失去又夺回了马其顿、塞尔维亚、波斯尼亚的主要银矿。可以从阿克斯钱币本身看出其首次发布日期：赛里斯816年/1413年，乌斯库布（Uskub）/斯科普里825年/1422年，奥斯曼帝国钱币诺瓦834年/1430年。即使到15世纪60年代，柯拉特瓦（Kratova）、斯德瑞卡布斯（Sidrekapsi）、斯雷布雷尼察仍被占领，直到15世纪末和16世纪早期，这些地方才发行银币和金币。政府还接管小银矿，只接收银但不生产阿克斯，如扎普拉尼纳（Zaplanina）、普拉纳、鲁德尼克等。

政府尽最大的努力增加这些银矿的产量，以满足日益增长的需求。政府把银矿转变成国有财产后，依靠包税制系统操控矿山。除了穆斯林，来自马其顿、赛里斯、伊斯坦布尔的希腊资本家在15世纪和16世纪活跃在这些中心的包税制中。奥斯曼帝国多是在15世纪下半叶颁布关于这些矿山开采的法规，其中非常详细地规定了银矿操作和工作条

---

① 中央政府根据需要，偶尔命令工匠大师从一个造币厂转移到其他造币厂。例如，向巴尔干半岛城镇造币厂的卡迪发布命令，让其将工匠送至伊斯坦布尔的造币厂。

件。奥斯曼帝国并没有改变这些矿山的生产方法或技术。他们遵循许多现有的法规，就像他们在征服了其他地方后遵循当地规章制度一样。事实上，编撰及颁布的法规大多是翻译前奥斯曼帝国的法规，保留了撒克逊人的术语。

一些规模较小的银矿很快就资源耗尽，但又会建立许多新的银矿，虽然常常很难根据档案文件来确定它们的位置。在16世纪上半叶，据一位欧洲观察者的研究，马其顿的斯德瑞卡布斯成为巴尔干半岛最富有成效的矿山，雇用的矿工多达6000名。估计在此期间其总产量约为每年6吨。16世纪上半叶，据估计，巴尔干半岛的白银总产量为每年26吨到27吨。在最近的一项基于包税制和对塞尔维亚、保加利亚北部、马其顿、塞萨利和色雷斯的银矿相关记录的研究中，罗兹·墨菲估计巴尔干银矿的总年产量约在1600吨。相比之下，前奥斯曼15世纪初在塞尔维亚和波斯尼亚的银矿年产量约为10吨。这些估计表明15世纪和16世纪的银产量大幅上升。这些还表明，欧洲和土耳其的银矿发展轨迹在16世纪急剧分化。16世纪上半叶，美国白银进入欧洲，导致欧洲造币厂的产量下降，但直到17世纪早期，奥斯曼银矿的产量才受此影响。

18世纪前，安纳托利亚唯一的一个重要银矿坐落在安纳托利亚东北部古木夏（Gumushane）附近。在拜占庭时期，虽然这个地方白银的生产非常活跃，但我们对其在15世纪和16世纪的活动知之甚少。在穆罕默德二世统治时期，它被奥斯曼帝国占领，发行的银币阿克斯上都印着造币地坎卡（Canca）的字样。

第七节　铜铸币

阿克斯虽然是记账的基本单位和主要交换媒介，但为了方便日常事务，还铸造铜币，称为曼克，曼古尔或普尔的铜铸币仍在当地市场流通。大多数资料认为，曼克铸造开始于穆拉德一世（1362—1389）时期，尽管一些研究样本认为其开始于奥汉（1324—1362）时期。与阿克斯不同的是，大部分的铜铸币都产于伊斯坦布尔、埃迪尔内、安纳托利亚，因为铜矿就分布在这些地方。15 世纪中叶，安纳托利亚有 8 个地方都在生产曼克。然后部分钱币被以散装的形式运送至巴尔干半岛，因为那里的铜矿开采活动依然非常有限。

在穆罕默德二世统治时期，有两种不同尺寸的铜钱币流通，较大的铜币重一个迪拉姆（3.20 克），8 个铜币等于一个阿克斯的价值。小铜币是一个迪拉姆 1/3 的重量，24 个铜币等于一个阿克斯的价值。在 16 世纪第二个 25 年，8 个曼克就等于一个阿克斯。16 世纪下半叶，半个曼克和四分之一曼克的小铜币再次发行。32 个最小的铜币等于一个阿克斯。

银币体现了其内在价值或形式内容，铜币则是按政府规定的价值流通。金属含量和币面价值的区别为国家提供了征收铸币税的机会。为了实现这种潜力，政府拒绝接受向国家支付铜币。国家还密切监督货币的生产和分配。①

每个地方铸造以及流通铜币的权利都拍卖给了民营企业家们。铸币和流通垄断通常可以持续三年。然后在当地市场铸造并销售曼克或普尔，以换取阿克斯。然而，为了防止当地市场过度饱和，国家常常限制他们的产量。随着新的问题层出不穷，旧的钱币被宣布无效，禁止流通。然而，当新问题变得愈加频繁时，曼克越来越成为当地征税的货币形式。一些历史学家强调铜币这一特征，认为曼克只是一种强制征税。然而，在经济体日常运作中，铜币作为零钱的不可或缺的作用不容忽视。当地经济需要货币，国家利用这一点来确保稳定的铸币税收。

---

① 例如，16 世纪末，中央政府开始担心从匈牙利引入的铜与安纳托利亚北部的吴市矿山竞争。那时，政府限制了从匈牙利到巴尔干半岛的铜的销售，并禁止将铜运输到安纳托利亚。

第三章 干涉主义政策和贬值政策

第一节 集中制和干涉主义

穆罕默德二世统治的两个时期（公元 1444 年和公元 1451—1481 年），针对一些罕见的条件制定了特殊的国家政策，是土耳其货币历史上一个独特的时代。[①] 中央政府在此期间对财政、经济和货币事务实施的干涉主义是后期无法与之相提并论的。穆罕默德二世政府对贬值的态度也是奥斯曼帝国历史上独一无二的。从 14 世纪 20 年代到 15 世纪 40 年代，阿克斯的银含量变化不大。然而，在这 30 年中，贬值被用作资助军事活动，扩大中央政府角色的常规政策。从公元 1444 年到公元 1481 年，由于贬值，奥斯曼钱币的银含量每十年降低 30%。虽然资料较详细地说明了穆罕默德二世统治时期的贬值和其他货币实践，但我们仍不清楚这些政策背后的动机。

本章观点认为，这一时期的两个特点导致了这样独特的策略组合：穆罕默德二世统治的集中制，以及钱币的严重短缺。穆罕默德二世在他

---

① 公元 1444 年，穆罕默德二世的父亲穆拉德二世自愿退位，穆罕默德二世随即登位，那一年，他 12 岁。然而，他的首次统治不到一年，因为他的父亲决定回来。穆拉德二世死后，穆罕默德二世于公元 1451 年重回王位，开始了为期 30 年的统治。

30 年的统治期间，将一个依赖于农村贵族的新兴国家成功构建为一个拥有庞大军队和官僚团队的扩张帝国。在这个过程中，中央政府开始控制原属于省城的更多的资源和收入。因此，集中制既解释了干涉主义的崛起，又强调了贬值背后的财政动机。

大部分欧洲国家以及土耳其在 15 世纪下半叶遭遇的货币短缺，被称作银饥荒，也导致了那一时期的干涉主义。如果钱币和货币的流通与货币流和外国货币的流通形成了鲜明的对比，中央政府将在此期间采取严格的措施。后期很少执行这些规则和法律。

然而，常规的贬值政策遭受到强烈反对，包括禁卫军的反抗。穆罕默德二世死后，他的继任者被迫答应结束常规贬值政策。这一章的最后部分将展现一个政治经济框架，讨论贬值的成本和益处，更重要的是，讨论受到他们影响的各种社会群体。

持集中制和干涉主义的穆罕默德二世是一个真正的集中制架构师，实行土耳其政府专制。除了征服君士坦丁堡，以及在巴尔干半岛和安纳托利亚扩张奥斯曼国家控制的领土外，他削减土库曼斯坦的贵族军队，以增加奴隶制的中央官僚机构和土耳其新军。这个过程采取了严厉的措施。除了更高的税收外，国家垄断了基本商品，例如盐、肥皂、蜡等。私人所有者的土地和其他财产或虔诚的基金会（瓦基佛）被没收充公。据记载，多达 2 万个地产和村庄被国家接管，然后分配给西帕希人作为蒂马尔。政府通过迫使殖民以及优惠税收吸引安纳托利亚和巴尔干地区熟练的工匠和其他移民来重建，并填补伊斯坦布尔的空缺。最后，主要城市，例如布萨、埃迪尔内、伊斯坦布尔都颁布了非常详细的法律来控制和规范帝国的日常经济生活。

这些措施大大增加了中央财政收入。那一时期的领土征服和从奴隶州一次性的收税或年度进贡增加了财政部的收入。威尼斯对奥斯曼国家在此期间的收入进行了调查，列出了附庸国家每年支付的资金：波斯尼亚和黑塞哥维那是 1.8 万达克特，瓦拉吉亚 1.7 万达克特，摩尔达维亚为 6000 达克特，特拉比松为 3000 达克特，卡法为 3000 达克特，阿马斯腊为 1.4 万达克特，锡诺普为 1.7 万达克特，摩尔达维亚为 6000 达克特，特毕兹为 3000 达克特，卡法为 3000 达克特，阿玛拉和斯洛普均为 1.4 万达克特。在摩里亚半岛和阿尔巴尼亚的威尼斯国家进贡的贡品并没有包括在内。

然而，国家不会立即花费所有的新收入。在穆罕默德二世专制的逻辑概念中，强大的财政也意味着权力和统治者的独立。中央政府因此开始让财政部大量地积累外汇储备。公元 1481 年，穆罕默德二世去世，那时的库存显示，国库（加上其他财产）已经达到 2.4 亿阿克斯和另一个价值 1.04 亿阿克斯的金币量。与这几十年流通的阿克斯量相比，这是一笔惊人的资金。预算盈余、外汇储备不断积累，进一步加剧了经济和社会所面临的财政压力和钱币短缺。

因此，所有这些措施遭到强烈的不满和反对就不足为奇了。强烈不满的群体之一是乌理玛，之前国家接管许多基金时，他们控制大量的收入来源，但现在失去了控制权。个人是土地的所有者（马尔克），但现在国家加入了他们的行列，征用土地。边境地区的游牧民族、勇士和贵族，曾定期加入军事行动，促成了他们的成功，也反对集权和增加税收。尽管如此，穆罕默德二世仍通过增加中心权力和军事运动，将这些政策继续到他统治结束，这也导致了领土大肆扩张，参与集团获得战利品。

在这几十年，中央政府在财政和经济问题上采取的干预措施早已延伸到了货币领域。政府颁布了大量的法律规章来规范造币活动和金银矿山生产的开采，也许最有意思的是，规范奥斯曼帝国的钱币的流通和运输。然而，为了正确评估这些严格措施的动机和内容，我们需要首先考虑导致这些措施的其他条件。

第二节　银饥荒

在 15 世纪晚期，钱币和货币短缺是很普遍的。贵金属或其他金属可用性的波动总是取决于新矿的开发、老矿的关闭、流通钱币的耐用或磨损、囤积和减少储藏、重铸导致的损失和与世界其他地区的国际收支。欧洲著名的两个银短缺时期，第一段时期始于 15 世纪末，持续了 20 年左右；第二段时期始于 20 世纪中叶，持续了 30 年，这是 7 世纪以来最严重的短缺。因为这两个时期被很详细地记录在册，还和奥斯曼帝国的土地发展紧密相关，我们需要仔细研究。他们出现的主要原因是，匈牙利的中欧银矿无法满足需求，特别是无法满足欧洲与近东和亚洲的巨额贸易逆差。火上浇油的是，人们囤积银，在日常交易中却不愿使用银币，信用的下降更加加剧了银的短缺。

在欧洲，只有威尼斯人避开了银饥荒的部分影响，因为从 14 世纪 70 年代末开始，塞尔维亚和波斯尼亚的银矿就开始为他们供应银。从意大利到地中海欧洲的其他地方，贵金属通过近东的贸易逆差向东流通。

然而，并不总是以银的形式支付贸易逆差。黄金是否向东流通取决于两种金属在欧洲和近东的相对比率。当欧洲意识到白银短缺的影响时，贸易逆差开始用来自欧洲和非洲的黄金支付。欧洲的白银短缺从而直接对埃及产生影响，因为无法再从欧洲南部获得银，埃及的银迪拉姆在公元 1397—1398 年停产。埃及阿西拉弗的出现，土耳其市场威尼斯达克特的增加，以及地中海东部仿威尼斯钱币的增加都与这些发展密切相关。

贵金属外流，先是白银，后是黄金，再是白银，然后是更多的黄金，但在 15 世纪后，由于新兴钱币短缺，这种现象消失了。当奥斯曼帝国在 15 世纪 50—60 年代再一次控制了波斯尼亚和塞尔维亚的银矿后，甚至威尼斯也受到了黄金饥荒的影响。然后银饥荒波及南欧和北欧，直到新的银在 15 世纪 70—80 年代在波希米亚和萨克森州开放。然而，在那之前，欧洲从近东的进口和交易仍大幅走低。因此，来自西方钱币流的下降必将导致近东钱币短缺。

第二个长期银饥荒恰逢穆罕默德二世的统治。有趣的是，尽管奥斯曼在 15 世纪 50—60 年代占领了塞尔维亚和波斯尼亚的银矿，巴尔干半岛特别是安纳托利亚仍然受到银短缺的影响。1450 年到 1475 年持久性的银短缺，帮助我们更好地理解穆罕默德二世对白银流通采取严格措施的动机。

反过来，穆罕默德二世统治时期就货币流通发布的法律法规是我们研究短缺程度和持续时间，以及政府对此采取最好的措施、最详细的证据。这些法律要求奥斯曼帝国生产或进口的所有黄金都要进入造币厂再次加工。外国国家的货币不受这些禁令的限制。政府还限制了商人和其他私人运输和钱币交换。政府雇佣禁令员或白银探索员，让他们来搜查商人和货币兑换商（萨拉夫）以及寄宿房间的物品，这些人还有权没收任何非法占有的银。国家随后以大约低于市场三分之一的价格购买查收的白银。这些白银被运送至造币厂进行货币制造。钱币出口也是禁止的。同时还限制使用生产的金银。金匠或银色绣花机不能保留 200 以上的白银迪拉姆（640 克）。政府也不再出口银矿的产品。同时，土耳其当局试图鼓励进口黄金和外国货币的流通。政府免除了金银进口关税。财政部和法院定期接受用外国货币付款。

然而，颁布这些法律是一回事，成功实施这些法律又是另一回事。商人、货币兑换商以及其他人逃避这些搜查的能力是众所周知的。与规范大宗商品贸易相比，监管货币市场对政府来说更加困难。此外，政府这些政策可能实际上导致了货币严重短缺。政府严格的禁止和搜查，加剧了人们囤积白银，从而可能延长货币短缺的时间。政府的另一措施也与此密切相关，那就是财政部的预算盈余和庞大的外汇储备积累。最初，持续的钱币短缺可能促使政府实施这一政策以谨慎应对。然而，从长远来看，外汇储备增长就像禁令和搜查一样，加剧了货币短缺。事实上，政府这些措施的不良后果可能解释了为什么奥斯曼帝国在 15世纪 50 年代和 60 年代夺回巴尔干的银矿后，仍经历严重白银短缺的原因。

到目前为止，这些搜查和禁令被视为奥斯曼帝国经济生活的常态，也是大多数土耳其政府应对货币问题采取的典型方法。事实上，穆罕默德二世的统治是史无前例的，因为中央政府不仅干预钱币和金钱，还干预贸易和城市经济的发展。

集权专制统治者和异常严重的持久钱币短缺催生了干涉主义，进而促使政府采用这些措施。16 世纪，随着银饥荒缓解，钱币日益增多，奥斯曼政府停止了高度干涉货币事务的政策。穆罕默德二世统治时期颁布的法典，在后期很少执行。只有在 16 世纪的第三个 25 年，钱币短缺再次出现，政府又逐渐紧密监督商人活动，试图阻止向伊朗出口白银。

第三节　穆罕默德二世的贬值策略

穆罕默德二世最有趣也是最具争议的政策之一是定期实行贬值。史学家们深知这一政策。但是，他们却不太了解背后的动机和当时的环境。然而，在财政紧张和白银持续短缺的背景下，研究这一时期的贬值，将有助于审查近年来的详细货币证据，并更精确地确定阿克斯银含量的下降程度和时间。

从公元 1326 年奥斯曼帝国首次发行银币到穆罕默德二世于公元 1444 年登位，阿克斯都非常稳定。标准阿克斯包括"纯净银"或"纯银"（爱雅尔），重量在 1.15 至 1.20 克之间，浮动非常小（见表 3.1 和图 3.1）。在快速领土扩张的早期，稳定的货币表明奥斯曼良好的财政状况。奥斯曼帝国在 14 世纪其他土库曼公国建立的货币社区能迫使每个国家更紧密地遵守共同的标准。公元 14 世纪末期对马其顿和塞尔维亚银矿的占领必然促进阿克斯的发展。

表 3.1　奥斯曼阿克斯及其汇率，公元 1326—1481 年

年份	每 100 迪拉姆的阿克斯	每克的阿克斯	汇率和威尼斯达克特	计算的黄金与白银比率
1326	265	1.15	n. a	n. a
1360	260	1.18	30 – 32	9.3
1388	255	1.18	30	9.0
1400	255	1.20	32	9.7
1410	265	1.15	35	10.2
1420	255	1.18	35	10.5

续表

年份	每100迪拉姆的阿克斯	每克的阿克斯	汇率和威尼斯达克特	计算的黄金与白银比率
1431	260	1.18	35－36	10.6
1444	290	1.06	39－40	10.6
1451	305	1.01	40－41	10.4
1460	320	0.96	42－43	10.3
1470	330	0.93	44	10.4
1475	400	0.77	45	8.8
1481	410	0.75	46	9.0

注：1. 从早期到17世纪后期，中央政府命令造币厂明确标出阿克斯的数量，从"华里士·爱雅尔"100迪拉姆到纯银都要标出。然而，自19世纪以来，土耳其货币迪拉姆的重量已经给钱币收藏家造成了太多混淆。

2. 缺乏早期政府改变阿克斯标准的证据以及造币厂证据。本文提供的信息主要是基于收藏钱币的重量 Tecdidleri, N. Aykut, "Osmanli Imparatorlugu'nda Sikke Tecdidleri," 伊斯坦布尔大学埃德 biyat Fakultesi Tarih Enstitusu Dergisi 13（1987年）257－297；Istanbul Universitesi Ede－J. 苏丹，《奥斯曼帝国的钱币和土耳其共和国》，杰姆·苏丹的详细目录集合，（千橡市，加利福尼亚州：B&R 出版商，公元1977年）对此帮助甚大。因此，1卷大多数数据来自2卷的货币重量。

3. 即使存在阿克斯官方标准，目前尚不清楚造币厂在多大程度上遵循了这些标准。政府对造币厂的控制随着时间和空间的变化而变化。此外，由于技术不够精湛，钱币的重量和精度千差万别。

4. 根据大多数钱币目录的记载，最后一列的计算表明标准或适当的（sag）阿克斯平均含有90%的银。如果用光谱分析法分析现有标本，能更精确地检测出阿克斯的银含量。

5. 在此期间，威尼斯达克特重达3.559克，精度达0.997。

6. 针对可用数据的性质，此处计算的黄金与白银比率刚好近似。这些比率刚好可以帮助我们间接检查其他数据。15世纪下半叶，欧洲黄金与白银平均比率接近10。F. 代尔和F. 斯普纳，《欧洲从公元1450年到公元1750年的价格》，E. E. 富裕和C. H. 威尔逊（主编），剑桥欧洲经济史，第四卷（剑桥大学出版社，1967年），459。

资料来源：作者的计算基于哈利勒，Osmanli Para Tarihi Uzerine Bir Deneme, 1－58, Bir Asirlik Osmanli Para Tarihi, 1－17。Osmanli Para Tarihi Uzerine Bir《国际货币动向的作用》，苏丹，《奥斯曼帝国的钱币》；Aykut, "Osmanlo Imparatorlugu'nda 斯克 Tecdidleri", 257－297；Imparatorlugu'nda 斯克 Tecdidleri, 257－297；Ismail Galib, Takvim－i Meskukat－i 伊斯梅 Galib, Takvim－i Meskukat－I Osmaniye（伊斯坦布尔，H 1307/1889－1990）；Halil Edhem, Meskukat－i Osmaniye, cilt 1（伊斯坦布尔 1334/1915, 16）；Meskukat, "（伊斯坦布尔 1334/1915, 16）；Ahmet Refk；" Osmanli Imparatorlugu'nda Turk Tarih Encumeni Mecmuasi 14；Akgunduz, Osmanli Kanunnameleri, 卷1, 384；N. Beldiceanu and I. Beldiceanu－Steinherr, "Les Informations les plus Anciennes sur les Florins Ottomans"在土耳其钱币协会20周年的一个纪念文集（伊斯坦布尔：土耳其钱币协会，公元1988年）；P. 斯塔福德，《中世纪交易手册》（伦敦：皇家历史学会，1986年）。

然而，从穆罕默德二世初次登基到公元 1481 年去世，奥斯曼单元货币的重量和银含量下降到了原来的六分之一。这些被称为货币革新（特德钱币）措施。由于新发行的钱币上都刻有发行日期，即使缺乏完整的造币厂记录，我们还是可以确立贬值的时间。① 穆罕默德二世在以下时间段实行了贬值措施：848H/1444，初次继位，855 H/1451，第二次登位，然后 865 H/1460 – 1461、875 H/1470 – 1471、880 H/1475 – 1476 和 1475 H/1481。这些日期表明穆罕默德二世在初次继位和第二次登位后，政府按伊斯兰日历实行每十年贬值一次的政策。他统治的末期，间隔时间缩短至五年或六年。

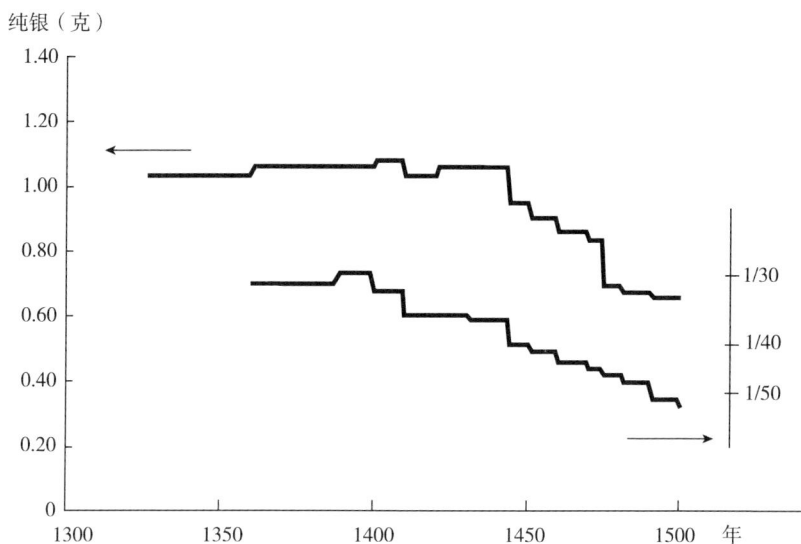

图 3.1　公元 1300—1500 年，纯银含量和阿克斯的汇率/与达科特（ducat）的汇率

直到 17 世纪末，政府向造币厂订购一定数量的 100 迪拉姆的纯银阿克斯，没有添加合金。每次贬值，政府都会提高铸造的钱币数量，阿

① 穆罕默德二世的硬币在这方面是个例外。大多数其他奥斯曼苏丹的硬币只有即位日期。

克斯因此变成了一个小钱币。因此，我们可以在合理的精度范围内，建立每次发行的钱币的改变标准。

周期性贬值的一个重要内容是禁止使用旧阿克斯，政府发布新的、更小的阿克斯。然后旧钱币的持有者被要求将旧钱币送到造币厂，按币面价格换成新钱币。为了加强这个规则，政府授权禁令员搜查商人、旅游者和其他个人的旧阿克斯，正如他们在白银短缺时期搜查黄金一样。这一时期，国家也向造币厂收取高额费用。凡将白银带到造币厂，都被要求向造币厂支付白银价值的 15% ~ 20% 以换取钱币。早期和晚期阶段的费用较低。

可见，政府旨在从这些措施中获得可观的收入。然而，对这些措施的有效性必须持谨慎态度。因此，可以猜想每次政府进行货币改革时，都要将旧货币返回造币厂。事实上，这些措施不鼓励个人把黄金和旧货币送到造币厂，可能导致了银和货币持久性的短缺。

第四节　动机和解释

卡洛·奇波拉在他论述中世纪欧洲货币贬值的开创性文章中，论述了中世纪货币贬值的诸多原因。

其中最重要的原因包括：

1. 财政因素，贸易逆差以及政府需要筹集额外收入；
2. 经济对货币的需求增加，需要增加流通中的货币存量；
3. 来自社会群体对通货膨胀的压力；
4. 造币厂管理不善；
5. 流通的钱币存在磨损。

这是研究奥斯曼货币贬值一个非常有用的起点。本节研究奇波拉提出的前两个原因。第三个原因，不同社会群体对通货膨胀的态度，将在下一节探讨。以上最后两个原因对于理解奥斯曼帝国其他时期的贬值十分重要，但与穆罕默德二世无关。直到 16 世纪下半叶，中央政府都能够密切控制造币厂。同样地，流通钱币的磨损是一个循序渐进的过程，从长期来看，鼓励了贬值。此处的研究不能解释这 30 年中贬值的频率或程度。

穆罕默德二世定期实行贬值最根本的原因是为了增加中央财政收入。国家最重要的义务，即对士兵、官僚和供应商的义务，都体现在账户的基本单元阿克斯上。由于阿克斯银含量的减少，允许国家铸造或购买银来增加阿克斯的数量，因此，贬值提高了税收和穆罕默德实行的其他财政措施的效力，将更多资源集中在城市中心，满足官僚和中央军队日益增长的需求，并为军事活动提供资金。

然而，贬值的规律表明，当国家迫切需要货币，其他收入也消耗殆尽的时候，不一定会实行贬值。相反，贬值变成了一种即使财政部储备充足，或财政需求并不迫切时也会实行的普通税。苏丹逝世时，库存显示国库拥有大量的储备，这也再次确认不是因为财政危机才实行贬值，而是为了建立一个强大的财政。贬值的这一目的在奥斯曼帝国历史上是史无前例的。在其他时期，每当预算条件恶化便会实行贬值，以应对紧急的财政需求。

早期贬值政策取得成功，让苏丹和官僚机构继续坚定地定期实行这一政策。西奥多·康塔屈泽纳·斯邦托尼斯是穆罕默德二世的一个亲戚，出生于拜占庭皇室，他在对 16 世纪早期的奥斯曼帝国崛起的解释中说道，1460—1461 年的贬值降低了阿克斯的标准，从大不里士每 100 迪拉姆 280 阿克斯到 335 阿克斯（3.027 克），下降了 16.5%。斯邦托尼斯指出，在这一举措中，造币厂改造了大约 2.18 亿旧阿克斯。将二者加起来，他估计国家从这一举措中得到的总铸币税收入是 3500 万阿克斯，或按当时的比价计算，约为 80 万枚金币，这在 15 世纪是一笔相当大的金额，相当于中央政府年度现金收入的 7%。在另一个独立的尝试中，哈利勒估计，基于造币厂的产出和净收入，穆罕默德二世每次实行贬值，都要改造 3.5 亿到 7.5 亿阿克斯或 268～560 吨白银。

通过这些努力，我们也能看到奥斯曼帝国在 15 世纪下半叶流通的银币数量。考虑到有一小部分阿克斯从未进入造币厂，实际的货币供给肯定大于上交给国家的阿克斯数量。即使上述数据只是保守地估计了奥斯曼帝国的总铸币数量，他们仍然提供了一个数量参考，这在 19 世纪之前的任何其他时期都是没有的。

然而，同时代和斯邦托尼斯计算的有关铸币税的数据无疑夸大了贬值的长期财政收益。由于一些国家收取的会费或税收已经固定成阿克斯了，贬值在某种程度上抬高了物价，在适应通货膨胀或实际情况下，从这些资源中获取的未来收益减少了。因此这个国家的特点就是通过贬值，使物价在后期上涨，从而获益。为了弥补损失，国家要么上调固定税收的币面价值，要么采取新一轮的贬值。事实上，伊斯坦布尔宫廷厨房的账簿表明，贬值时期，基本食品的价格大幅上涨，从 15 世纪 60 年代到 80 年代末，大约上涨了 30%。

贬值后价格上涨，原因很明显。贬值通常会提高流通货币的币面价值。即使价格因为钱币短缺或其他原因没有迅速上涨，长途贸易从长期来看都是最后的均衡器。巴尔干半岛和安纳托利亚依然与地中海西端保持着紧密联系。如果土耳其价格变得比欧洲低，这些低价商品就会吸引西方大量的银流入，从而提高价格。贬值后的价格调整后更加快速，经济越开放，贬值政策使用得就更频繁。

物价上涨，也就是银短缺，可能是穆罕默德二世实行贬值的第二个动机。在短期内，贬值抬高了流通货币的币面价值，缓解了流通钱币和货币的短缺状况。然而，贬值只能提供临时救济，因为价格迟早会上调，流通货币为了适应价格，也会回到先前的水平。

对贬值背后的动机以及他们是否可以缓解钱币短缺欧洲和土耳其的学者争议颇大。哈利·米斯基明通过研究 15 世纪法国货币的贬值，发现黄金短缺和皇家干预经济活动之间联系密切。他强调，货币长期短缺促使了货币贬值。米斯基明还认为，因为贬值范围巨大，币面价格被上涨价格抵消（如果不是所有的话），我们必须得出这样的结论，与经济相关的货币实际上是黄金。贬值所带动的货币供应变更和扩张很快受到价格机制的阻挠，这几乎立即恢复了出售商品的黄金价值。在这一调节过程中，国际贸易和黄金流发挥了重要作用。他总结说，出于这个原因，皇家通过贬值对抗黄金短缺带来的不利影响的措施是失败的。法国王室看似可怕的货币供给能力只是一个幻觉。①

迈克尔·波尔多也同意试图通过贬值增加货币供给是注定要失败的这一说法。然而，同时，他强调在价格调整反映了货币内在价值下降之前，贬值仍然是一个可行的国家收入来源。即使立即调整价格，国王仍然可以收取铸币税，除非公众停止将旧钱币送到造币厂。然后，从这个角度看，贬值的意义不是应对钱币短缺，而是应对国家财政紧急状态。

西欧 14 世纪和 15 世纪持续性的贬值表明，这些干预措施可能不仅仅是徒劳的努力。虽然贬值没有解决白银短缺的问题，但却缓解了国家财政困难，有自身的吸引力。彼得·斯布福（Peter Spufford）也区分了欧洲白银短缺和贬值的财政原因。他强调，14 世纪欧洲实行贬值不是因为白银短缺，而是漫长而昂贵的集中制导致的战争副产品。最终，他们本质上都是财政问题。

在奥斯曼背景下，强烈的干预主义、严厉的财政措施加之白银短缺同时发生使得历史学家很难鉴定贬值背后的动机或原因。穆斯塔法·阿克达在半个世纪前出版的书中，论述了奥斯曼帝国的崛起，认为白银短缺只是奥斯曼经济和财政困境的再现。然而，与此同时，他不认为财政需求是贬值的一个合理解释。对伊纳西科（Inalcik）而言，钱币短缺是由于经济的增长和货币化的加强，这一点超过了银的可用性。他当时认为，货币短缺是贬值背后的真正因素，但无法考虑这些因素的土耳其政治家只考虑财政因素。伊纳西科认为，贬值、银禁令和搜查缓解了短缺，他并不认为这些政策可能实际上导致了短缺。

如果奥斯曼统治者想通过增加流通货币的币面价值，将贬值作为缓解白银短缺的方法，他们一定会很快意识到这些努力是徒劳的。因为价格水平的增长抵消了任何的实际流通货币数量的增长。然而，贬值仍在

---

① Miskimin, Money and Power, 54-72. 他研究造币厂的输出以及货币银含量的下降，指出贬值高峰年份都在造币厂黄金输出滞后之后。他的数据还表明，贬值是由于政治和军事进入紧急状态，国家手中没有黄金，贵金属无法支撑维持皇家军队账户上的资金时，国家采取的一个绝望的措施。

继续。周期性的贬值政策从而表明中央政府确实从这些措施中获得了利益，这些利益还全是经济利益。中央政府采取的其他财政政策，以及当代观察家提供的视角，包括斯邦托尼斯计算的货币铸造税，毫无疑问地揭示了这些贬值政策的首要动机。

第五节　奥斯曼帝国贬值的政治经济

卡罗·奇波拉认为实行贬值的原因之一可能是来自一些倾向通货膨胀的社会群体的压力。更普遍的是，贬值的时间和频率取决于国家和社会之间力量平衡的变化。例如，在14世纪的意大利城市国家，商人主导政府，每当政府面临财政危机时，他们会首选贬值来增加税收。这是部分原因，因为货币贬值之后，商人持有的商品的价格通常会随着其他商品价格上涨。此外，商人在贷款合同中声明用金币的形式支付，以让政府保护他们免受银币贬值的影响。同样，中世纪后期西欧与贬值的对抗发生在中央政府和各省贵族之间，前者拥有发行货币的权力，能从贬值中获益，后者将土地出租给土地租户，租期通常是固定的，因此货币贬值会给他们造成很大的损失。因此，货币的命运取决于中央君主和贵族之间斗争的结果。因此，检查在奥斯曼帝国社会以外的国家是否存在任何从贬值中获益的团体，将很有帮助。更普遍的是，检查不同群体如何面对贬值以及如何应对穆罕默德二世频繁的贬值，将很有帮助。

首先，应该强调的是贬值几乎对奥斯曼帝国的所有群体都产生了影响，相应地，每个群体都有自己的立场。当时大多数人都清楚应对货币的不同方式以及各种方式的后果，也就是谁会获利，谁会失利。在一般情况下，所有那些对单位账户负有义务的个人，最重要的是以现金支付固定租金的借款人和租户，在贬值中有利可图。然而，在奥斯曼帝国中，没有一个强大的集团可以从贬值中获利。占奥斯曼帝国人口绝大多数的农民在贬值中没有受损，如果他们只想获得小利的话。15世纪下半叶，大多数土地都归为国有。公共和私人土地的税收和租金大多以以货代款的形式支付。农民生产者的部分义务，如每年上交给国家的土地税，城市雷斯米，都是以金钱的形式支付，但与以货代款形式支付的什一税相比，金钱的数量微不足道。相比之下，在第二次通货膨胀时期，农业生产者在当地市场出售其部分作物，获得的价格更高。如果农民应缴款没有上调，那他们从贬值中获益的方式就很有限，但在这一时期，农村人口对国家的货币措施没有任何影响。

在城市地区，也不存在一个强大的集团可以从贬值中获利。15世纪下半叶，尽管信贷关系开始扩张，但大多数借款都保持着小规模形式。因为在这一通货膨胀时期，商人和店主销售的商品价格上涨，所以他们没有受到贬值的负面影响。不过总有风险，价格上涨太快时，政府就会对城市市场出售的必需品设置价格上限。货币兑换商，利用其专业的市场知识，从汇率的不确定性和波动中，以及上交旧钱币中捞到好处。然而，他们中的大多数都是净债权人，贬值导致的通货膨胀会对他们造成负面影响。在此期间，无论是商家还是货币兑换商都强大到足以影响国家政策。

在贬值中损失最大的群体是用阿克斯支付的那些人。债权人和西帕希人的收入部分依赖农民生产者上交的固定农业税收，都是现金形式，他们就是这样的群体。然而，最重要的是，国家的员工对银币标准的波动最为敏感。

很早就有反对贬值的重要事件。穆罕默德二世于公元1444年首次实行贬值，阿克斯的重量和银含量减少了11％，并用明显变小的新阿克斯支付禁卫军90天的工资。作为回应，禁卫军把当时的资本聚集在埃迪尔内的一座小山上，要求政府要么回到早些时候的货币标准，要么提高他们的日常工资。禁卫军清楚地意识到贬值意味着价格水平迟早会上升。和其他社会阶层一样，他们也发现，如地中海东部几乎每个城镇和城市中心所表现的一样，阿克斯对威尼斯达克特的汇率开始下降。

结果，政府被迫将工资从每天三个阿克斯提高到三个半阿克斯。当时在埃迪尔内进行抗议的山叫"Bucuktepe（一半山）"，此事件因此被称为"Bucuktepe事件"。然而，不应将这一事件纯粹看作是对贬值的应对。更有可能的是，贬值只是不满群体团结起来，维护自身利益的借口。游行示威的幕后支持者最可能是一些官僚集团、乌理玛或是其他城市组织，这一事件为穆罕默德二世的父亲回归王位奠定了基础。穆罕默德二世当时只有12岁，首次贬值很可能并不是他的决定。①

公元1451年，穆罕默德回到王位，重新实行贬值政策，但这次禁卫军并没有抗议。一种可能是，每次贬值他们的薪水都会增加。我们目前还没有穆罕默德二世统治期间禁卫军日薪的具体证据。然而，我们知道，16世纪初期，禁卫军日薪已经从三个半阿克斯涨到五个阿克斯。②从此证据看来，禁卫军沉默还可能与穆罕默德二世的领土扩张政策取得成功有关，禁卫军享受着军事胜利的果实，收到各种物质奖励，包括提高他们的工资。最后，我们需要记录集中制的成功以及苏丹不断强大的力量。在这种情况下，禁卫军、心怀不满的官僚派系以及乌理玛都不愿挑战穆罕默德二世的权威。

然而，很明显，苏丹严酷的财政措施和干涉主义遭到了社会不同领域，例如，乌理玛、农村战士和城市地主的强烈不满（如果不是反对的话）。没收一些马尔克和瓦基佛的土地，再将其转变成国家财产，是一项严酷的财政措施，引起了广泛的不满。

从长远来看，禁卫军和其他团体反对周期性贬值促进了阿克斯的稳定。穆罕默德二世死后，他的儿子被迫与这些团体和解，以获得他们的

---

① 康斯坦丁·米哈依洛维奇（Konstantin Mihailovic），是位基督徒奴隶，在此期间成了禁卫军，描述了他记忆中的这一事件。他提到日薪是每天增加半个阿克斯，工资每三个月用黄金达克特支付一次。伴随贬值而来的，是阿克斯与黄金达克特的比率迅速下降，他的账户连同城市社会的其他部分反映了禁卫军对阿克斯购买力的下降十分敏感。尽管阿克斯是记账单位，但每当阿克斯开始波动，人们就会接受黄金达克特，将其作为货币标准，因为黄金达克特的标准不会改变。

② 公元1524年的日薪记录在禁卫军工资簿（mevacib defterleri）中，是伊斯坦布尔一个正在进行的价格和工资项目的一部分。See BOA, MM 50108/9390 931 H, 23。

支持，但在他父亲漫长而有力的统治期间，这些团体都是他父亲的盟友。加之威尼斯人俘虏了穆罕默德的儿子苏丹杰姆，获得他们的支持对新苏丹来说尤为重要。除了返还他父亲之前没收的一些虔诚基金会的资产和土地外，他还承诺结束贬值政策。在接下来的世纪，阿克斯回到了穆罕默德二世统治前的稳定状态。除了公元 1566 年稍微贬值 7% 外，从 1481—1585 年，它的重量和银含量都保持不变。

第四章　新兴货币体系

第一节　黄金苏坦克："国际"货币

如果说穆罕默德二世治时期的两个关键特点是集中制和干涉主义，那另一个特点就是成功在地中海东部建立了一个大帝国。征服君士坦丁堡以及合并新领土后，包括西方的波斯尼亚、北方的克里米亚和东部安纳托利亚的大部分地区，奥斯曼帝国开始认为自己是宇宙的统治者以及罗马和伊斯兰教传统的继承人。

促进贸易、控制陆路和海上贸易路线，是奥斯曼在地中海东部一个重要的战略。长途贸易对提高当地市场产品的可用性和提高税收都很重要。奥斯曼也支持跨越黑海和安纳托利亚与波斯进行贸易。威尼斯在地中海东部的贸易具有霸权地位，这一举措无疑会与威尼斯发生冲突。公元1463年，奥斯曼和威尼斯交战，直到公元1479年才结束。

促进并控制长途贸易的一个重要的手段是支付。银阿克斯在其头150年是奥斯曼经济和国家在本地事务上的主要交流和支付手段。然而，随着领土和帝国主义主权扩张，发布地中海东部认可的支付手段变得十分必要。为此，奥斯曼帝国转向黄金。

欧洲国家在中世纪的几个世纪都只依赖银，13世纪下半叶他们开始发行金币。在长途贸易更具影响力的意大利引领着这股商业化潮流。佛罗伦萨的黄金弗罗林于公元1252年开始铸造，威尼斯钱币、金币或古金币于公元1284年开始铸造，和黄金弗罗林的标准一致。这些钱币于公元 1350 年左右成为黎凡特在欧洲的领先钱币。15 世纪中叶，达克特拥有了优越性，成为黎凡特以及地中海和欧洲的大部分地区支付长途贸易的主要形式。

作为回应，在西班牙到匈牙利的欧洲国家决定采用弗罗林和达克特的标准来制造自己的金币。在近东，马穆鲁克开始制造一种叫阿西拉菲（阿西拉弗）的金币，标准与公元 1425 年的一样，并在埃及成功地取代了作为主要黄金货币的达克特，这种状态直到公元 1517 年被奥斯曼帝国征服前才结束。此外，西欧和地中海东部的许多地方开始模仿达克特。

早在公元 1425 年，意大利、摩尔多瓦、乌克兰和黑海沿岸其他地方就有诸多资料显示，南部和东欧的土耳其达克特和弗罗林已经在市场流通。虽然这些可能是奥斯曼帝国铸造的金币或弗罗林，在这些早期的案例中，也有可能是欧洲人误解了阿拉伯铭文，误以为埃及阿西拉菲是奥斯曼钱币。在任何情况下，毫无疑问，土耳其人征服伊斯坦布尔后，便在伊斯坦布尔、埃迪尔内以及马其顿生产金币。政府把这些权利拍卖给独立于生产阿克斯造币厂的工厂。穆罕默德二世的一个卡卢姆（kanunname）可以追溯到公元 1456 年以后，政府颁布了管理这些造币厂的详细说明，包括弗罗林的铸造标准。奥斯曼政府可能有诸多目标。增加受欢迎的流通钱币是一个显而易见的目标，使奥斯曼帝国金币的标准与威尼斯的标准一致。此外征服也能向造币厂收取费用。私人企业家向奥斯曼政府支付的弗罗林管理费用清楚地表明，这是一个有利可图的活动。通过铸造自己版本的货币，政府可能也想试图淘汰流通中不合格的金币。

奥斯曼帝国第一批金币叫作基斯·苏坦克或哈森尼——苏坦尼耶（hasene-i sultaniye），1477—1478 年在伊斯坦布尔开始铸造，铭文是："苏丹·穆罕默德，是穆拉德的儿子，主啊，使他的胜利充满荣耀吧"；在康斯坦丁，公元 882 年，背面是"前锋闪闪发光，胜利之主的陆地和海洋"。在背面铭文里也开始使用"拥有两片土地的苏丹和这两个海域的主，苏丹的儿子"，这一用法始于拜耶齐二世统治时期（公元 1481—

1512 年），一直持续到 17 世纪才结束。就重量和精度而言，和地中海其他国家一样，新钱币采用了威尼斯达克特的标准。① 直到 19 世纪，苏丹和随后的奥斯曼帝国金币才有面值。这些面值用银阿克斯表示，由市场决定。政府还发布官方兑换率，国家接受苏丹作为付款方式。

奥斯曼采用达克特的标准制造自己的金币，有一定程度的讽刺意味。毕竟威尼斯是奥斯曼帝国在东地中海争夺霸权的对手。然而，与此同时，奥斯曼帝国也很现实地意识到了达克特标准已经成为地中海及其以外地区长途贸易的国际标准，如果一枚钱币有不同的标准将无法生存。

我们没有有关造币厂产品的直接证据，但资料表明苏丹的产量直到 16 世纪才变得多起来。② 最初，苏丹主要在伊斯坦布尔和赛里斯铸造货币。斯莱姆一世统治期间（公元 1512—1520 年），他们开始在安纳托利亚东部叙利亚和埃及的新地点铸造货币。苏莱曼一世统治期间（公元 1520—1566 年），苏丹货币产量大幅增加。除了伊斯坦布尔和开罗的造币厂外，还有产金矿的巴尔干半岛、斯德卡普斯（Sidrekapsi）、卡拉多瓦（Karatova）成了主要造币点。③ 毫无疑问，征服埃及，以及埃及每年向伊斯坦布尔财政部支付的金币大大增加了苏丹的货币产量。

苏丹的标准保持不变，并在 16 世纪的大部分时间按票面价格兑换达克特。然而，17 世纪早期，两个钱币之间的兑换率开始朝达克特受

---

① 在这一时期的奥斯曼卡努姆中，造币厂被要求用 100 个精金米斯卡制造 129 块苏丹。这里的米斯卡用可汗尼德称重法，重量是一个半的大不里士迪拉姆，也就是 4.61 克。

② "Sahillioglu" "Bir MuEltezim Zimem Defteri" 从拍卖生产金币、银币和铜币的造币厂的管理权价格中提供了间接证据。然而，这些证据显示的造币厂数量是有限的。

③ 奥斯曼帝国 15、16 世纪金币和造币厂的位置，同样见 R. Kocaer, Osmanli Altin Paralari（Istanbul：Guzel Sanatlar Matbaasi, 1967）；K. M. Mackenzie, "Gold coins of Suleyman the Magnificent from the Mint at Sidre Qapsi".

益的方向改变。这可能是由于奥斯曼钱币的质量下降，虽然阿克斯的不稳定性也可能造成奥斯曼帝国金币信用度下降[1]（见表 4.2）。

表 4.1 公元 1477—1582 年的银阿克斯和黄金苏丹

年份	每 100 迪拉姆的阿克斯	每克的阿克斯	每克的苏丹	阿克斯和苏丹的兑换率	黄金和白银的计算比率
1477	400	0.77	3.572	45 ~ 46	8.8
1481	410	0.75	3.572	47	8.9
1491	420	0.73	3.572	52	9.6
1500	420	0.73	3.572	54	10.0
1512	420	0.73	3.572	55	10.2
1526	420	0.73	3.544	59	10.9
1532	420	0.73	3.544	60	11.2
1540	420	0.73	3.544	60	11.2
1550	420	0.73	3.544	60	11.2
1566	450	0.68	3.517	60（官方）65 ~ 70（市场）	11.8
1582	450	0.68	3.517	60（官方）65 ~ 70（市场）	11.8

注：1. 最初的苏丹铸造标准是每 100 黄金大不里士米斯卡（4.608 克）铸造 129 个苏丹。（1 个大不里士米斯卡等于 1.5 个大不里士迪拉姆）。苏丹重量减少了两次：第一次是在公元 1526 年，减到了每 100 米斯卡铸造 130 个苏丹；第二次是在公元 1564 年，每 100 米斯卡铸造 131 个苏丹。

2. 这一时期的市场和苏丹与达克特的官方汇率是按钱币面值计算的。

3. 16 世纪下半叶，虽然苏丹与达克特的官方汇率固定在 60，但其市场汇率不断上升。正如对西—东部主流黄金白银比率差异所预期的那样，西部省份的官方汇率和市场汇率的差别更大。金币在巴尔干半岛更贵，银在帝国东部地区更有价值。

4. 根据可用数据的质量，应将此处计算的金银比率视为近似值。这些比率刚好可以帮助我们间接检查其他数据。欧洲平均黄金白银比率不断下降，从公元 1470 年的 11.3 降到公元 1520 年的 10.6，然后到公元 1580 年增加到 11.7。F. 代尔和 F. 斯普纳，《欧洲从公元 1450 年到公元 1750 年的价格》，E. E. 里奇和 C. H. 威尔逊（主编），剑桥欧洲经济史（剑桥大学出版社，公元 1967 年），第四卷，459 页。

---

① 目前还没有人研究过奥斯曼帝国金币的精确内容。

表 4.2　阿克斯反映的其他钱币的汇率，公元 1477—1582 年

年份	威尼斯达克特（黄金）	埃及阿西拉菲（黄金）	匈牙利（黄金）	西班牙真币（白银）	荷兰狮子泰勒（白银）
1479	45 ~ 46	42 ~ 43	42 ~ 43		
1481	47	45	45		
1491	52	50	50		
1500	54	52	52		
1512	55	50 ~ 55	53	40	35
1526	57		53		
1532	57		52		
1540	60		55		
1550	60		57		
1566	60		57		
1582	60（官方）65 ~ 70（市场）		57（官方）	40 ~ 50	40 ~ 45

注：1. 威尼斯达克特的标准一直保持不变，直到 18 世纪末才改变。这一时期的达克特和奥斯曼苏丹按面值价值交换。

资料来源：Sahillioglu，"Osmanli Para Tarihi，" 140 – 164；《国际货币运动的作用》。

第二节　外国货币

与大多数其他现代国家一样，土耳其政府很早就允许甚至鼓励外国货币的流通。接受外国货币的主要原因是为了增加当地市场流通的钱币数量。外国货币也促进了长途贸易的发展，这对奥斯曼政府的财政和配置，都非常重要。直到 16 世纪苏丹崛起，在奥斯曼帝国的土地上，主流外国钱币也是长途贸易的主要支付手段。

表4.3　布尔萨遗赠库存（特里克）中的货币，公元1462—1513年

项目	公元1462—1488年	公元1497—1513年
检查特里克的数量	1009	1491
特里克与钱币（百分比）	34.0	25.9
特里克银币，大多是阿克斯（百分比）	32.7	23.0
总现金的银币份额（百分比值）	79.2	45.9
特里克与金币（百分比）	4.9	8.1
总现金的金币份额（百分比值）	20.8	54.1
苏丹金币份额（百分比）	0.1	2.4
金币中达克特的份额（百分比）	39.6	44.8
埃及的金币份额（百分比）	60.3	52.8

对于15世纪和16世纪，可以从多种资源获得定量信息，了解不同类型的外国货币的相对重要性。遗赠库存或特里克，包含已故人的资产和财产，可从许多奥斯曼城镇的法庭记录中查找到。[①] 这些库存通常列出了逝者遗产中货币的类型。然而，需要谨慎使用这个证据。私人倾向于以金币的形式存储部分财富，很少用银阿克斯存储财富。出于这个原因，我们观察到的特里克不同类型货币的相对频率并不能充分表明他们作为日常交流手段的重要性。包含类似偏见的另一个信息来源是档案中的可用的文件，该文件总结了奥斯曼财政部的定期库存，见表4.3。[②]

这些资料表明威尼斯的达克特也叫作艾弗西抑或弗罗林，埃及阿西拉菲或埃斯瑞直到16世纪第一个25年仍在流通，是奥斯曼帝国在15世纪和16世纪流通的最重要的外国金币。可以使用但不太重要的另一种货币是匈牙利金币，也叫恩古鲁斯也（engurusiye），佛罗伦萨的黄金

①　由于奥斯曼司法系统的性质不同，限定词"遗赠"比"遗嘱"更适合描述这些库存。"遗嘱"表示处置财产的法律性遗嘱，但得不到伊斯兰法律的认可。在人类学方面，"遗赠"表示转交财产权，不同于"继承"或职位或角色的移交。感谢乔伊斯·H.马修斯做出这一区分。

②　For example, see Sahillioglu, "Osmanli Para Tarihi," 106 – 109.

弗罗林到 15 世纪中叶都依然十分重要。[1] 在国库还发现了地中海东部模仿威尼斯达克特铸造的钱币。然而，由于质量低劣，这些货币与达克特的兑换比率折价了 5%。在所有的库存中，苏丹的重要性在 16 世纪后相对上升。

16 世纪下半叶，大部分银币都用来自美国的银铸造，西欧一种叫作格罗申的货币开始到达奥斯曼，欧洲银币开始主导土耳其市场。唯一的例外是意大利城邦的吉莱特，在 14 世纪上半叶欧洲金币进入之前，该货币都在流通。

第三节　金—银—铜

公元 16 世纪第一个 25 年，奥斯曼帝国货币体系出现了三个不同的层次，每一层都具有不同的经济功能和不同类型的钱币。顶部是金币，主要用于支付商人在国内和国际贸易的大额款项。金融家、货币兑换商、高级政府官员以及在某种程度上中期和大型制造企业的所有者也使用金币。在安纳托利亚和巴尔干半岛商业化程度更高的村庄，大地主从农村征收各种货币和实物税，西帕希人也非常熟悉黄金铸币。

金币的功能并不仅限于交换手段。作为大规模的计算单位，苏丹和达克特几乎可以互换使用。他们通常简称为金币。此外，根据表 4.3 总结的有关逝者特里克的证据，金币经常用作储存财富。政府雇员的特里克或埃迪尔内的成员，以及 16 世纪下半叶的伊斯坦布尔和布萨表明的富人持有成百上千的金币并非不寻常。

金币也被用于支付重大政治和行政费用，包括进贡，甚至支付赎

---

①　匈牙利金币是用匈牙利的黄金铸造的，自 13 世纪以来，匈牙利的黄金已经成为欧洲大部分地区的主要黄金来源。他们只是简单模仿佛罗伦萨的弗罗林，主要用于在国外使用。随着时间的推移，他们的外表发生了改变，但重量和精度仍保持与意大利硬币一致。

金。公元 1396 年，勇士约翰在尼古拉斯被奥斯曼帝国俘虏，他的赎金是 20 万弗罗林，可能是用弗罗林或者达克特支付的。16 世纪，每年从埃及到伊斯坦布尔的汇款已达到 40 万到 50 万枚金币，因为中央政府要求用黄金支付。17 世纪，奥斯曼帝国对埃及的控制日渐衰落，黄金愈发难找，这笔钱大多是以银币的形式支付。

然而，对于绝大多数人，例如，从未使用过金币的农民、牧民，以及大多数城市居民来说，金币的价值和购买力太大。例如，在 16 世纪的大部分时间里，伊斯坦布尔一个不熟练的施工工人的日薪是 6 个阿克斯，或一块金币的十分之一。梅森或者木匠大师的日薪是 10 个阿克斯或最多 12 个阿克斯，约五分之一的金币。同样地，伊斯坦布尔在公元 1525 年的官方物价表（narh）规定，500 迪拉姆的面包（1.5 公斤）和 200 迪拉姆的羊肉（0.6 公斤）卖一个阿克斯，59 个阿克斯兑换一枚金币。大部分日常交易的费用都远低于那些金币的价值。

16 世纪的大部分时间里的银阿克斯都只是一个小钱币，由大约 0.7 克纯银铸造而成，它是奥斯曼帝国经济的中心货币。

直到 16 世纪的最后 25 年，阿克斯的购买力都非常小，只能用于小型日常交易，无法用于中型交易。阿克斯也是安纳托利亚和巴尔干半岛的主要记账单位。除了所有小型和中型规模，许多大额交易也是用阿克斯支付的。帝国的预算，收入和支出都用数亿的阿克斯表示。

16 世纪的大部分时期，阿克斯作为帝国账户基本单位的角色都由省城颁布的法典得到了确认。在这些档案中，奥斯曼政府明确规定，民众上缴的几乎所有的应缴款和税收，无论大小，都必须以阿克斯的形式支付，即使是在阿克斯并未大量流通的匈牙利、巴格达和巴士拉等地区。而当时的实际支付可以用其他的货币，按主流官方汇率计算。当需要参照前奥斯曼货币规模或年纳税义务时，法律就将他们转换为阿克斯。例如，奥斯曼帝国在巴尔干半岛和匈牙利的法典经常参考早期黄金作为弗罗林，用来支付税收，然后把它们转化为阿克斯支付税收。然而，从长远来看，对阿克斯的偏爱给奥斯曼帝国财政部造成了严重后果。因为在 16 世纪和 17 世纪早期，阿克斯的购买力下降了 80% 以上。

奥斯曼帝国货币层次的最底层是铜币，铜币不是按相等或接近其内在价值进行交换的，而是按国家规定的币面价值兑换成阿克斯的百分比进行交换的。不同地区的百分比各不相同，最常见的是，一个铜币是阿克斯的 1/4 或 1/8。曼克非常有用并大量发行，这种状况直到 16 世纪下半叶才结束。当一奥克的面包（1.28 公斤）需要一个阿克斯时，阿克斯的百分数仍然具有经济意义。公元 1585—1586 年货币贬值，奥斯曼的物价上涨了一倍多，阿克斯的百分数币值太小，无法用于大多数日常交易。为了拯救铜币，有必要提高其币面值，但政府并未采取这一步。

在一个包含金银的体制中，允许铜币按相等或接近其内在价值流通会带来很多问题。卡洛·科奇拉早就指出了小钱币的"大问题"：如果小货币按相等或接近其内在价值流通，就会导致金属的相对价值因相互影响而浮动，无法固定小额货币的价值；或者当局为了应对这样的浮动，将被迫定期改变币值，或者就是铜币、银币或金币消失，不再流通。另外，只有保持小额货币的价值等于其币面价值，才能维持大钱币（金币和银币）的稳定。规范铜币数量，小钱币的产量不要超过需求，这两点至关重要。奥斯曼政府把某个地区供应铜币的垄断权卖给个人，希望通过这种方式确保这两点，从而创建了一段为时三年的垄断期。政府收税时不收铜币，从而限制了铜币兑换成大钱币。

然而，奥斯曼钱币的层次结构存在一个严重的问题。在这样一个金、银、铜币覆盖整个支付范围的系统，不同面额的金属都持有一定比例，是很有必要的。现代早期的黄金白银比率在 10～16，大部分经济交易用黄金太小，铜又太大，所以旧世界大多数州都选择铸造中型和大型银币。为此，含银量在 3 到 6 克的钱币在 14 世纪和 15 世纪开始出现在欧洲。伊朗和印度也在使用中型银币。在 16 世纪，价格上涨和钱币可用性增加加速了这一趋势。甚至有更重的银币，称为头像钱币，重达 7 到 9 克，欧洲最终开始铸造重达 25 到 30 克的泰勒或冠。这些大的钱币，相当于四分之一至三分之二的黄金达克特，在 15 世纪初，尤其是在 16 世纪，这些钱币成功地缓解了金币的压力，并占领了这些国家的货币体系的主流地位。在某些情况下，他们甚至为双金币的铸造奠定了基础，从而增加了货币的层次结构。

在奥斯曼货币结构中，这一中间地带在 15 世纪和 16 世纪并未充分覆盖。对于大多数日常交易而言，苏丹币值太大，而阿克斯又太小。16 世纪，随着黄金苏丹的汇率从 45 上升到 60 甚至到 65 阿克斯，他们之间的差距不断扩大。缺乏金币或数量不大时，大型支付必须用成堆的阿克斯进行。

奥斯曼政府实际上铸造了较大的银币，但这属于例外。最早的多功能阿克斯可以追溯到 14 世纪中叶，那时奥汉一世（公元 1324—1362 年）铸造面值为 5 个阿克斯的钱币。一个多世纪后，在穆罕默德二世和拜耶齐二世统治期间，开始铸造面值为 10 个阿克斯的钱币。然而，只有几个地方在某段时间在铸造这些钱币和其他几种钱币，说明他们的数量很有限。

17 世纪早期，政府开始更频繁地铸造面值为 10 个阿克斯的钱币。此时，由于后期贬值，苏丹和阿克斯的比例变得更加扭曲。在大多数情况下，这一时期苏丹的汇率在 120 到 160 个阿克斯之间波动。因此，对中型钱币的需求变得更加迫切。此外，穆拉德四世统治期间（公元 1623—1640 年），只在伊斯坦布尔铸造面值为 5 个阿克斯的钱币，直到苏丹易卜拉欣（公元 1640—1648 年）才结束。然而，阿克斯的不稳定破坏了 17 世纪早期的大银币。当面值为 1 个阿克斯的钱币含银量开始下降时，更大的钱币便从流通中消失。简而言之，除了在奥斯曼的货币结构中，中型银币不能永久存活。

第四节 复本位制或银单本位制

在奥斯曼货币体系中，银阿克斯是账户的基本单元和本地交易主要的支付手段。政府每次贬值，含银量都会改变。

相反，苏丹的标准与威尼斯达克特以及地中海其他大多数国家的金币的标准相同。它的汇率用阿克斯表示，由市场决定，受制于阿克斯银含量的变化、黄金白银比率的波动和许多其他因素。金银比率并不固定，由两种钱币的面值或标准来确定。省级造币厂受中央政府密切监督，根据上交给国家的铸币税，对金银货币保持开放。

因为金银币的铸造和流通都很自由，这个货币体系在广义上可以被称为双金属。不过，我们要谨慎使用这个词，将它与19世纪的古典金银二本位制区分开来。在后者的制度下，一个国家通常采用黄金和白银作为货币标准。两种金属的相对数量创建了相同的货币单位，也就是政府明确规定的造币比率或法定比率。换句话说，金、银币的面值是由政府规定的。

如果要给奥斯曼帝国的货币制度贴个标签，那实际上可以采用19世纪更严格的单本位制和复本位制来定义。根据这些定义，如果其他商品的价值是以某个商品为标准来衡量的，即使流通中能包括一些纸质和金属元素，货币制度的特点也是单本位制。上述的奥斯曼帝国政权肯定符合这个定义。银阿克斯是基本账户单位，所有其他商品的价值，包括黄金苏丹和铜曼克都以其为测量标准。

奥斯曼的基本特性是灵活性。只要市场决定了金币的汇率，政府接受这些钱币的官方定价得遵循市场规则，这两种钱币的价值都不可能被高估或低估。因此，他们不会面临消失的危险。

意外的是，土耳其政府一直将这个框架坚持到了19世纪。虽然在中世纪和现代早期，欧洲和近东国家的措施因时因地各不相同，绝大多数都采取类似于奥斯曼帝国一样灵活的方法。然而，也有一些例外。例如，威尼斯偶尔试图固定黄金白银比率，将金币价值等同于其面值。

最后一章会提到，穆罕默德二世在位时是个例外，奥斯曼政府奉行稳定的货币政策，尽量避免贬值，这种政策直到16世纪下半叶才结束。尽管国家从贬值中短期获利，但政治成本却很明显。有利的财政状况也有助于阿克斯的稳定。值得注意的是，对于改变金币的标准一事，政府投了弃权票。此举有两个基本的原因。首先，苏丹需要遵守现有的"国际"标准，以保持其长途贸易支付手段的地位。其次，因为大多数的政府支付都用阿克斯表示，通过减少苏丹的含金量获取的财政利润非常少。

关于土耳其货币措施一个更普遍的问题是政府干预和控制的性质。与伊斯兰法律和中世纪的伊斯兰国家的惯例相比，奥斯曼政府采取更多的经济干预政策。为了规范市场，保证对军事、宫殿和更普遍的城市经济的商品供应，奥斯曼政府毫不犹豫地介入本地和长途贸易。穆罕默德二世统治时期，实行集中苏丹制，土耳其对经济、贸易和当地市场的干预达到了顶峰。国家颁布详细的法律规范，覆盖这一时期生活的方方面面。穆罕默德二世也颁布了大量的法律，规范造币活动和金银矿山的生产，也许最有意思的是，规范奥斯曼帝国钱币的流通和运输。在以后的时期，奥斯曼政府只要遭遇银短缺，就继续禁止出口银、钱币外流，阻止银外流大都发生在伊朗边境。

有很多原因可以解释为什么这些法典粉饰了奥斯曼措施，尤其是在货币问题上的措施。首先，就货币条件而言，穆罕默德二世的统治具有其独特性。在这一时期，奥斯曼连同大部分欧洲国家面临严重的钱币短缺。这些非凡条件结合奥斯曼帝国统治者的集中倾向，创造了奥斯曼帝国历史上最具干涉主义的法典和规范。后续时期几乎从不执行许多与货币问题相关的法典。其次，干预经济并不意味着能为政府带来想要的结果。前现代国家没有能力全面、有效地干预市场。这些限制在货币市场的案例中更加明显。与控制商品市场和长途贸易相比，政府更难控制钱币或货币的供应以及价格调控，也就是说，外汇和利率。奥斯曼统治者清楚地意识到，货币市场的参与者，例如商人、货币兑换商、资本家等，比商品市场的参与者更能够规避国家法规。看到政府错综复杂的成功，他们认识到，货币市场的干预并不总会产生理想的结果。因此，穆罕默德二世之后，政府对货币市场的干预变得更有选择性，主要发生在极端时期，例如货币动荡或战争等特殊时期。总的来说，15 世纪后，土耳其货币实践表现出充分的灵活性和实用主义。

奥斯曼货币政策的灵活性最有说服力的例子之一是确定不同的货币之间的汇率。在频繁出现钱币短缺的时期，奥斯曼统治者知道，把货币和黄金吸引到奥斯曼土地并尽可能维持它们的流通对奥斯曼至关重要。这是他们实行货币实践最重要的理由。他们也意识到，金和银之间的比率以及不同类型的钱币的价值受波动的影响。在这种情况下，根据格雷欣定律，采取固定不同货币的汇率政策能够淘汰流通中一般或贬值了的钱币。相反，政府不仅允许当地市场决定苏丹的汇率，还决定各种类型的货币，包括奥斯曼货币和外国货币的汇率。当地法院记录显示，卡多依赖这些市场利率来解决个体之间的争端。此外，政府颁布官方利率，不同的钱币，包括金币和银币，将根据官方利率进行支付。通常同一钱币的利率和其主流市场利率差别不大。

政府对外国货币的政策是灵活性的另一个例子。从早期开始，政府就鼓励外国货币的流通并将其作为支付手段。政府还免除了贵金属和外汇的进口费。在给某些欧洲国家商人的特惠协议或特权中，中央政府免除他们所有的外国货币关税。此外，海关和造币官员被告知不能要求这些货币上交土耳其造币当局。这些特权在16世纪延伸到大多数欧洲国家的商人。

第五节　现金使用增加

人们在很长一段时间都认为货币在巴尔干半岛和安纳托利亚的使用仅限于长途贸易和部分城市部门。然而，最近的研究表明，15世纪末，城市人口和农村的部分人口早已是货币经济的一部分。甚至更重要的是，在16世纪，现金可用性和农村经济商业化提高，现金的使用大幅增加。这一重要发展的证据来自许多资料。第一，最近的研究指出，随着16世纪人口增长，城市化加强，城市和农村地区之间的经济联系也得到了加强。结果，巴尔干半岛和安纳托利亚出现了密集的周期性市场模式和市场，农民和土地所有者通过这个市场把部分农作物卖给城市居民。这些市场也让游牧民族有机会接触到农民和城市人口。大部分的农村人口在市场活动中开始使用货币，特别是小面额的银阿克斯和铜曼克。

第二，在同一时期，小规模但密集的信用关系网络在安纳托利亚的城市中心和其他地方发展起来。这些城镇和城市涉及债权人和债务人的法庭案件数不胜数，毫无疑问，城市的所有领域和农村部分地区已经普遍使用各种规模的信贷了。很明显，16世纪和17世纪，无论是伊斯兰禁止利息和高利贷，还是缺乏正式金融机构，都没有阻止奥斯曼帝国的信贷扩张，这点将在下一章讨论。

第三，大多数省级法典都颁布于15世纪和16世纪中叶，很显然，奥斯曼帝国为每个省规定了一系列的活动，这些活动受制于税收和发布的每个项目会费的详细列表。这些卡努姆不仅提供有关税收的程度和速度的详细信息，他们也紧密联系着城市和农村，引导市场，并频繁地向工匠、商人、游牧民族和活动范围狭小的农民收取少量税收。

16世纪期间，为了评估国家财政收入的来源，政府进行了经济普查，这有助于我们了解货币在农村经济中的渗透程度。国家以货代款和现金的形式向农村人口收取税收。其中最重要的是什一税，用部分农产品以货代款和货币的形式缴纳，每年春天以现金的形式上税，其变化和比例取决于每个家庭耕种的土地面积。在每个地区，卡努姆也把前奥斯曼的许多以货代款的税收和劳动义务转换为阿克斯。此外，有一系列的税收合集，专门用于向活动范围狭小的农民和牧民收税时评估货物价格，例如，蜂房、菜园、果园、葡萄园在当地市场的交易的价格。大多数税收都是用阿克斯来衡量的。人头税是人头税吏向农村和城市的非穆斯林家庭收取的个人税。15世纪末，不同地区的人头税也不同，每个家庭的人头税在40到80阿克斯之间，巴尔干半岛和安纳托利亚人头税每户平均53个阿克斯或约一个金币。

然而，并非所有的税收都是以现金的形式上缴。根据货币的可用性和其他因素，一些农民本应用现金向西帕希支付的税收，最后可能是以货代款的形式上缴。因此，西帕希经常参与当地市场活动，从而将收取的以货代款的税收转换为现金，同时购买军事行动所需的材料和培训设备，准备士兵所需品。

　　因此，16 世纪不断增长的人口密度不仅增加了城市的交易密度，还将农村人口融合进了这一过程。巴尔干半岛和安纳托利亚在这方面当然不是史无前例的。正如布罗代尔所指出的，在 16 世纪大部分人口频繁使用市场和资金的相同趋势也主导了地中海西部地区。尽管地中海西部的发展已经引起了历史学家极大的关注，但这一趋势的社会、文化以及经济在地中海东部的影响尚未得到充分研究。

第五章　信贷和财政

　　人们常认为，伊斯兰法律禁止借贷收取利息阻止了信贷的发展，或至少是造成了较严重的障碍。同样，存款银行和银行贷款明显缺乏，也导致许多研究者认为伊斯兰社会总的来说没有财政机构和设施。的确，受宗教影响而禁止高利贷交易，是中世纪地中海地区，包括伊斯兰世界和西方基督教的主要特点。尽管瑞芭的措施——用阿拉伯术语表示高利贷和利益，遭到了《古兰经》和古典时代所有后续伊斯兰宗教者的强烈谴责，但伊斯兰法律提供了规避反高利贷的方法，并且和欧洲在中世纪晚期规避同样的禁令如出一辙。各种法律假定，主要基于"双重出售"模型，如果没有得到法学家们的热情支持，至少也不会宣布无效。因此，对为商业信用提供有息贷款并不存在一个不可逾越的障碍。

　　然而，中世纪的伊斯兰世界并未实行这个措施。相反，政府使用了许多其他商业技术，这些技术和有息贷款的作用相同，从而使贷款显得不太必要。这些包括各种业务合作形式，如利润分享、克门达、信贷安排、债务转移和信用证，以上所有都需符合宗教理论。最重要的是，因为这些投资和信贷的替代形式对经济联系更适宜、更有效，相比于贷款，人们更加青睐这些模式。

　　中世纪伊斯兰社会因此成立了复杂的设施和机构，专门满足伊斯兰法律的急切需求。直到 12 世纪甚至 13 世纪，近东的信贷和财政机构比西欧和南欧发展得更好。此外，几个世纪以来，伊斯兰的货币和货币系统一直通过地中海与其他社会保持着联系。

　　奥斯曼的信贷和财政机构保留着自身的伊斯兰血统，直到 17 世纪末，才受到欧洲发展的影响。尽管伊斯兰禁止收取利息，但密集的网络信用在土耳其及周边城市中心发展起来。穆斯林企业家继续利用活跃在伊斯兰世界大部分地区的多样业务伙伴关系。和大多数伊斯兰国家一样，奥斯曼政府继续通过包税制收税实现短期借款目的。然而，随着奥斯曼帝国与欧洲经济一体化的发展，欧洲私有和公共财政机构的影响力在 18 世纪逐步提高。本章概述了奥斯曼 17 世纪的信贷和财政机构。第十二章和第十三章将概述他们随后的演变。

第一节　信贷

无论是伊斯兰利息和高利贷禁令，还是正规金融机构的缺乏，都没有阻止奥斯曼帝国的信贷扩张。以伊斯兰法庭记录为基础，后期学者罗纳德·詹宁斯认为，密集的债权人和债务人网络在 16 世纪活跃在开塞利的安纳托利亚城及其周围地区、卡拉曼、阿马西亚和特拉布宗。在其 20 年的研究中，他发现涉及债务的法庭案件举不胜举。每个家庭成员都与外界存在借贷关系，因此都被记录在案。

这些记录确切地表明信贷广泛渗透于城市所有领域甚至农村社会。大多数借贷规模较小，利息根据伊斯兰和奥斯曼帝国的法律，经法院同意和批准后以信贷形式收取。在和法院打交道的过程中，参与者发现没有必要通过隐瞒利息或诉诸技巧来解决法律障碍。年利率在 10% ~ 20% 不等。

放贷者多为穆斯林，因为这些城镇的居民都是基督教和犹太教。直到 17 世纪，才有迹象表明，到底是安纳托利亚的非穆斯林还是阿勒颇的非穆斯林控制了信贷市场。商业或商业心态和利益动机因此渗透进了城市社会的所有阶层，不仅是集市的人们，还包括农村土地所有者，奥斯曼军事阶层和乌理玛。

哈伊姆·格柏也研究了 17 世纪布尔萨类似的法庭记录。相比詹宁斯研究的城镇，布尔萨是长途贸易路线上一个更大、更商业化的城市。它专营丝绸贸易和工业。布尔萨广泛紧密地使用信贷，甚至最贫穷的社会阶层也在使用。同时，布尔萨的信贷模式与安纳托利亚的其他城市中心的特征不同。布尔萨的贷款通常更大，信用关系还涉及其他城市中心的人。贷款合同显示，合同双方通常采取简单的方法来规避利息禁令。常用方法是出售羊毛或布料，借款人接受定期贷款，也可能买一块羊毛或布料，价格按照合同到期日约定的利息支付。[①]

布尔萨的另一个不同是存在一类大放债者，他们并不一定主导所有贷款，但在贷款总量上仍然发挥重要作用。这些大债权人的财富受城市遗嘱检验库存（特里克）制约，库存显示债权人死后，名下仍然有大量的贷款。他们的财产常常有成百上千的阿克斯，有时甚至是数百万阿克斯。事实上，在 17 世纪，布尔萨和埃迪尔内的大城市的财富都集中在债权人手中，他们把绝大部分资产都放款出去。尤其在埃迪尔内，高层官员也从事放款活动。[②] 格伯还强调，15 世纪末到 17 世纪，布尔萨的信贷关系大幅增加。

15 世纪和 16 世纪期间，希腊人和犹太人是伊斯坦布尔主要的放贷资本家之一，不仅放贷给私人企业，也在短期内放贷给国家。他们也是包税制拍卖的主要参与者。其中突出的是帕劳罗（Palaologi）、坎塔库兹米（Cantacuzeni）、查可可迪里（Chalcocondyli）以及拜占庭的其他遗产等。唐·约瑟夫·那什全家早些时候被迫离开伊比利亚半岛，在公

---

① H. Gerber, Economy and Society in an Ottoman City: Bursa, 1600 – 1700 (Jerusalem: The Hebrew University, 1988), 127 – 147. 17 世纪阿克斯的银含量不断波动，当地法院经常出现的一个有趣问题是债务是否必须用初始贷款时期的货币标准偿还。大家对这个问题的决议各执己见。詹宁斯，《贷款和信贷》，173，格柏，《经济和社会》，128 – 129。

② 关于 16、17 世纪在埃迪尔内灭绝的高级官僚的债权和贷款的例子，See O. L. Barkan, "Edirne Askeri Kassami'na ait Tereke Defterleri (1546 – 1659)," Turk Tarih Kurumu Belgeler 3 (1966), 31 – 46. For the terekes of Bursa until 1640, See H. Ozdeger, 1463 – 1640 Yullari Bursa Sehri Tereke Defterleri (Istanbul Universitesi Iktisat Fakultesi Yayinlari, 1988). See also H. Inalcik, "Capital formation in the Ottoman Empire," The Journal of Economic History 29 (1969), 108 – 109. 在 15 世纪和 16 世纪，大型贷款机构的财产较少时，布尔萨大型放债人的财富开始累积起来。

元 1552 年抵达伊斯坦布尔。他在财政服务上惊人的崛起归功于苏莱曼的儿子——斯莱姆王子。从伊斯坦布尔开始，他能够向波兰和法国的国王进行大型放贷。土耳其的许多名人都投资这些贷款。公元 1588 年，葡萄牙马拉诺银行家族的阿尔瓦罗·门德斯到伊斯坦布尔定居，据说带了 85 万枚金币，享有同唐·约瑟夫·那什一样的优待。大规模银行业务和贸易业务形成家庭活动的核心。这些操作都是通过位于欧洲主要中心网络的代理进行。然而，国际贸易和财政的犹太活动在 17 世纪减少。

在最近一个有趣的研究中，波格丹·穆戈司库研究了罗马尼亚公国和埃迪尔内以及伊斯坦布尔的信贷市场之间的联系。17 世纪末，瓦拉吉亚和摩尔达维亚的君主已经无法满足伊斯坦布尔不断上升的资金需求。因此，他们开始在埃迪尔内和伊斯坦布尔的信贷市场大笔借贷。康斯坦丁·布朗科文王子的账簿表明，公元 1694 年到公元 1703 年，这两个城市的债务总额已经达到 100 万荷兰泰勒，约 40 万威尼斯金币。这些资金的近一半都支付给了大量的穆斯林放债者。显然，部分资金属于公会，因为公会首领拿着这些资金去做放贷。与希腊东正教和犹太债权人贷的借款占总数的 40%。这些贷款的利率通常是按月计算，月利率是 2% 至 2.5%。

贷款的另一个重要的提供者是在伊斯坦布尔和安纳托利亚城市中心的卡什瓦基佛（cash vakifs），建立基金会的目的就是放贷现金资产和利用利息收入实现目标。奥斯曼法院于 15 世纪初开始将这些放贷合法化，到 16 世纪末，这些放贷已深入安纳托利亚和巴尔干。除了詹宁斯和嘉宝提到的安纳托利亚城市中心的例子，伊斯坦布尔在公元 1570 年的库存也表明存在大量卡什瓦基佛。调查还显示，伊斯坦布尔的卡什瓦基佛每年以 10% 的恒定速率进行放贷。

最近，穆拉特·西萨卡详细研究了布萨从 16 世纪到 18 世纪的卡什瓦基佛。他的研究表明，卡什瓦基佛通常把少量资金借贷给小额借款人、家庭和小型企业，并且大部分都是面向消费的贷款。示例结果表明，在 18 世纪任何特定的时间，布尔萨有多达 9% 的城市居民使用卡什瓦基佛的信贷。

从 16 世纪到 18 世纪，卡什瓦基佛借贷利率通常是 11% ~ 13%，低于其他信贷交易的现行市场利率。18 世纪一个有趣的进展是资金在放贷受托人手中不断累积。受托人再把这些资金以更高的利率借给伊斯坦布尔的资金放贷者（sarraf），他们用这些资金投资高风险高收益的项目，其中最重要的项目是长途贸易和农业税收。

与此相对应的是 16 世纪，奥斯曼乌理玛就激烈地辩论卡什瓦基佛是否应该被视为非法的。卡什瓦基佛遭到一些人的反对，因为他们认为只有具有永久价值的商品，例如房产，才是虔诚基金会的资产，并且卡什瓦基佛违反了伊斯兰的利息禁令。然而，大部分乌理玛都十分理性，所以，利于商品交易就是利于伊斯兰的观点最终盛行于世。在激烈的争辩中，埃布苏德·艾芬迪（Ebusuud Efendi），当时著名的由国家亲自任命的宗教领导反对通过纯理论来指导实践的观点。他认为，废除利息会导致诸多基金会破产，从而伤害穆斯林社区。尚不清楚卡什瓦基佛在帝国阿拉伯省份地理扩散的程度。最初，他们认为阿拉伯省份没有贷款，因为阿拉伯人不是那么容易接受有息贷款，但这一观点受到了挑战。已有阿勒颇的卡什瓦基佛记录，未来的研究还可能进一步揭示其他阿拉伯城市的例子，至少可以揭示叙利亚的例子。然而，就信贷利息的接受程度和卡什瓦基佛的出现频率而言，安纳托利亚一方面和巴尔干半岛之间存在质的区别，另一方面和帝国的阿拉伯省份也有不同。阿卜杜勒·卡里姆·雷夫秀研究了叙利亚的法庭记录，他认为在 16 世纪无息贷款远远超过有息贷款，只有在伊斯坦布尔的苏丹发布命令后，法院才勉强承认贷款利息。然而，18 世纪早期，贷款利息主导城乡信用交易。

第二节 业务伙伴关系

即使不存在一个不可逾越的障碍阻止使用商业信贷有息贷款，中世纪的伊斯兰世界也并不青睐这个选择。相反，他们发展起了其他的商业技巧，作用和有息贷款一样，从而让贷款变得不那么有必要。其中包括各种各样的商业伙伴形式，如利润分享、克门达、信贷安排、债务转移和信用证，所有的这些都必须符合宗教理论。长途贸易因此不仅受到简单信贷利息的资助，还受到伊斯兰各种商业合作的促进，而商业合作取决于风险和不同合作伙伴提供的资源的性质。

自古典时代以来，土耳其商人就广泛践行伊斯兰的各种商业合作关系。在长途贸易资金链和某些其他类型的企业中，最常用方法是古典伊斯兰利润分享合作关系，就是投资者把资本或商品委托给代理人进行贸易，交易后再将资本或商品返还给委托人。然后委托人和代理人再根据前期方案分红。因贸易中出现的紧急情况下或企业本身导致资本损失，完全由委托人承担。代理人的责任仅限于他付出的时间和努力。伊斯兰汉妮非学派主张木法瓦达合伙关系，认为合伙人在资本、努力、回报和负债方面应当承担相同的责任，奥斯曼帝国也在较小程度上实行了木法瓦达合伙关系。有时，合作伙伴可以自由投资不同的金额，并可以事先同意收益不等、责任不等。

从 15 世纪到 19 世纪中叶，伊斯兰法庭记录在案的商业纠纷及其解决方案表明，至少在安纳托利亚和伊斯坦布尔，奥斯曼法学家充分了解中世纪穆斯林法学家的学说，也就是用经典伊斯兰原则解决合伙关系纠纷。过去的几个世纪有过一些创新，例如，将利润分享以及活动开发和推广组成有趣的组合。然而，总的来说，来自数百个业务合伙关系的证据表明，古典伊斯兰合作形式不仅存活下来了，而且除了少数例外，被应用到了原始形式。这种状态直到 19 世纪才结束。西子卡（Cizakca）指出，小规模公司或合伙关系持续处于主导地位，可能是限制这个区域进行改变的最重要的原因。

长途贸易金融重要手段之一是使用苏塔加（suftaja），也就是汇票和信用证。苏塔加的基本目的是加快远程支付或转移资金。在欧洲，汇票包括用某种货币首次付款以换取用其他地方的货币进行支付。在中世纪埃及吉尼亚文档的记载中，苏塔加持续出现，原因是它可以作为同种类型货币向开证行还款。它们和现金具有同样的性质，持票人到达目的地后，可以即刻用苏塔加赎回现金。政府会严惩任何延迟支付，以此保证即时付款。苏塔加被广泛应用于奥斯曼帝国和安纳托利亚、爱琴海岛屿、克里米亚、叙利亚、埃及，以及伊朗之间的交易。奥斯曼帝国法庭记录显示，在 15 世纪到 16 世纪，布尔萨作为长途贸易的主要中心，经常使用苏塔加。当地法官（卡）以各种形式积极执行苏塔加。另一类信用证是哈瓦拉，一种通过书面授权从远地获取收益的基金。它被用于个人和国家交易，以避免运输现金的危险和延迟。

第三节　国家财政，资助国家

中世纪后期和现代早期，欧洲银行的部分定期业务是向国王、首领和政府放贷，而在伊斯兰世界，因统治者和公共财政部门已经使用现金，银行对待他们的方式不同。他们采取包税制，拥有现金流动资产的个人将现金上交给政府，政府再授权他们可以在特定时间段、特定地区或财政单位收税。因此，从地中海到印度洋，从早期到现代早期，包税制主导着伊斯兰世界。

总的来说，直到 17 世纪结束，奥斯曼帝国一直延续着伊斯兰的体系。在 15 世纪和 16 世纪，中央政府的部分收入是通过包税制系统（穆卡塔—国库收入承包制）进行管理的，但这些仍然有限。国家在此期间尚未成为一个重要的长期借款人。蒂马尔体制下的西帕希人向当地收税，大部分是用以货代款的形式收取，直到 16 世纪末，这都是国家税收的主要来源。西帕希人在用这些资金为本地军事活动制定装备，以及招募士兵。

存在多个蒂马尔系统来管理资金的使用和公共财政。蒂马尔属于分权系统，各地自行收税，再自行开支这些税收。很大一部分的税收从来没有到达中央财政部。在这个系统下，西帕希人通常是所在农村社区最市场化的成员，因为他们必须把以货代款收取的税收转换为现金，再将现金用于士兵训练和装备。

直到 16 世纪下半叶，帝国领土快速扩张，额外税收增加，国家财政实力相对强大，国家不再增加中心税收。16 世纪下半叶，国家开始短期借款。这些贷款通常来自犹太金融家，犹太金融家也向高级官僚甚至苏丹的儿子放贷。重要的是，他们通过提供这些服务，开辟了签订最盈利的包税制合同的内部通道。

在紧急时期，尤其是战争期间，由于财政危机不断加剧，国家开始向高级官员短期借款，包括维齐尔甚至苏丹本人。卡罗琳·芬克尔详细研究了奥斯曼于世纪之交在匈牙利的军事行动，结果显示，这些贷款从成千上万的阿克斯到数百万阿克斯都有，数量不等。这一时期，全额还款的可能性仍相当高，高级官员机构积累的资本从而可以用于未来的个人晋升。此外，此类贷款主要用于填补支付军队的现金短缺，为避免士兵叛变发挥了重要作用。即使国家没有支付这些贷款的利息，官员也向相关人群放贷，以维持甚至巩固他们在一个体制中的地位，毕竟他们才是主要的受益人。

随着军事技术变革，中心需要保持大型、永久的军队，蒂马尔开始失去其军事和财政地位。因此，中心需要向农村收取更多的税收，压力增加。16世纪末，蒂马尔系统开始被包税制取代，伊斯坦布尔开始拍卖税收单位（穆卡塔）。这一转变对小城镇和农村地区金钱使用的影响尚不清楚。在早期，西帕希人负责把以货代款收取的税收转换成现金。现在，这一任务由税吏或当地代表承担。国家很快抛弃了西帕希人在15世纪和16世纪收取的现金税，农村税收开始完全采取以货代款的形式收取。这一最后的改变也可能是在回应17世纪不断加剧的货币短缺。包税制系统还创建了新的需求，将来自各地的资金都转换为资本。然而，这些很少以现金形式进行。相反，奥斯曼帝国、欧洲、巴尔干半岛和地中海东部的商人开始更频繁地使用苏塔加和汇票，苏塔加和汇票由此加入国家资金流通系统。

从长远来看，国家财政进一步增加了中央政府的压力。中央政府要更充分地利用包税制系统以实现国内借贷的目的，因此开始增加包税制合同的期限，从一年到三年，从三年到更长时间。它还要求提高合同拍卖价格的定金。包税制就转化为一种国内借贷，中央政府的实际税收作为担保品。

中央政府需要较大的预先支付，从而增加了拍卖参与者获得长期财政支持的需求。伊斯兰商业合作被用于这些项目。参与包税制的竞价拍卖的个人背后常常存在合伙，包括金融家和代理商，他们想通过把大型初始合同分成小型合同和附属合同来管理税收征管。这些安排主要是以利润分享的形式进行，虽然伊斯兰商业合伙方式，如木法瓦达或伊南也在使用。

穆拉特·西萨卡（Murat Cizakca）编译并研究了 16 世纪和 17 世纪的包税制样本，结果显示，60% 的税吏是穆斯林教徒。公元1591—1610年，税吏中犹太人的比例增加到峰值49%，然后在 17 世纪下降，每段时期犹太人所占的平均比例为28%。基督徒的比例仍低于 10%。政府文件还提供了税吏业务伙伴的证据，虽然很可能许多合伙成员并未被官方记录在案。政府记录的近85%的合伙关系包括来自不同宗教团体的成员。

随着中央政府在 17 世纪实力下降，它失去了对许多包税制的合同的控制。这些合同几十年来只是针对同一税吏，价值不变，说明在这些情况下，拍卖不再具有竞争力。官方记载显示，这些税吏主要受官僚机构控制，虽然在财政或实际收税时，他们很可能参与了合伙。在许多情况下，这些资本内部人员在初始拍卖之后，将包税合同卖给了分包商。

第六章　金钱和帝国

第一节　帝国的货币区

直到 16 世纪，安纳托利亚和巴尔干半岛的土耳其辖区都存在一个基于黄金苏丹和银阿克斯的共同货币体系。货币结构的底层是铜曼克或普尔，他们以币面价值流通，用于小型交易。然而，随着奥斯曼领土扩大逐渐变成一个强大的帝国，这个简单的系统被终止了。每一个新征服地区都曾受不同经济力量管制，贸易模式各不相同，并早已有了自身行之有效的货币系统。奥斯曼帝国在这些区域对货币流通采用双重方法。他们用现存国际标准统一金币，但因新省份的商业关系和需求截然不同，又允许创建多个货币区域。

就黄金而言，苏丹成为帝国唯一的奥斯曼钱币。这是由于符号和经济原因。奥斯曼帝国用金币象征主权，进而统一了从巴尔干到埃及和马格里布的领土。威尼斯达克特已经成为地中海及其周边长途贸易公认的支付标准。苏丹的标准，也就是它的重量和精度，与威尼斯达克特相同。奥斯曼金币是否在一个给定的领土发行取决于该领土的地位，无论它是帝国的一部分，还是具有一定自治权的省份。因此，苏丹定期在埃及、阿尔及利亚、突尼斯，以及巴尔干半岛和安纳托利亚发行金币。相比之下，金币从来没有在多瑙河流域的瓦拉吉亚和摩尔达维亚自治国铸造。同样，具有自治权的克里米亚汗国可以自主发行银币，但没有铸造金币，无论是可汗还是奥斯曼苏丹。

对于用于日常交易和部分长途贸易的银币，中央政府选择在新征服的领土上维持现有货币单位，稍加修改或不修改。这么做最重要的原因是希望避免经济混乱和可能的民众骚乱。我们目前还不清楚中央政府是否拥有财政、行政和经济资源来统一帝国的银币。结果，尽管新占领区铸造的银币开始刻上苏丹的名字，然而，在许多情况下，他们的设计、标准以及货币的名称仍然采用前奥斯曼形式和用法。早期铜币的风格和类型也得以继续。

因此，中央政府开始为不断扩张的帝国建立一个集实用主义和灵活性为一体的货币体系。这种方法实际上与奥斯曼在其他领域的管理方法非常相似。例如，就土地占有制而言，奥斯曼中央政府并未在所有被征服的领土上强制实行蒂马尔政权。在首都管辖不及的遥远地区，如安纳托利亚东部、巴格达、巴士拉、埃及、也门、摩尔达维亚、瓦拉吉亚、格鲁吉亚或马格里布，奥斯曼帝国急于收税，但却只在一定程度上或根本不改变现有土地制度。可以对奥斯曼帝国在这些省份颁布的法律规范进行类似的考察。这些法典在不同程度上将前奥斯曼与奥斯曼措施结合在一起。结果，帝国的不同区域开始不同程度地控制货币以及其他事项。核心是首都密切管理的地区、首都的资本机构最接近伊斯坦布尔的资本机构。由于离首都越来越远，行政实践反映了首都和省份间的机构和势力间的力量平衡。

本章将研究金、银和铜币的演化，更普遍的是，研究帝国不同地区在 16 世纪和 17 世纪的货币和货币实践，包括巴尔干半岛、克里米亚、叙利亚、埃及、伊拉克、也门和马格里布。这项研究将首次呈现大帝国的奥斯曼货币体系的结构和逻辑。

第二节　巴尔干半岛

巴尔干半岛以及安纳托利亚西部和中部，包括其首都及周边地区构成了奥斯曼货币体系的核心区域。银阿克斯既是这个区域的主要货币单位，又是主要的交易手段。为积累财富，苏丹和欧洲金币在大型交易中共同使用。18 世纪之前，当地造币厂都将 "科坦坦尼耶（Kostantaniyye）" 的名称刻在土耳其货币上，它是阿克斯和苏丹的主要生产地。

生产银阿克斯的造币厂的数量增长一直维持到 15 世纪才结束。拜耶齐二世统治的 31 年期间（1481—1512 年），共有 14 个造币厂在生产阿克斯，其中 6 个位于巴尔干半岛，一个在首都，其余在安纳托利亚。此外，还有两个造币厂，也就是位于马其顿的科坦坦尼耶和赛里斯，生产苏丹。除了 16 世纪，活跃在巴尔干地区以及帝国其他地区的造币厂数量大幅增加，特别是在苏莱曼马格尼分的统治时期（1520—1566 年），并在穆拉德三世的统治期间（1574—1595 年）达到高峰，当时生产阿克斯的造币厂多达 30 个，巴尔干半岛有 15 个，爱琴海群有 15 个。除了少数例外，后期造币厂多位于多瑙河以南和巴尼亚卢卡最西边的波斯尼亚。在同一时期，巴尔干半岛和安纳托利亚共有 9 个造币厂在生产苏丹。

巴尔干半岛最活跃的造币厂仍然是那些位于或接近马其顿和塞尔维亚矿点的造币厂。安纳托利亚唯一靠近银矿的造币厂是坎卡的造币厂，位于安纳托利亚东北部的古木夏。因此，大量的银币都先在巴尔干半岛生产，再以各种方式运送到安纳托利亚。相比之下，铜币仍然主要是在安纳托利亚和首都生产，再运送到巴尔干半岛。威尼斯黄金达克特仍然是 16 世纪最重要的外国钱币，流通于巴尔干半岛和安纳托利亚。16 世纪下半叶，欧洲大型银币格罗申，其中最重要的是西班牙八里亚尔银币和荷兰狮子泰勒，也开始在巴尔干半岛和安纳托利亚流通。

16 世纪和 17 世纪，奥斯曼政府没有在匈牙利生产阿克斯或苏丹。一个重要的原因是，奥斯曼控制的匈牙利地区没有金银储备。尽管匈牙利的其他地区存在大型金矿，并且这些金矿自中世纪晚期以来就开始供给欧洲大部分地区。钱币储备的证据表明巴尔干半岛生产的阿克斯和苏丹在匈牙利流通，尽管流通数量有限。流通更广泛的货币来自邻国，最主要的是独立匈牙利公国的银币和金币，小银色铜板、泽尔斯、哈普斯堡的芬尼、波兰的小银币，比如 4 便士银币和泰勒等，这些银币从 16 世纪下半叶到 17 世纪不断增加。尽管如此，奥斯曼匈牙利的所有税收仍然按阿克斯衡量。换句话说，虽然阿克斯是货币单位，至少是政府事务中的货币单位，邻国的货币却是主要的交易和支付手段，包括税收。

多瑙河的诸侯国从未完全融入奥斯曼帝国，只是成为定期进贡的诸侯国，瓦拉吉亚在 15 世纪开始流通，摩尔达维亚在 16 世纪早期开始流通。这些君主国大多可以独立处理内部事务，不用适用奥斯曼机制，例如蒂马尔土地使用权制度。通常奥斯曼帝国没有在瓦拉吉亚和摩尔达维亚生产货币。同样，瓦拉吉亚的当地统治者没有在钱币上刻印自己的名字，摩尔达维亚的统治者只在有限的钱币上刻印自己的名字。这些领域缺乏钱币不能完全解释这种模式。相反，公国在奥斯曼时期所享有的自主权的范围和限制可以清楚解释这种模式。

在 16 世纪，阿克斯是瓦拉吉亚的主要货币单位，但不是摩尔达维亚的主要货币单位。钱币存储的证据表明巴尔干半岛和伊斯坦布尔铸造的阿克斯在 16 世纪期间广泛流通于这些君主国，流通率高于在奥斯曼匈牙利的流通率。直到 16 世纪 80 年代，瓦拉吉亚的阿克斯和苏丹占其所有钱币价值的 86% 以上，但在 16 世纪的最后 20 年，占有率只有 38%。阿克斯和苏丹在摩尔达维亚的同期价值占有率分别为 26% 和 7%。在这两种情况下，早期主要由匈牙利的钱币维持平衡，后期则由中欧和西欧的大银币维持平衡。此外，波兰银币，尤其是 4 便士银币，16 世纪末在摩尔达维亚发挥着非常重要的作用，金币流通仍然受限。

16 世纪末期一个小插曲让我们更清楚地了解多瑙河的君权国和伊斯坦布尔之间支付流的本质，以及帝国支付流的本质。在 16 世纪 80 年代，由于各公国不再使用以前用于出口瓦拉吉亚和摩尔达维亚的支付方式，安纳托利亚东部和伊拉克在战争期间（公元 1578—1590 年）与伊朗铸造了大量的奥斯曼波斯货币，然后再运送到首都。然而，由于官方汇率抬高了波斯货币汇率，他们立即以进贡的形式被送回到伊斯坦布尔。伊斯坦布尔再次青睐这个币种，君主国和首都之间的波斯货币流一直持续到他们被中央政府停止。

每年向奥斯曼帝国上税是这两个公国在 16 世纪和 17 世纪最重要的货币流通，这两个公国上交的税又通过贸易顺差得到平衡。15 世纪之前，每个公国每年上交的税收额度都较小，低于 1 万金币，但在 16 世纪中叶开始超过 5 万金币，到 20 世纪下半叶，瓦拉吉亚上交的税达到 10 万金币，摩尔达维亚每年上交的税平均达 3.5 万金币。此外，各公国把食品和各种原材料送到伊斯坦布尔，价格为奥斯曼政府确立的价格。这些商品在供应首都、军队、宫殿的需求上发挥了重要作用。

表 6.1　埃及的对位或曼迪，公元 1524—1688 年

年份	钱币平均重量	适当的精度百分比	银含量和阿克斯的汇率比	银含量帕拉/阿克斯	威尼斯达克特汇率比	阿克斯与达克特的汇率比
1524	1.22	84	1.05	1.6	40	1.5
1552		70				
1564	1.05	70	0.73	1.1	41	1.5
1582					43	1.5
1605	0.95					
1618	0.93					
1622	0.85					
1630	0.85					
1641	0.85	70	0.6	2.1	80	2.0（官方）
1650	0.85	70	0.6	2.6		
1670	0.85	70	0.6	2.9	90	2.8
1680	0.77	75	0.58	2.8		
1685	0.77	70	0.54	2.6	105	2.9
1688	0.74	70	0.52	2.5	105	2.9

注：1. 对位的银含量指的是法律标准。流通中的钱币银含量更少。

资料来源：拉赫曼，《曼迪储蓄》和《曼迪》，雷蒙德，《工匠和商人》，卷 1，34 - 36；Commercants，Vol. 1，34 - 36；also Sahillioglu Æ È also Sahillioglu Osmanlō Para Tarihi Uzerine Bir Deneme，84 - 88。

《奥斯曼货币史上国际货币和金属运动的作用》，附录表；B. 汉森，《奥斯曼埃及的经济模式：集体税收的经济责任》，A. L. Udovitch（主编），《伊斯兰中东》，700 - 1900：经济和社会史研究（普林斯顿，纽约：达尔文出版社，公元 1981 年），513；S. J. 肖，《奥斯曼埃及的财政和行政发展》，公元 1517—1798 年（普林斯顿大学出版社，公元 1962 年）。

巴尔干地区另一个重要的货币来源或支付流是军事行动。军事行动的部分供应需求主要来源于普通或特别税收,这些税收是军队在所经之地收取的,大多数是采用以货代款的形式,也有一些采用现金支付。16世纪,军队经常超过10万名士兵,所以还会购买一些用品。为此,帝国财政部还会发放大笔资金。此外,士兵们在军事行动期间继续拿工资,这些通常是一大笔资金。这些资金被注入当地经济。如果军事行动持续时间较长,大量军队驻守边疆,支付流会按比例增加。军事活动所需总金额常常达到数以百万计的金币。

卡罗琳·芬克尔详细计算过奥斯曼在17世纪末与匈牙利的哈布斯堡家族的长期军事抗争中的总支出。公元1599年7月开始的战争,持续了11个月,帝国财政部支付了总计3.8亿阿克斯,相当于320万枚金币;公元1602年7月开始的战争持续了两年,帝国财政部支付了总计3.1亿阿克斯,相当于320万枚金币。中央政府的记录显示,67%的款项是金币,23%是银阿克斯,大约10%是欧洲大型银币,这些支出约70%都用作给军队发工资。

第三节　埃及

15世纪马穆鲁克统治的埃及遭遇了货币危机。最常用的钱币是银半迪拉姆,该币由苏丹阿尔—穆亚德·埃尔金·阿布—纳斯尔·西科在15世纪早期首次发行。随着时间的推移,"muayyadi"被称为曼迪、尼斯弗,也叫作 qōt'a,在阿拉伯语是"块"的意思。早在16世纪初,这些银半迪拉姆重约1.2克。然而,银币经常消失,曼迪减少到一个账户单位。在这些时期,当地经济依赖铜币进行日常交易。① 公元1425年,马穆鲁克政府效仿其他地中海和欧洲国家的实践,开始铸造一个新的黄金单位,叫作阿西拉弗,标准与达克特相同。这种钱币很

---

① 有关马穆鲁克时期的货币史文献非常多,而有关奥斯曼埃及的文献非常匮乏,两者形成鲜明对比。

快就取代了达克特，成为埃及的重要金币，直到公元 1517 年埃及被奥斯曼帝国征服才结束。

征服埃及后，奥斯曼政府立即开始铸造曼迪，并稍做修改。改变之一是把造币厂的名字"al-Qahirah"改成了"Misr"，意思是埃及省。埃及的奥斯曼帝国法典（kanunname）可追溯到公元 1524 年，奥斯曼来源指曼迪，就像帕拉在土耳其表示"块"一样。直到 18 世纪结束，曼迪、尼斯弗或帕拉仍是埃及日常交易的基本钱币和主要账户资金。穆罕默德·阿里在公元 1834 年进行货币改革之前，货币都是在开罗铸造的。

公元 1524 年，埃及奥斯曼帝国法典建立了帕拉的标准。每 100 个含银量为 84% 的迪拉姆可以铸造 250 帕拉。因此，首批帕拉所包含的纯银约 1.075 克，比阿克斯高出约 50%。直到公元 1585—1586 年伊斯坦布尔阿克斯贬值之前，阿克斯/帕拉的汇率都是 1.5，这反映了这两个单元各自的银含量。[1]

帕拉的重量和精度在 16 世纪有所波动。尽管如此，在整个世纪中，其银含量总的来说下降十分有限，而伊斯坦布尔的阿克斯在公元 1585—1586 年大幅贬值了 44%。[2] 对可用钱币的重量进行研究表明，在 16 世纪末，开罗并没有发生类似的贬值（见表 6.1），已经证实，帕拉的相对稳定得力于开罗禁卫军的抵制，开罗政府在公元 1586 年决定贬值，但禁卫军起义反对，政府被迫放弃贬值回到之前的货币标准。

---

[1] 根据奥斯曼帝国财政账户的记录，16 世纪早期的汇率也是 2。然而，这些货币与达克特的汇率有交叉，为 1.5，这种情况直到 20 世纪末才结束。

[2] 费尔南·布罗代尔，根据历史学家哈默的研究指出，16 世纪 60 年代，开罗发生类似的贬值，贬值了 30%。现有的证据，如现有的硬币重量、不完整的造币厂记录和汇率表明事实并非如此。F. 菲利普，《菲利普二世时代的地中海和地中海世界》，1 卷（伦敦：威廉·柯林斯的儿子，公元 1972 年），539。

表 6.2　奥斯曼银币的汇率，公元 1570—1600 年

项目	公元 1570 年	公元 1600 年
阿克斯中的达克特	65 ~ 70	120
曼迪或帕拉斯中的达克特	41 ~ 43	45 ~ 48
波斯货币中的达克特	8	15
达克特中的曼迪	1.5	2.5
达克特中的波斯货币	7 ~ 8	7 ~ 8
帕拉中的波斯货币	5.0	3.0
达克特中的克里米亚达克特	9 ~ 10	—
曼迪中的拉里斯	6.5	—
纳斯里中的达克特	60 ~ 70	80

帕拉的重量接近 0.9 克，17 世纪早期帕拉的重量和之前没有较大不同。然而，我们不知道这些钱币的确切精度。

奥斯曼于公元 1585—1586 年贬值后，曼迪和阿克斯之间的汇率偶尔发生改变。最有可能的是，公元 1640 年之前，阿克斯的不稳定造成了汇率波动，最后定值为 3 个阿克斯/帕拉。伊斯坦布尔和其他帝国在 17 世纪首次发行帕拉，其银含量是阿克斯的 3 倍。[①] 征服埃及后，奥斯曼政府也重新铸造一种叫作浮露的铜币。

几个世纪以来，大量黄金从土耳其流入埃及，当时阿拉伯地理学家把今天从苏丹东部到西部塞内加尔的地区称为撒哈拉以南非洲地区。15 世纪，黄金继续流入埃及，支撑着马穆鲁克阿西拉弗的生产。黄金源源不断地从南方流入开罗，让开罗在 16 世纪变成了奥斯曼帝国黄金货币的主要中心之一。埃及铸造的奥斯曼金币与帝国其他地方的金币标准相

---

① 了解 17 世纪的曼迪，参阅 A. 雷蒙德，《工匠和商人 Caire XVIIIe SieAcle》，卷 2。大马士革：Institut Francais de Damas，公元 1973—1974，卷 1，第 1 章。起源于埃及的奥斯曼财政登记簿上登记了大量资金，一个新的记账单位在 17 世纪开始使用，在 kese-i Mosri（埃及"钱包"）等于 2.5 万帕拉斯。kese 也用于帝国的其他地方的阿克斯，kese-i 阿克斯 es 鲁米等于 5 万个阿克斯。不计两个单位之间的汇率的话，25000 帕拉斯的 kese-i Mosri 等于 60000 个阿克斯。

同，被称为瑟瑞福。瑟瑞福的标准与阿西拉弗相同，因为他们都遵循整个地中海的主流标准。在16世纪的大部分时间里，开罗铸造的面值等于帝国其他地方铸造的苏丹。

把开罗的金币装运到帝国的其他地方，适用的主要机制是把埃及年度付款运送到位于伊斯坦布尔的帝国财政部。除了把糖、大米、咖啡和其他大宗商品运输到首都，开罗每年把大量现金送到伊斯坦布尔，这一举措被称作"神奇之作"（irsaliyye-i hazine）或财政部的汇款。在16世纪，这个数量在40万到50万枚金币之间浮动，或按现行汇率每40个帕拉斯等于1个苏丹计算，大约等于1600万~2000万帕拉斯。在16世纪，这是一笔巨款，也是大帝国财政部每年主要额外收入，甚至是其财政的主要来源。斯坦福·肖提供了一个早期支付演化的记录：

在奥斯曼帝国统治的早期……每年汇款是50万枚金币……任命霍斯维·帕萨（Hosrev Pasa）作为埃及的瓦里（州长）后，一年一度的汇款提高到了每年70万枚金币或2800万帕拉斯，经他请求，在公元1535—1536年，他送给伊斯坦布尔超过100万枚金币。然而，当金币抵达伊斯坦布尔后，苏丹（Suleyman I）拒绝接受，认为数量过多，担心这笔钱是从残暴地剥削穷人而来的。霍斯维·帕萨希望通过税收取悦国王，因此回复说，这笔钱是他努力在埃及的边境地区收税得来的。但苏丹下令，以这样一种方式收集的钱只能用于修建位于土耳其宫廷和圣城的穆斯林蓄水池，在这之后，每年不能超过50万枚金币。

因为贸易存在顺差，黄金从埃及流入伊斯坦布尔，而银则从欧洲进入埃及。然而，与帝国其他地区一样，因为贸易逆差，白银仍然从埃及流入东方，再流入印度洋地区。

17世纪，这种支付模式和货币流发生了显著变化。给伊斯坦布尔一年一度的汇款开始以银为主。这种转变表明，在16世纪之后，黄金从南方流出的速度放慢。然而，由于埃及的政治和管理问题导致其收入下降，以及伊斯坦布尔不再能够控制埃及，直到17世纪的最后25年，埃及都不再向首都进贡任何货币。17世纪末和18世纪早期，开罗的金币恢复其在伊斯坦布尔的主导地位，表明此时从南方到开罗的黄金流占据主导地位。

外国钱币在埃及流传流通。16 世纪之前，威尼斯的黄金达克特叫瑟里非（瑟瑞福）班达克，被称作班达克或许更能体现其本质，它是主要外国钱币。在 17 世纪，欧洲主流钱币是西班牙八面钱币，被称为里亚尔权威钱币，更重要的是，荷兰泰勒或狮子美元也被称为埃瑟迪（esedi）权威或阿斯拉罗（aslanlo）权威钱币，或如卡尔布，因为钱币上的狮子被称为一只狗。

然而，帕拉、曼迪和黄金瑟里非不仅在埃及流通。在 16 世纪和 17 世纪，包括叙利亚、巴勒斯坦、安纳托利亚东部、伊拉克、也门、的黎波里、突尼斯和阿尔及尔的大片地区，开始大量铸造曼迪。继开罗之后，安纳托利亚东南部的大马士革、阿勒颇和阿米德（Diyarbakor）成为主要的曼迪制造地。在叙利亚、巴勒斯坦以及更小范围的安纳托利亚东南部和伊拉克，曼迪与其他奥斯曼银币一起流通，这些地区也经常把阿克斯称作奥斯马尼和波斯货币，钱币收藏家也称它为迪拉姆，这两种货币也是摩苏尔和巴格达领主要的奥斯曼银单元。在 16 世纪下半叶，大马士革、阿勒颇和阿米德的造币厂开始铸造这三种货币。这些地区也在铸造和流通黄金苏丹以及铜币。[1] 此外，欧洲钱币流通于所有这些地区。后者的重要性在 16 世纪下半叶有所提高，并在 17 世纪期间达到了顶峰。

巴勒斯坦有学者发现在奥斯曼帝国的早期，"qita halabiyya（阿勒波片）"，很可能是之前使用的钱币，是耶路撒冷法院登记簿上登记的主要资金账户。然而，慢慢地，帕拉开始建立自己的地位，并在 16 世

---

① 我们经常查阅法庭记录，以获取有关奥斯曼省流通货币类型的信息和其汇率。然而，查阅货币史时，需要谨慎使用这些文档，因为往往很难区分在这些记录中，哪些是账户单位，哪些是用于支付的货币。例如，在大多数与 16 世纪叙利亚有关的官方文件中，阿克斯是结算单位，但不一定是一个实际支付的货币。了解 16 世纪末大马士革的细节，参阅 J. P. 帕斯卡，Damas aÁ la Fin du XVIe SieÁcle（大马士革 Institut Francais de Damas，公元 1983 年），121 - 122。

纪 60 年代完全取代了哈拉比亚（halabiyya）。[1] 到 16 世纪末，阿克斯或奥斯马尼成了结算单位，虽然最常使用的钱币实际上是开罗、大马士革、阿勒颇铸造的钱币。根据巴勒斯坦法院的登记簿和其他官方文档的记录，阿克斯和帕拉之间的汇率主要是 3.0。[2]（见表 6.2）。

17 世纪，巴勒斯坦的主要钱币仍然是帕拉、曼迪或者萨那·米色瑞奥斯曼（埃及钱币）。17 世纪中叶，大马士革铸造的帕拉（萨那 samiyye）是一种更小的钱币，价值等于埃及帕拉的四分之三。然而，欧洲大型银币，尤其是荷兰狮子泰勒和一定程度上的西班牙八面钱币，在此期间变得越来越重要。

从 16 世纪 10 年代到 17 世纪 20 年代，奥斯曼帝国也控制和铸造也门的货币，扎比德和萨那是 20 世纪最活跃的造币厂。黄金铸币遵循苏丹的标准，银币包含曼迪，以及更小范围的阿克斯（奥斯曼利）以及布夏（buqshahs）、卡比尔和其他未证实的钱币。很大一部分银币常常遭到严重贬值，不遵循任何标准。货币贬值导致也门政治不稳定，偶尔需要开罗政府进行军事干预。此外，铜铸币供当地使用。荷兰狮子泰勒和西班牙八面钱币是贸易中使用的主要货币。

人们每年去麦加以及汉志的圣地朝拜，是带来奥斯曼帝国最大的支付流和货币流的活动之一。商队会资助财物，包括向部落首领供应物品、支付金钱，以获取沿途保护，每年的朝拜者成千上万，而且在某些年份接近 10 万朝拜者随身携带的资金，引发大量金银币从埃及、叙利

---

[1] 16 世纪上半叶，阿勒颇的法庭记录和税务登记（区）也提到了 halabiyya 或阿勒颇的阿克斯，与奥斯曼阿克斯的汇率通常是 2.5。See M. L. Venzke, "The Sixteenth Century Sanjaq of Aleppo: a Study of Provincial Taxation", Ph. D. dissertation, Columbia University, New York, NY, 1981, 385–388.

[2] 16 世纪 80 年代之前，在同一个登记簿上，黄金苏丹价值 40 个帕拉斯和 80 个阿克斯。然后，根据其银含量，阿克斯在巴勒斯坦遭到贬值。（Compare with tables 6.1 and 6.2）; also see A. Cohen, Economic Life in Ottoman Jerusalem（Cambridge University Press, 1989）, 48–53; and A. Singer, Palestinian Peasants and Ottoman Officials: Rural Administration around Sixteenth – Century Jerusalem（Cambridge University Press, 1993）, xvi–xvii.

亚和安纳托利亚流入汉志。更重要的是，伊斯坦布尔和埃及的政府，各种官方和半官方以及私人机构每年都要支出一大笔钱，来支持圣城的活动。苏瑞亚·法柔奇对此做了详细研究，她估计在 16 世纪到 17 世纪上半叶，开罗和伊斯坦布尔的汇款大致相等，每年分别在 5 万到 10 万枚黄金苏丹之间。此外，安纳托利亚许多小型和大型的虔诚基金会卡什瓦基佛在和埃及一些大型基金会都是为支持汉志成立的。伊斯坦布尔和开罗的基金会汇款总额大致等于政府的汇款总额。从埃及开始，其中一些净收入用以货代款的形式发送，比如谷物。法柔奇因此估计，从伊斯坦布尔、安纳托利亚和埃及送到汉志的苏丹，加上朝拜商队带来的支付流和钱币流，每年流入汉志的苏丹总共为 30 万到 40 万枚。只要有需要，基金会就把现金以黄金的形式运送出去，因为黄金是金币汉志的首选货币。政府每年在巴尔干地区的军事活动上花费了大笔资金，扣除支付给士兵的工资，达到 60 多万枚金币，有一年加上支付给士兵的工资，达到 2300 万金币，比每年流入汉志的资金多很多，但流入汉志的资金用其他标准衡量，也是一笔巨款。官方和私人流入汉志的资金流规模也表明，奥斯曼政府和社会非常重视圣地。

第四节　波斯货币区域

15 世纪下半叶，奥斯曼的领土扩张到安纳托利亚东部，奥斯曼州政府首次搬到有伊朗和印度传统的部分地区移动，而这些地区都使用更大的银币。14 世纪早期，伊儿汗国统治结束后，安纳托利亚西部和中部不再使用大银币，也很少铸造 1 克的阿克斯，而安纳托利亚东部、伊拉克和伊朗接壤的其他地区都在生产和流通大型银币。①

① 可以推测，奥斯曼在 14 世纪早期在安纳托利亚西部和中部采用小银币是受中世纪地中海模式的影响，而伊朗及其毗邻地区保留了较大的硬币，是因为它们与印度北部有持续的商业联系。直到 13 世纪末，伊朗的伊儿汗国控制着亚洲和欧洲之间的转口贸易路线，并帮助维持两个地区之间的交互。然而，随着伊儿汗国的解体，商品贸易下降，两种货币传统之间的联系中断了。

15 世纪，安纳托利亚东部的埃克云路（Akkoyunlu）州发行了大量叫坦噶的钱币，该银币的起源可以追溯到帖木儿时期。帖木儿的儿子沙鲁克统治之后，还产生了一种大型银币，名叫西鲁克（shahrukhi），该银币在 15 世纪末重约 4.7 克。同样，16 世纪沙法维伊朗王朝最受欢迎的钱币是银币，重约 4 克，分别叫坦卡（tamga）、沙阿、马莫荻（mahmoudi）、两倍沙阿。

在 16 世纪早期，沙法维战败，奥斯曼帝国扩张到高加索南部、安纳托利亚东部、伊拉克北部、美索不达米亚，然后开始在该地区的主要造币厂生产黄金苏丹。与此同时，他们决定继续使用当地的传统大银币。直到公元 1555 年之前，这些钱币上都刻有"沙"字，代表奥斯曼帝国的统治者。然而，即使在这之后，当地居民仍然将他们称为波斯货币，奥斯曼当局对此十分不解，因为他们曾力图让人们叫它帕蒂萨。这一时期的奥斯曼文件使用的术语是"帕蒂萨"（padisahi）。

尽管最初铸造的数量有限，在苏莱曼统治时期（公元 1520—1566 年），大波斯货币数量急剧增加。巴格达、阿米德、摩苏尔、位于海湾附近的巴士拉以及阿勒颇是铸造货币的主要中心。其他沙阿铸币地点包括埃尔祖鲁姆、范·鲁文、大不里士和位于今天阿塞拜疆的纳斯万（Nahcevan）。16 世纪下半叶，奥斯曼与伊朗交战，大量的军队驻扎在伊朗，导致波斯货币的生产在此期间达到了顶峰。

依据现今收藏的钱币，波斯货币的重量在 3.4 克到 4.65 克不等。斯莱姆二世统治期间（公元 1566—1574 年），波斯货币的标准约为 4.0 克。在 16 世纪 80 年代早期，也就是贬值之前，一个波斯货币等于 5 个曼迪，8 个波斯货币等于一个黄金苏丹。根据官方利率，波斯货币的价值要高于其实际银含量。最终，波斯货币挤走了其他货币，成为首选的支付手段，尤其是在与国家的交易中。也有一些造假。① 我们可以推测政府为什么会奉行这一政策。这可能是政府支持奥斯曼波斯货币排挤出越过边境的对手货币的部分战略。抬高货币价值可以防止钱币流入伊朗，甚至吸引伊朗的银流入奥斯曼。② 16 世纪 80 年代之前，波斯货币的重量和银含量与阿克斯一样稳定，后者在公元 1585—1586 年贬值后，波斯货币也经历了类似比例的贬值。

17 世纪前 10 年，波斯货币的产量大幅下降。到该世纪末，大部分的造币厂被关闭，巴格达是唯一一个重点造币厂。这一趋势的原因之一是休战，驻军的数量有所下降。波斯货币产量下降也是由于无法定位白银的供应，政府也无力控制货币的质量，这和 17 世纪生产阿克斯的情况如出一辙。

土耳其政府在 18 世纪初与伊朗交战期间，受边境流通货币的启发，再次恢复发行标准货币。在所有新占领的地区以及与伊朗接壤的地区，从北方的第比利斯和阿塞拜疆到南方的大不里士和巴格达，奥斯曼帝国铸造两种钱币，重量分别为 2.7 克和 5.3 克。这些重量与奥斯曼帝国其他地方流通的钱币没有关系。伊朗流行的 200 第纳尔钱币叫阿巴斯（abbasi），重达 4.7 至 5.4 克，尚不完全清楚这些钱币是否为波斯货币和双波斯货币，但铸造大钱币显然是为了与阿巴斯竞争。

奥斯曼帝国于 16 世纪在巴士拉省铸造的另一种重要银币是拉里，用于波斯湾和印度洋。拉里是一种不同寻常的钱币，纯银，像一个小

---

① Sahillioglu, "Osmanli para tarihi," 89 - 91. 抬高波斯货币的价值增加了其在整个帝国的流动性。在 16 世纪的最后 20 年，巴格达、阿勒颇、大马士革，尤其是在安纳托利亚东部铸造的波斯货币在摩尔达维亚和瓦拉吉亚广泛流通。随着君权公国出口货物到伊斯坦布尔，伊斯坦布尔再用波斯货币支付，这些硬币流入了君权公国。然而，这些君主国又迅速用波斯货币向奥斯曼进贡。所涉及的数量相当大。例如，瓦拉几亚在公元 1588—1589 年上交的贡品超过 92.6 万枚金币，同年，摩尔多瓦的贡品包括 25.5 万块波斯货币。

② 研究奥斯曼帝国和沙法维王朝政府在 16 世纪的汇率政策，尤其是公元 1585—1586 年奥斯曼大规模贬值可以洞察这些国家是如何处理货币流的。

棒，有"鹅毛笔"大小，中间扭曲折叠，因此两头挨在一起。银币正面刻有造币厂的铭文。它的起源可以追溯到拉雷斯坦地区位于波斯海湾旁的霍尔木兹海峡的商路。拉里斯是在 14 世纪开始铸造的，成为印度洋上长途贸易越来越受欢迎的支付媒介。海湾地区主要用拉里斯购买来自东方的货物。然而，拉里斯并没有在内陆大量流通。

在 16 世纪早期，拉里斯曾在巴士拉定期铸造，因为巴士拉已成为一个繁荣的港口，连接地中海与印度洋定期转口贸易。

奥斯曼帝国在 16 世纪中叶从萨法维手中夺走了港口城市后，仍继续生产拉里斯。他们也试图结束葡萄牙人在巴士拉和海湾地区建立的商业联系。16 世纪 70 年代末，奥斯曼帝国曾禁止铸造拉里斯，以防止钱币流向东方。然而，这些努力并未有效减缓货币外流。1525 年后，拉里斯重 5.2 克，纯度很高。在 16 世纪 80 年代，拉里斯的汇率是 6.5 个阿勒颇曼迪和一个半西班牙实数。

第五节　克里米亚阿克斯

对于克里米亚汗国和奥斯曼关系的本质，人们一直争论不休。在某种程度上，克里米亚汗国是草原政治传统的主权国和继承人，而在另一种程度上，他是奥斯曼苏丹的奴隶。然而，很明显，克里米亚汗国是奥斯曼帝国所有领土里与奥斯曼关系和地位最独特的国家。公元 1478 年，克里米亚合并到奥斯曼帝国，卡法和克里米亚半岛的部分海岸成为奥斯曼的另一个省。半岛的其余部分继续由克里米亚汗国世袭统治家族统治，他们加入奥斯曼军队支流，负责在军事集会期间提供人力保障。

克里米亚汗仍是草原最重要的主权象征之一——伊特象征（tamga）。他们还保留着与俄国和波兰建交的权利。直到 17 世纪末，汗国收到直接来自俄国、波兰和多瑙河的君主国不同数量的贡品。因此，克里米亚货币与奥斯曼货币体系之间的关系非常独特。克里米亚汗国自己铸造银币，钱币上刻有吉拉伊王朝的名字，但是没有奥斯曼苏丹的名字。然而，克里米亚汗国不能完全独立地铸造自己的金币，因为金币是主权的终极象征。克里米亚从来没有铸造奥斯曼黄金苏丹。被奥斯曼帝国征服后的几个世纪，可汗不再使用如"苏丹"和之前各种表示主权的形容词，只在钱币上刻上他们的名字。然而，他们在16世纪下半叶继续使用术语"苏丹"和"汗"。克里米亚货币与奥斯曼货币体系联系并不紧密，尽管根据这个术语的某种意义，克里米亚被认为是奥斯曼帝国的一部分。

奥斯曼时期的基本钱币和主要结算账户是一种称为阿克斯的小银币，阿克斯最初在奥斯曼叫卡法·阿克斯，尽管克里米亚半岛的其他地方也在铸造阿克斯，尤其是在旧科罗姆、科罗姆（Solgat）和软木（Kirk Yer）。克里米亚汗铸造的首批银币可以追溯到公元1441—1442年。卡法·阿克斯被广泛用于商业交易。例如，布尔萨在15世纪80年代的法庭文件用卡法·阿克斯记录商业交易和债务，两个卡法·阿克斯等于一个奥斯曼阿克斯。16世纪卡法·阿克斯比奥斯曼阿克斯重量轻。它和阿克斯的汇率差异很大，其合金含量逐渐增加但银含量逐渐下降。然而，克里米亚银币比奥斯曼阿克斯发展得好，对奥斯马尼的汇率在17世纪也上升。

一个有趣的问题是奥斯曼政府根据卡法·阿克斯不同的使用国，适用不同的汇率。例如，根据卡法省的登记簿，在16世纪40年代，奥斯曼政府向汗、鞑靼和切尔克斯省长、奥斯曼的士兵付款时，使用的汇率是两个卡法·阿克斯等于一个奥斯曼阿克斯。向奥斯曼帝国财政部付款时，五个卡法·阿克斯等于一个奥斯曼阿克斯。显然，这种政策有利于奥斯曼帝国财政部。伊斯坦布尔从克里米亚进口食品，如谷物、肉类、鱼、油和盐等，也同样使用一个有利的汇率，以试图降低这些产品的成本。当然，这个多汇率系统也导致贸易和货币市场出现诸多问题，反映在税收的数量上，同时也反映了汗国和伊斯坦布尔之间的朝贡关系。然而，同时，伊斯坦布尔经常向可汗国捐赠大量物品，以支持他们的军事和其他服务。

直到18世纪末，小阿克斯仍是汗国的基本钱币。尽管后期仍然铸造六阿克斯钱币以及铜币，但这些货币已经不能满足贸易和经济的需求。例如荷兰泰勒、西班牙八面钱币和波兰本地钱币佐洛塔于 17 世纪在克里米亚广泛流传。

第六节　马格里布

非洲西北部——从东部的黎波里—塔尼亚延伸至西部的阿尔及利亚，是 16 世纪土耳其和西班牙帝国主要斗争地。由于海盗领袖的军事力量，阿尔及利亚、突尼斯和的黎波里—塔尼亚最终被并入奥斯曼帝国统治下。奥斯曼政府随后任命州长去管理这些领地。然而，他们实际上是由海盗首领和禁卫军首领统治，这些首领最初是安纳托利亚的普通士兵，后经提拔成为首领。

直到 18 世纪，这些地方政府都将他们的统治权限制在海岸和城市地区。他们向当地农民和游牧部落收税，但除此之外，不干涉农村的内政。他们把精力集中在海路上，所以地中海的海路在欧洲海军之后，又一次繁荣起来。

最近的研究表明，这些地区和欧洲的商业联系在 17 世纪和 18 世纪繁荣起来。除了西西里人、马耳他人、那不勒斯人，卡拉布里亚这些邻国也经常联系这些港口，英国人、荷兰人以及最主要的法国商人永久定居在这些港口，把这些港口变成了活跃的商业中心。

奥斯曼政府认为这些领土地理位置偏远，可以用于与伊斯坦布尔保持联系。然而，这些省更像是自治州。因为地理位置偏僻，加之奥斯曼日益疲软，这些省份更加容易自治。尽管如此，这些省份的统治者不愿维持与伊斯坦布尔的关系，也不愿宣布完全独立。除了宗教和政治合法，他们需要继续从安纳托利亚招募士兵。因此，和伊斯坦布尔政府保持友好关系和伊斯坦布尔的许可至关重要。

由于马格里布没有任何金、银矿，钱币和造币厂的输出主要依赖对外贸易平衡和来自海盗的收入。地中海贸易最重要，但这一领地也通过商队贸易获得撒哈拉以南的黄金。最重要的是，阿尔及尔、突尼斯和更小范围的的黎波里，它们的黄金产量依赖于来自南方的黄金。

直到 19 世纪，这些省份铸造的货币铭刻的都是奥斯曼苏丹的名字。这三个省份的货币实践及其与帝国货币体系的关系不仅为研究土耳其货币体系的性质提供了重要线索，也为研究大帝国机构的本质提供了重要线索。

第七节　阿尔及利亚

16 世纪 20 年代，土耳其海盗控制阿尔及利亚首都阿尔及尔后，立即开始在当地铸造黄金苏丹。由于交易链的建立以及获得了撒哈拉沙漠的黄金，阿尔及尔很快成为黄金苏丹的主产地。16 世纪下半叶，阿尔及利亚出现了另一个造币厂，该造币厂以黄金苏丹的名义发行金币。公元 1509 年西班牙人征服西部的奥兰，公元 1516 年奥斯曼帝国征服阿尔及尔，让提骊善（Tilimsan）的訾亚德（Ziyanid）统治者处于两个大国之间一个模棱两可的位置。訾亚德的名义统治持续到 16 世纪中叶，奥斯曼帝国在公元 1556 年任命了一个新的州长。直到公元 1603 年，它们都使用一系列奥斯曼帝国苏丹名义的金币，但该钱币并没有遵循苏丹标准。特莱姆森金币的总体设计遵循瓦希德在 12 世纪引入的模式，这个模式后来成为马格里布所有黄金铸币的标准，这种状态直到 16 世纪才结束。和阿尔及尔黄金货币的差异可能是由于两地行政地位有所差异，但我们尚未充分研究特莱姆森中奥斯曼帝国政府对特莱姆森的管理。

18 世纪之前，银币大多是方形的，都叫作阿克斯或阿斯皮尔，它们在阿尔及利亚的发行量很有限。16 世纪苏丹和欧洲钱币的汇率下滑，由此可以推断，钱币银含量下降。公元 1580 年，175 个阿克斯兑换一个苏丹；到公元 1617 年，一个苏丹等于 350 个阿克斯。被欧洲人称为哈瑞巴或"伯贝"的铜铸币也发行了。这些钱币的面额最初不到一个阿克斯，但随着后者贬值，铜铸币的面额增加。

在 17 世纪早期，西班牙八面钱币或比索成为阿尔及利亚的主要交易手段。17 世纪的大部分时间，汇率都保持不变，一个八面钱币等于 232 个阿克斯。然而，汇率不变并不代表银币稳定。更有可能的是，方形阿克斯已经部分或全部消失，但直到 17 世纪末，仍然是一个结算单位。

第八节 突尼斯

在 16 世纪 30 年代，海盗首次占领突尼斯，并开始以钱币奥斯曼苏丹的名义发行货币。然而，奥斯曼连续统治突尼斯却始于公元 1574 年。早期就开始铸造金币，但数量都比阿尔及尔小。奥斯曼帝国继续保持当地银和铜铸币的传统。小方形银币纳斯里可以追溯到 13 世纪初的穆瓦希德的统治者穆罕默德阿纳泽，在哈弗西德期间仍继续铸造纳斯里，并且是突尼斯日常交易的主要货币。欧洲商人也把纳斯里称为阿斯皮尔，17 世纪之前，大量铸造纳斯里。纳斯里在 16 世纪的重量约为 0.6 克，大致等于阿克斯的重量。在 17 世纪早期，纳斯里重约 0.45 克，此时，一个苏丹等于 80 个纳斯里或大约一个半的西班牙八面钱币。在 17 世纪末，苏丹的汇率上升至 104 个纳斯里，或者是两个八面钱币。然而，到 17 世纪末，苏丹不再流通，他们减少到一个结算单位。

然而，小纳斯里和很少生产的苏丹不能满足当地的货币需求。其他金币，如西班牙金币、威尼斯达克特和西西里岛、马耳他、托斯卡尼亚的金币仍在突尼斯流通。从 16 世纪末开始，黄金货币越来越取代银和西班牙八面钱币，成为突尼斯，包括突尼斯内部中型和大型交易的主要钱币和付款方式。17 世纪早期，它也成为当地的基本结算单位，那时当地纳斯里与它的汇率是 52。从 17 世纪 30 年代开始，突尼斯出现了一个叫作突尼斯里亚尔的结算单位，该结算单位等于西班牙比索。

西班牙结算单位和突尼斯结算单位之间的官方联系可能互相矛盾，因为西班牙是马格里布基督教敌人的化身。17 世纪初，一提到塞维利亚比索还会想到："由敌对宗教铸造，基督教，愿上帝摧毁他。"此外，突尼斯与西班牙几乎没有直接的联系。西班牙比索以及其他货币的可用性不是靠直接接触决定的，而是由马赛、利沃诺，热那亚和其他欧洲主要港口的贸易和国际收支平衡决定的。结果，其他大型欧洲银币也在突尼斯流通，其中最著名的是荷兰泰勒。

17 世纪是突尼斯货币特别困难的时期，也是地中海的很多地方和伊斯坦布尔的困难时期。当地货币当局很难获得大量银币，很难维持一个稳定的货币供应。西班牙比索以及其他来自马赛和其他港口的欧洲钱币贬值，导致突尼斯市场受灾。毫无疑问，钱币短缺、当地造币厂产量下降以及信用证短缺阻碍了本地及国际贸易。

后来货币政策得到改进，突尼斯造币厂发布了两套不同的圆银币，比纳斯里重。其中一套钱币重约 3 克，价值是突尼斯里亚尔的四分之一。还发布了小钱币，价值是里亚尔的八分之一。其他类型的钱币重量不到 1 克，被称为哈瑞巴。17 世纪 70—80 年代，这款银币也在的黎波里以及突尼斯发行。此外，铜铸币称为费尔斯或伯贝，面额是纳斯里的 1/12 或比索的 1/24，在 17 世纪的后期开始铸造。

第九节　的黎波里

土耳其海盗于公元 1551 年控制了的黎波里后，不久便开始以奥斯曼苏丹的名义发行银币。然而，在 16 世纪和 17 世纪期间，造币活动仍然很有限。莱姆二世统治期间（公元 1566—1574 年），开始在的黎波里发行黄金苏丹，其标准和帝国其他地方相同。17 世纪末之前，他们都定期发布，但数量不多。从 16 世纪 60 年代到 17 世纪末发行的银币最重要的特点是多样，但缺乏一个稳定的中央钱币。方形纳斯里也被称为阿克斯，开罗的曼迪或帕拉是最常发行的钱币。在 17 世纪下半叶，的黎波里造币厂开始生产哈瑞巴，持续到 18 世纪才结束。16 世纪和 17 世纪也在生产铜铸币。

第七章 近东价格革命的
重新审视

16 世纪的价格革命已成为欧洲历史地理学上最经久不衰的议题，并且也越来越成为近期的世界经济历史地理学上辩论的焦点。在欧洲，每克银的价格增长了 100% 以上，而在一些国家，从 16 世纪初到 17 世纪中叶，增长了 200% 以上的价格已经被广泛接受。同样清楚的是，不是所有的价格都同步增长。农产品价格的涨幅超过了其他所有价格。在这段时间，经历货币贬值的国家整体涨幅相对较高，在某些情况下达到 600% 以上。[①]

由于这些价格上涨与 20 世纪的标准相比可能是有限的，所以辩论中的一些参与者质疑"价格革命"一词。然而，同一时期的这些价格上涨似乎空前严峻。这种状况，对与其背后息息相关的这些社会、经济和体制所体现出的能力来说，并不是微不足道的。不过，旧世界其他地

[①] 详见 the collection of essays by P. H. Ramsey（ed.），The Price Revolution in Sixteenth Century England（London：Methuen and Co. Ltd，1971），editor's introduction；F. Braudel and F. Spooner，"Prices in Europe from 1450 to 1750," in E. E. Rich and C. H. Wilson（eds.），The Cambridge Economic History of Europe，Vol. IV（Cambridge University Press，1967），374 – 486；and P. Vilar，A History of Gold and Money，1450 – 1920（London：New Left Books，1976），chapters 16 – 21. 大卫·赫克特·费舍尔以涵盖了许多世纪的包容性历史视角审视了这场价格波动的巨浪。对他来说，16 世纪的价格革命是四次主要价格波动中的第二次，其中第一次价格波动在 12 世纪晚期开始，而其中的第四次价格波动处于晚期阶段。

区的价格趋势，尤其是在印度和中国，目前还不清楚。

第一节　相互矛盾的解释

关于欧洲的这场辩论，并不是围绕着这些价格上涨的情况是否发生，而是围绕它们之所以发生的原因和后果进行的。关于价格上涨的原因，伯丁（Bodin）在1568年，甚至更早就有人提出了一种观点，认为价格上涨是由于新世界的财富进入西班牙所致的货币供应量扩大所致。在20世纪，这一论点已经由伯爵 J. 汉密尔顿阐述，并为"年鉴学派"（Annales School）所接受。

伯爵 J. 汉密尔顿在对塞维利亚西班牙档案馆的研究中，发现了大量的新证据来支持这种关联性。假设货币需求或流通速度是稳定的，他认为通过贸易和该国的国际收支，货币供应量的增加首先导致西班牙的价格上涨，然后开始蔓延到欧洲其他国家，最终传播到近东和亚洲。费尔南德·布罗代尔在他的《地中海》一书中提出他的观点："新世界的金银财富对价格的影响是毋庸置疑的。从源自美洲的贵金属的价格曲线与16世纪的价格曲线之间的巧合中可以清楚地知道，两者之间应当存在某种物理的、机械的联系。一切都受到金属库存增加的影响。

丹尼斯·弗林通过采用重新定义数量理论再次解释了这种观点。一种被称为国际收支货币方法的理论架构，强调每种国际贸易商品都应以单一价格为准，他认为由于新物种的引入，使得西班牙国内价格上涨，根据国际收支平衡原理，即使西班牙没有出口任何产品，其他国家货币价格也会上涨，货币需求增加。因此，西班牙价格上涨传递给其他国家，而不管是否与其他国家存在货币等方面的交易。因此，没有必要追溯西班牙所获得的白银的数量和时间，并将其与其他地区的实际交易联系起来。① 福林也用同样的理论来解释为什么波托西银在旧世界许多州的造币中没有被发现。

然而，以货币数量论的各种版本为基础的这种漫长的推理思路，遭受到了严重的破坏。最近由米歇尔·莫里诺在低收入国家报纸上记录的关于旧世界物种的汇编显示，即使在价格开始下降之后，17 世纪欧洲新世界宝藏的收益仍然持续增长。他详细还原这些内容，表明欧洲的白银进口量在 17 世纪上半叶从每年 200 吨提高到 250 吨。这些数据与汉密尔顿的预计产生了矛盾，主要是因为他严重低估了走私的程度。由于在 17 世纪欧洲的价格确实在下滑，所以这些认为黄金与价格水平相关联的正统货币主义理论受到了严重的质疑。至少，他们表明了相同的货币数量理论框架不能再适用于 17 世纪。

最近的研究中曾经提到，早些时候意大利的价格上涨了很多。丹尼斯福林、阿土罗和格拉恩为价格革命和物种流入一个全新的、更全球化的货币主义方法。他们认为，贵金属由欧洲向亚洲流入长期以来一直归功于欧洲对亚洲的贸易逆差。在这个框架下，欧洲对亚洲产品的需求是动态的，而亚洲对欧洲产品的需求是脆弱而被动的。贵金属不得不由于欧洲贸易逆差而向东流入。事实上，并不是所有的贵重金属，而是只有银通过欧洲、日本和太平洋地区进入中国，而没有进入亚洲所有地区。黄金在同一时期呈现出反向运动趋势。大量的银流入中国，因为在中国其价值最高。到目前为止，中国都是世界上人口最多的国家。中国银价高，又归因于货币和财政体系的转变。

另一方面，这个观点试图说明价格上涨最主要的原因是人口增长和城市化的发展。在辩论的早期，人口增长被作为价格革命的另一个原因之一。主要是因为农产品价格比这个时期的制成品价格增长快得多。后

① D. O. Flynn, "A New Perspective in the Spanish Price Revolution: the Monetary Approach to the Balance of Payments," Explorations in Economic History 15 (1978), 388 - 406；奇波拉以前认为意大利很快会价格大涨。因此，他有理由认为，意大利的这种价格反应是由于非货币的、内在原因所致。Cipolla, "La Pretendue," 513 - 516.

来，这种解释的支持者认为随着农业生产与人口增长的情况不相适应，食品价格因此大幅上涨。

然而，这个论点存在严重的错误。正如唐纳德·麦克洛斯基所指出的，所有事情是相关的，人口增加会导致交易量和经济活动量的增加。流通速度不变的情况下，这种情况应该导致价格下降，而不是价格上涨，从费雪 $MxV = PxT$ 公式中可以找到支撑，其中 M 代表货币供应，V 为流通速度，P 为价格，T 为交易量。即使相对价格因为该行业供不应求而有利于农业，当交易量与人口一起上升时，一般价格水平必然下降。麦克洛斯基在提出这一基本观点时还提出，还有一些其他的推理思路，可以将人口增长与价格上涨挂钩。两种观点都认可的是，美国的白银促进了 16 世纪的价格上涨。

最近，这种探讨已经从货币供应量的增加转向货币需求的变化和 16 世纪流通速度的提高。米斯基明认为，人口增加使人与人之间的接触增加，从而增加贸易机会，最终导致流通速度的提高。

杰克·戈德斯通支持这种观点，并设计了一个简单的交流模式来展示在城市化和城市交流网络愈加密集的过程中，政府是如何以少量的白银来维持越来越多的交易的。他认为，由于人口密度和专业化水平的提高引起了更多的货币交易，个人和小型交易越来越频繁，流通率不断增加，带来了部分现金余额。因此，政府可能试图通过增加造币和货币贬值的速度来应对物价的涨幅。因此，货币供应量调整预计将滞后于持续上涨的价格。黄金的进口将有助于维持这一规律，但不会直接推动这种需求。一旦人口的增长停止，城市化进程放缓，流通速度就会下降。另外循着米斯基明提出的思路，彼得·兰德提供了足够证据表明英国的流通速度实际上并不是一成不变的，而是不断波动的。最近，直到 1700 年在一个英国研究中，马修认为，流通速度确实显示出了长期波动的态势。而在 16 世纪，它的增长速度并没有随着城镇化和货币化的加剧而增加。

他开始将研究重点从供给货币转向与货币流通呈相反趋势运动的货币需求上。尽管基于早期对货币数量理论进行正统解释的文献，货币需求或流通速度假设是恒定的，货币需求的决定因素仍需要在更一般的框架中进行审查。这个新的理论框架不仅要包括商业化和货币化等更明显的因素，还要包括人口变化。更广泛来说，还应当包括社会和文化因素。因此，假设货币需求保持稳定是简单的。这些变量往往在时间和不同社会之间变化，因此他们有可能观察到货币需求的跨时期和跨社会性变化。放弃货币需求的决定因素，并把欧洲中部和西部旧世界的地区、印度和中国以及奥斯曼帝国地区不同的经验纳入这个框架当中成为可能。

这种观点争论的另一个内容是价格革命的长期后果。汉密尔顿认为，通过促进那些正在建立新秩序或破坏旧秩序的人的手中的资本积累，价格上涨对于欧洲过渡到资本主义社会也有很大影响。然而，经证明，农业价格和租金的上涨速度比这一时期的制造业和工资的增长要快得多。因此，价格变动的主要获益者是土地所有者。制造商是无法从原材料价格上涨和产量滞后的情况中获益的。真正的受害者是生活水平急剧下降的城市劳动者。至少在欧洲，想要证明价格革命如何加速了旧秩序的消失，并使国家向产业资本主义过渡是不可能的。更普遍地说，与此前他们对价格革命长期后果设想的盛大愿景和大胆诉求相比，欧洲当代历史学家倾向于弱化这样的长期后果的影响。

第二节　新证据的出现和旧世界的检视

在 1970 年首次发表、随后翻译成英文的研究中，经过一番修正后，奥尔默·卢卡特·巴尔坎在奥斯曼帝国背景下研究了 16 世纪的价格上涨。在粮食和原材料价格大幅上涨之后，巴尔坎认为，这些趋势通过与地中海的欧洲贸易进入了奥斯曼帝国经济。"奥斯曼社会经济秩序的衰落是由于宫廷以外地区经济的全面发展引起的，特别是由于西欧在大西洋经济中产生了巨大的生命力。"然后，他得出结论，"这个趋势和其他更多内部因素一起扰乱了帝国的社会和经济秩序，情势已经不可逆转了，16 世纪结束时，奥斯曼帝国的中东部地区陷入了严重的经济和社会危机，这是历史上一个决定性的转折点。"

即使巴尔坎的论点流传很广，但争论很小，他的结论是不可挑战的。与此同时，关于欧洲和世界经济价格革命的原因和后果的辩论已经走上了新的方向。现在，是时候回到奥斯曼帝国的情况上，重新考虑巴尔坎关于价格革命的证据和推论了。

在他研究的实证部分，巴尔坎利用 1489—1490 年到 1655—1656 年在伊斯坦布尔的几个济贫院的账簿。根据在此期间内 24 年不同年份的采购量，巴尔坎构建了 16 种食品标准的加权价格指数。在 1585—1586 年，政府低估了货币贬值对价格的影响。巴尔坎在奥斯曼档案馆中找到在这之前的一本账簿数据。这个账簿记载的内容是 1489 年的情况，是其研究的基准年。为了弥补这个缺陷，他把 1555—1556 年和 1573 年的宫廷厨房的一系列账簿纳入了研究。同一时期，他还审查了埃迪尔内和布尔萨市济贫院的账簿。根据伊斯坦布尔奥斯曼档案馆提供的大量材料，巴尔坎所使用的价格数据比亚洲和欧洲许多国家在这一时期的价格数据更为详尽。尽管如此，有人质疑其价格研究的内容有限，由政府支持的济贫院支付的物价不具有代表性。

近年来，我利用更多的材料来源研究从 15 世纪到 20 世纪伊斯坦布尔以及其他帝国主要城市的价格和工资情况。在这项仍在进行的研究中，我构建了两个独立的食品价格指数，其一是宫廷厨房采购时的物价，其二是伊斯坦布尔市的基本消费物品的定价上限由于这两套指数可能反映官方或国家控制的价格，所以我构建了另一个指数，即位于首都的许多虔诚基金会瓦基佛的账簿上记载的价格。

这三个指标中八至十项主要消费品的价格，包括食用油、面、米、蜂蜜、糖（限宫廷使用）、羊肉、鹰嘴豆、牛奶、鸡蛋和橄榄油。总体指数中的每一项的权重取决于该项占各机构总支出的大致份额。如果某一年份无法获得其中一个或多个的价格，缺失的数据将使用一种应用了复原技术的算法来估测。

这些指数现在可以将巴尔坎的结果与档案来源的大量证据材料进行比较。我在 1469 年至 1700 年计算的三个指数，以及原来由巴尔坎计算的 1489 年至 1655 年期间的四个指数的长期走向存在一些差异。首先，官方价格上限的涨幅低于其他涨幅上限。其次，到 1655 年为止，巴尔坎构建的指数往往比其他三个更高。尽管如此，即使它们是基于首都地区不同类型的价格而算出的，这四个指数也表现出很大程度的相似性。他们整体表明，从 15 世纪末到 17 世纪，伊斯坦布尔物价增加了大约 500%。他们还表示，首都的物价需要在两个不同的时期进行检视：直到货币贬值相对稳定的时期即 1585—1586 年，以及在货币不稳定对价格造成了破坏的 1586 年以后。

　　关于 1585 年之前的时期，我把皇宫厨房与济贫院购买物品的物价做了比较，结果表明他们非常相似。因此，巴尔坎把皇宫厨房的数据加入济贫院的数据当中并没有造成严重问题。这种推论中更严重的问题是巴尔坎计算 1555 年和 1573 年的指数值的明显错误。这些年的指数值是重要的，因为它们给予我们 1585—1586 年贬值之前唯一的衡量方法，因此是迄今为止白银的唯一量度。由于巴尔坎独立出版了他使用的 1489 年、1555 年和 1573 年的账簿的全文，我试图复核这些年的计算，特别是他的指数在 1555 年和 1573 年出现异常增高，这些异常增高的指数与我的皇宫厨房指数运用的同一套物价数据相关。这个问题源于这两年皇宫厨房账簿，实际上提供了巴尔坎划定范围内 17 个物品中不超过 11 个的物价。此外，尽管巴尔坎的计算表明，1573 年皇宫厨房支付的食品物价比 1489 年苏丹穆罕默德二世济贫院所支付的价格高出 79.97%。但事实上，原始文件中没有出现任何表明价格上涨的速度接近整体速度的项目。我根据可获取物价计算的数字表明，1555 年和 1573 年巴尔坎指数的值应分别接近 125 和 145，而不是 142.26 和 179.97。

　　研究价格革命的经济史学家发现，以名义价格计算的物价涨幅与以克为单位表示的价格涨幅之间进行区别分析是有用的。后一个指数是通过将名义货币计算的价格指数乘以以每克表示的白银含量而得出的。然后可以将价格总额的增长分解为两个部分。以克为单位的指数测量价格的变化可以作为没有贬值的价格水平的指标。由于白银价格在开放经济条件下的国家之间趋同，特别是在伊斯坦布尔港口城市，银价格指数与名义价格指数之间的差异将会反映货币贬值情况下价格上涨的程度。价格上涨的第二个方面并不一定独立于价格革命，因为后者创造或至少促成了导致贬值的压力。

1489 年至 1585 年间，阿克斯币值相当稳定，在 1491 年和 1566 年两次轻微跌幅中阿克斯含银量下降了 12%。巴尔坎的计算显示，直到 1573 年，名义上食品物价上涨了 79.97%，他的食品价格指数以克为单位，在 1489 年至 1573 年上涨了 62%。在此结果基础上，巴尔坎认为，价格革命的影响在 16 世纪最后 25 年的奥斯曼帝国经济中受到强烈的压制。其后，他将奥斯曼帝国货币在 1585—1586 年的贬值与这些价格上涨情况联系起来，认为在此期间，由于政府未能调整许多税收的上涨，导致财政收入下降。然而，在我对 1573 年的巴尔坎价格指数进行纠正后，发现 1489 年至 1573 年的白银价格涨幅下降至 31%，反映出白银的涨幅是更为温和的。通过这种修正，巴尔坎之后主要根据价格革命或进口报告来解释奥斯曼帝国主义的难题。

在 1585—1586 年的货币贬值当中，阿克斯的白银含量下降了 44%，奥斯曼货币流通进入一种极端不稳定的时期，直到 17 世纪中叶，银含量经常剧烈下降。在此期间，低于标准阿克斯广泛流传。因此，1585 年之后的大部分食品物价涨幅都是由于货币流通的情况恶化所致。不幸的是，我们没有铸币记录或政府关于铸币的命令记录来建立 1585 年至 1650 年期间的物价指数的准确标准。由于现行的白银总量只能反映出官方标准，我们应该认识到，研究结果夸大了 1586 年至 1650 年期间白银的波动程度。1650 年以后，以克为单位的价格指数更为可靠。一个世纪以前，当巴尔坎建立了价格指数时，他并不知道在 1586 年以后，实际数量经常低于其标准。因此，在大多数年份，白银总量仍然低于社会标准，巴尔坎的计算高估了白银的数量，甚至超过了我建立的指数。

在对数据进行粗略调整后，研究结果表明，在 17 世纪第一个 25 年，在伊斯坦布尔，以克表示的银价达到峰值，高于其水平的 80% 至 100%，基准年为 1489—1490 年。在其他时间段，这种趋势是下降的。

到了 18 世纪 80 年代，克的银价已经下降到基准年的 140% 左右。研究结果显示，17 世纪的最后 20 年，伊斯坦布尔以克为单位的食品价格进一步下滑。到 1700 年，他们只比 1489—1490 年间的价格水平高 20%。

总而言之，我的发现与巴尔坎就 "15 ~ 17 世纪末" 伊斯坦布尔名义上价格上涨的程度达成一致。然而，对这个总体增长的细分，我的数据是基于更丰富的材料来源做出的。与巴尔坎的不同。他们表明，白银只能是一部分原因。而奥斯曼帝国的货币贬值对物价涨幅的作用大大超过了巴尔坎小半个世纪。

马尔马拉流域其他城市艾德米和布尔萨的类似济贫院的账簿能够表明，在此期间总体价格涨幅是相似的。虽然奥斯曼帝国其他地区的价格数据尚未详细分析，首都和马尔马拉地区的价格走势以及贝洛夫收集的证据都表明，巴尔干地区，安纳托利亚地区和叙利亚其他地区，阿克斯是基本的交换手段，所有的名义上的物价都有类似的增长情况。毫无疑问，从这些材料可以知道，伊斯坦布尔、马尔马拉地区，最可能的是巴尔干地区和安纳托利亚的其他地区，物价都有所上涨。[1] 我们也可以假设，在白银货币没有遭受贬值的埃及，名义上价格的涨幅更为有限，但每克白银上涨的价格一定会与伊斯坦布尔和马尔马拉盆地地区相当。东地中海和地中海周边发达的海运和商业网络，确保了这些价格趋势的趋同。

最后，需要强调的是，巴尔坎和我建立的指数已经确立了食品和其他原材料价格的衡量标准。有证据表明，在奥斯曼帝国以及欧洲，跨部门贸易条件有利于农业，制成品和工资的价格比 16 世纪至 17 世纪中期的粮食价格增长速度慢得多。[2]

---

① 有关这一时期巴尔干地区价格上涨的详细证据，请参见 Berov, Prices in the Balkans.

② See Ç izakça, "Price history," 533 - 549, 关于 1550 年以后的丝绸和丝绸原料的价格。同样，从奥斯曼档案馆收集的关于非食品价格的详细资料，如不同类型的布、钉子和木材以及工资也显示出更加有限的增长。

第三节　为什么近东地区价格增长

在巴尔坎关于价格革命的英文版文章中，他提出不要直接讨论欧洲价格革命的原因。在这个版本中，他强调，奥斯曼帝国企图建立一个自给自足的严密管理的经济制度，并认为，"与大西洋经济接触的产物"是一个奥斯曼帝国的进口现象。"小麦、铜、羊毛等被视为奥斯曼经济战略的基石，当时供不应求。这里……价格迅速地波动，很快危及（奥斯曼）封闭经济体系的均衡和安全。"

对于巴尔坎早期关于价格革命起源或原因的观点，人们必须回溯到他5年前发表的文章。这篇文章提供了相同的实证证据，但也包括了对价格革命起源的探讨。巴尔坎引入了赫伯特·加顿文本中的图表，明确地将新世界货币的到来与欧洲的价格上涨联系起来。他认为，汉密尔顿的计算表明，西班牙进口的货币数量与该国商品价格水平之间"完全平行"。

然而，该文章在"价格上涨的其他原因"的阐述中，巴尔坎则表示他已经了解到有关价格革命起源的各种争论。他继续提出一系列其他可能的原因，其中包括贬值、人口增长、货币流通速度的变化，以及信用证和汇票等其他形式货币的出现。然而，除了对贬值的详细讨论，巴尔坎并没有对来自不同理论来源的这些解释进行批判性的考察。

鉴于最近在文献上的讨论，这是重新审视奥斯曼帝国案例的好机会。也许最重要的是，最近的讨论认为，除了基于简单的数量—理论框架之外的解释，应该得到比巴尔坎或其他人给出的思路以外更多的思考。在这方面，密斯基米（Miskimin）、林德特（Lindert）和高登斯通（Goldstone）的论点强调流通速度和货币需求的长期变化在奥斯曼帝国背景下似乎是合理的。16世纪是一个人口增长，城市化进程、城乡之间经济联系日益增长的时期，也是奥斯曼帝国的商业化和货币化时期。① 巴尔干地区区域市场及展览会的传播安纳托利亚为在此期间的扩散和货币经济提供了商业化的有力证据。随着物种获取多样性和城乡之间日益扩大的经济联系日益增加，乡村很大一部分人口开始使用钱币，特别是小面额的钱币。此外，小规模但密集的网络信用关系在城市中心及其周围发展起来，正如密斯基米、林德特和高登斯通在其他国家提出的那样，可能是由于这些变化使得流通速度加快。而日益增加的可获得的货币并不被看作是此价格上涨的原因，前者被认为是支持和维持后者的。此外，专注于16世纪的流通速度的变化，并不意味着白银的价格上涨是一个局部现象。与之相反，这种视角意味着奥斯曼帝国那些关于人口增长，城市化和商业化的长期发展情况，在16世纪和17世纪初期欧亚大洲是很普遍的。

同时，流通速度的加快并不排除因为通过贸易使得物价上涨在欧洲传播开来，而体现为以白银上涨的奥斯曼物价上涨的可能性。巴尔坎认为，欧洲的价格上涨以及与西方持续的贸易可能导致对奥斯曼帝国农产品的强劲需求的持续下滑。换句话说，银的价格涨幅可能是由欧洲进口贸易和贸易逆差引起的，同时也是由流通速度的变化引起的。

第四节　价格革命的长期后果

虽然最近关于欧洲价格革命和世界经济的辩论的重点是价格上涨的

---

① 16世纪的奥斯曼人口增长和城市化，详见巴尔坎 "des registres de recensemente sur les donnees"。东方经济与社会史学杂志 1 (1957)，9 – 36；A. A. Cook，"安纳托利亚农村人口压力"，1450 – 1600（伦敦：牛津大学出版社，1972 年）；L. Erder，"工业前人口变化的测量，15 世纪至 17 世纪的奥斯曼帝国"，"中东研究 9 (1975)，284 – 301；L. Erder 和 S. Faroqhi，"安纳托利亚人口上升与下降 1550 – 1620"，"中东研究" 15 (1979)，322 – 345；C. C. Jennings，"16 世纪安纳托利亚的城市人口：开塞利、卡拉曼、阿马西亚、特拉布宗和埃尔祖鲁姆的研究"，"国际中东研究杂志 7 (1976)"，21 – 57。

原因，但对于奥斯曼帝国的历史学家来说，更为关切长期的后果。后者的一个重要原因是巴尔坎的论点，即价格上涨构成了16世纪末"奥斯曼帝国衰落"的主要原因。这些论据也值得仔细审查。

巴尔坎确定了价格革命不利影响的三个关键领域：国家、农业组织和行业。对于前者，他在自己的研究中提供了详细的证据，奥斯曼的预算显示，中央政府的收入未能跟上价格上涨和支出上涨的步伐。早期丰足的盈余在16世纪的最后几十年已经变成了负数。由于部分政府收入以名义价格计算，政府未能调整这些上涨的情况，他认为，价格上涨确实导致了奥斯曼帝国的经济风险。我之前提出的价格数据显示，这种影响比巴尔坎所假设的更为温和。此外，还有其他导致奥斯曼帝国经济困难的原因。其中最重要的是，军队开支越来越庞大，以及东西方长期穷尽的战争日益频繁，导致了财政赤字，最终导致了贬值。这个问题会在下一章探讨。从这方面看，奥斯曼帝国的情况也在16世纪和17世纪在欧洲和亚洲部分地区不断重复上演。

在农业方面，巴尔坎认为，价格革命和1585—1586年的贬值在土地使用权制度的提马尔（timar）系统解体中发挥了关键作用。提马尔系统是依靠从农民手中征收的农业税，在当地装备的一支战时能够加入帝国军队的骑兵部队。除了以实物征收了十分之一的税以外，其他的税捐和税费都来自农民的家庭收入。由于这些收入不能跟上生活费用的增加和武器装备的必要成本，许多西帕希人拒绝加入军队，并在1585—1586年开始离开提马尔。

中央政府可以向上调整这些会费。然而，它们的名义物价水平保持不变，但选择对农村人口征收一系列特别税，称为"avariz-idivaniyye"和"tekalif-iorffyye"，这进一步瓦解了西帕希和省军队。政府很快就放弃了这个制度，转而把税收转移到最高的投标者身上，把征收的农村税收进行拍卖。在中心地区收集农业盈余的这种广泛转变，是由战争的技术不断变化以及维持更大的永久军队的需要引起的。那么制度的衰落，更多的是因为军事因素，而不是因为价格革命的不利后果。

奥斯曼帝国价格革命的一个未受关注的方面是其分配后果。由于农产品价格涨幅远高于其他价格的涨幅，因此，农业人口的市场化程度越高，中等规模的土地所有者和房地产业主越可从价格革命中获益。另一方面，城市工群、工匠和消费者承担了价格上涨的负担。虽然市区食品价格上涨，但是从奥斯曼档案馆最近收集到的详细数据显示，在这一时期，实际工资往往会下降，就像欧洲一样。

关于对奥斯曼工业引起的后果，巴尔坎认为，由于东西欧向欧洲出口工业基本原材料，因此对奥斯曼行会而言，这些材料是严重短缺的。当这些价格效应加上欧洲工业竞争力日益提高，而奥斯曼帝国制造商无法跟上这些价格效应时，巴尔坎认为，奥斯曼帝国工业会面临一场不可逆转的危机。因此，他在16世纪就认为，面对欧洲竞争，奥斯曼会走向衰落。

事实上，奥斯曼工业的价格走势受到不利影响。奥斯曼行会，特别是沿海地区的行会，受到16世纪原材料向欧洲出口所造成的短缺的伤害。然而，有大量证据表明这些短缺是短暂的，后来得到了恢复。同样，穆拉·西萨卡表明了1550年至1650年丝绸行业的情况，即使工资落后于价格上涨，专利利润仍受到了压榨，产量停滞不前，原材料价格快速上涨。

然而，这种推理方式不能解释为什么欧洲制造商面临类似的价格走势，却比奥斯曼同行情况更好。简而言之，如果17世纪或大部分时间是奥斯曼行会的停滞时期，这是由于其他内部原因，而不是与价格革命有关的不利的价格变动。事实上，奥斯曼帝国制造商直到后来才经受欧洲工业的激烈竞争。奥斯曼帝国与欧洲的贸易额仍然有限，进口的主要是奢侈品和诸如殖民货物等物品，直到19世纪才与国内生产商品竞争。

欧洲的"价格革命"辩论最初引起了广泛关注的原因之一，就是汉密尔顿和他的追随者对新收入的重新分配，使价格上涨为资本主义兴起铺平了道路。有趣的是，巴尔坎也把价格上涨作为一个转折点，看作16世纪末"奥斯曼帝国衰退"的主要原因。然而，回想起来，巴尔坎以及汉密尔顿将价格革命单独列为一项关键事件这一想法似乎有些夸张了。无疑，奥斯曼帝国制度在 16 世纪末面临着严重的经济困境。然而，这些困难与其他原因关系更为紧密，而不仅仅单纯是白银的影响所致。其他一些原因将在下一章中进行研究。

第八章　贬值和瓦解

第一节　1585—1586 年的贬值：转折点

经济史学家普遍认为，在 16 世纪的最后几十年里，奥斯曼帝国经济和财政状况日益恶化。经济不是紧缩，就是一改过去稳定和扩张的局面，停滞不前，危机重重。[①] 这种逆转现象在货币上表现最明显。在 16 世纪 80 年代之前，欧洲和地中海周边的货币困境已经开始对奥斯曼货币流通产生影响。阿克斯不容易从这些困难中恢复。奥斯曼帝国在 1585—1586 年的贬值之后，直到 17 世纪 40 年代都处于不稳定期。在档案和钱币学材料的基础上，本章将阐述 17 世纪初期，巴尔干和安纳托利亚奥斯曼铸币的产量水平的下降。到了 17 世纪 40 年代和 50 年代，阿克斯铸币的生产几乎停止了。随着奥斯曼帝国的消失，欧洲出现了各式各样的货币。巴尔干地区和安纳托利亚在奥斯曼政府进行重大改革并建立新的货币单位之前，这个世纪的最后十年里，阿克斯还仅仅是一个货币单位。从表面上看，16 世纪的货币稳定局面伴随着 1585—1586 年的贬值结束了。但是，为了了解货币困境产生的原因，我们需要回到早期历史中去看。

---

① 最近的一个讨论，见 S. Faroqhi，"危机与变化，1590－1699"，HalilInalcik 和 Donald Quataert 编辑，《奥斯曼帝国经济与社会史》，1300－1914（剑桥大学出版社，1994），433－543。

直到 16 世纪最后几十年之前，奥斯曼帝国都一直处于人口和经济不断发展、货币稳定的时期。随着人口的增加，耕地以及短途和长途贸易逐渐扩大。随着商业化的不断发展，农村和城市之间的经济联系日益加强。在这个时期，货币需求得到满足。来自埃及的黄金以及来自美洲经过欧洲的白银更加容易获取。国家对广泛的经济活动征税，城市和农村的大部分人口通过参与市场由于在这一时期开始使用铸币，特别是白银和铜币。随着时间的推移，包括匈牙利、叙利亚、美素不达米亚和埃及在内的新的领土被并入了帝国。帝国的经济从这些成功的扩张和这些省份的汇款业务中获益，其中最重要的部分来自埃及。帝国的领土扩张达到了极限。后来伊朗萨法维德和西部哈布斯堡长期而又耗资高昂的边界战争开始，耗尽了前期积累的巨额财政储备。1578 年奥斯曼帝国与伊朗发生另一场战争，国库开始不能拿出足额的白银支付给士兵。

同时，战术的不断变化使得中央政府不断提高军费。16 世纪中叶，当西太平洋地区的西帕希人成为奥斯曼帝国军队的主力时，军费开支的 30% 到 40% 来自西太平洋乡村。由于传统常规武器弓箭、长枪和剑不能抵御奥地利火枪手的攻击，中央政府被迫将 16 世纪 50 年代的 1.3 万人的常备步兵数量增加到了 17 世纪初的 3.8 万人。

表 8.1 中概述的可用的帝国预算汇编表明，这一时期的支出增长快于收入。这种新模式持续到 17 世纪的大部分时间，最终耗尽了前期积累的帝国财政储备。表 8.1 中列出的调整后的系列显示，与 16 世纪中叶相比，进入帝国财政的收入难以与其调整同步，因为支出增长速度快于经济增长速度。

表 8.1　奥斯曼中央政府可用预算汇编（1523—1688 年）

年份	财政收入		财政支出		资产负债表	
	资产变化趋势阿克斯（百万）	指数常量阿克斯	资产变化趋势阿克斯（百万）	指数常量阿克斯	资产变化趋势阿克斯（百万）	
1523—1524	116.9		118.8		7	1.9
1524—1525	141.3	100.0	126.6	100.0	+	14.7

年份	财政收入		财政支出		资产负债表	
	资产变化趋势阿克斯（百万）	指数常量阿克斯	资产变化趋势阿克斯（百万）	指数常量阿克斯	资产变化趋势阿克斯（百万）	
1527—1528	221.6		150.2		+	71.4
1546—1547	241.7		171.9		+	69.8
1547—1548	198.9	128.4	112.0	111.3	+	86.9
1565—1566	183.1		189.7		7	6.6
1567—1568	348.5		221.5			127.0
1582—1583	313.7		277.6		+	36.1
1592—1593	293.4	70.4	363.4	95.4	7	70.0
1608	503.7		599.2		7	95.5
1643—1644	514.5		513.8		+	0.7
1650	532.9		687.2			7154.3
1652—1653	517.3		528.9		7	11.6
1654	537.4	92.8	658.4	127.4		7121.0
1661—1662	581.3		593.6		7	12.3
1666—1667	553.4		631.9		7	78.5
1669—1670	612.5		637.2		7	24.7
1687—1688	700.4		901.0			7200.6

注：1. 这些预算文件的内容并不涵盖国家所有的收入和支出。最值得注意的是，它们不包括各省的收入和支出，这些收支包括从农业生产者那里收回的大部分实物税和用于装备和训练一个骑兵部队的省级军队支出。没有到达首都的省级收入在这些预算中出现的数量大致相当。

2. 在目前的阿克斯中给出的收入和支出的配额将在伊斯坦布尔地区建立的食品价格指数的帮助下进行调整。他的指数基数从 1489—1490 年开始，在 1555—1556 年为 142，在 1573 年达到 180，1585—1586 年为 182，1595—1596 年为 442，1605—1606 年为 630，然后在 1632—1633 年下降到 504，1648—1649 年为 470，1655—1656 年为 462（见表 7.1）。由于巴尔坎的价格指数仅适用于选定的年份，因此我们选择的上述收入和支出指数仅针对每个时期的平均值。

3. 众所周知，16 世纪欧洲价格革命期间，贸易条件有利于农业的发展。有证据表明，地中海东端也是如此：巴尔坎，"16 世纪价格革命和 M. CÉizakcÉa"，"价格史与布尔萨丝绸行业：奥斯曼工业衰落研究 1550—1650 年，"经济史学报 40（1980）。如果是这样，那么上面提出的价格指数往往夸大了整体价格上涨的程度。

帝国在亚欧长途贸易路线的地理位置也造成了货币不稳定。自从12世纪在波希米亚、匈牙利和巴尔干半岛发现主要的银矿开始，欧洲从亚洲进口香料、丝绸、纺织品和其他商品就比到东部的出口多得多。[1] 差额以钱币的形式支付。从美洲到来的大量金银并没有使这些运动发生，但确实增加了他们的数量。在15世纪下半叶，奥斯曼帝国开始对地中海地区的主要贸易路线进行控制，他们欢迎西方新的物种的到来。然而，他们不能阻止因对东贸易逆差而导致铸币向东外流。这些商品和货币流的波动增加了奥斯曼货币体系的压力。[2] 这些货币流在16世纪下半叶加剧。名为格罗申的大型欧洲银币出现在奥斯曼帝国市场的数量越来越多。[3] 但是，奥斯曼当局对向东部的伊朗出口银的各种限制和禁令并没有成功地减缓银的外流。

其他政府为干预这些货币动乱而进行干预的努力也被证明是徒劳的，只加剧这一困境。政府的一种干预措施是控制汇率。随着白银越来越丰富，黄金与白银的比率上升，苏丹和达克特的汇率从16世纪初的54个阿克斯上升到了后来的60个阿克斯。在1566年轻微贬值之后，阿克斯的银含量下降了7%。特别是在巴尔干地区，银资源更丰富，苏丹尼和达克特的市场汇率上升到65个阿克斯甚至更高。作为回应，帝国政府直到16世纪80年代中期，开始将汇率规定为60个阿克斯。官方

① P. Spufford, Money and its Use in Medieval Europe (Cambridge University Press, 1988), 283–288, 349–356.

② H. SahilliogÆlu, "The Role of International Monetary and Metal Movements in Ottoman Monetary History," in J. F. Richards, Precious Metals in the Later Medieval and Early Modern Worlds (Durham, NC: Carolina Academic Press, 1983), 269–304. 有人认为，海洋路线的发现相当迅速地导致了通过中东的过境贸易的衰落。最近的研究表明，经过早期撤退后，陆路交易已经恢复，然后开始开拓海洋线路，一直到16世纪末。N. Steensgaard, The Asian Trade Revolution of the Seventeenth Century: the East India Companies and the Decline of the Caravan Trade (Chicago, IL: The University of Chicago Press, 1974), 9.

③ 关于20世纪80年代初欧洲格罗申的流通和社会汇率，见BOA, MHM, Vol. XLIV, 701/307；Vol. XLVII, 224/88 and 255/99.

和市场汇率的差异导致了给付给国家的黄金的消失，以及以其官方税率交易中黄金的消失。政府努力固定银行汇率，有助于提高16世纪70年代和80年代阿克斯的汇率，也导致低于标准的阿克斯大量生产和流通。①

日益困难的经济局势，在奥斯曼历史上最大的这次货币贬值中达到了最差，奥斯曼帝国的白银储量降低了44%。然而，每100克纯银中，法定要求铸造450个阿克斯，而现在的铸币则被要求必须达到800个阿克斯。② 因此，奥斯曼帝国对达克特和苏丹的官方汇率也从60个阿克斯降低到120个阿克斯，见表8.2。目前还没有人研究过奥斯曼帝国金币的精确含金量。这是在1584年之后进行的，也很有可能在1585年。③

---

①　关于1585—1586年的假冒事件和政府为惩罚肇事者的努力的例子，见BOA，MHM。卷XLI第21/11号，第118/56号和第1017/474号；卷XLVIII，1075/369；卷XLIX，57/15；卷LIII，657/228；也见S. 法鲁奇，土耳其研究协会公报15（1991），281－292。

②　在货币事务上，奥斯曼帝国直到17世纪使用了大不里士的迪拉姆，其重量为3.07克，比古典迪拉姆少了4%。这项措施从15世纪波斯的伊尔汗尼人和蒙古人那里借鉴而来。

③　对于中央政府发出的订单，向本地管理人员通报新汇率，请参阅BOA，MHM. Vol. LVIII，734/288；Vol. LXII，385/173，478/212；Vol. LXIX，475/238；Vol. LXX，482/248；I. E. Dp.，48. The ® rst and earliest of these is dated 17 Ramazan 993 H or September 12, 1585. 所以我们可以把注意力集中在可能成为贬值起始时的1585年夏天。另见 C. Kafadar，"Les TroublesMonetairesde la ® ndu XVIeSieÁcleet la Prize de Conscience Ottomane du Declin"，安卡拉法庭的证据表明，安卡拉的汇率至少在十几年间没有发生变化。O. Ergenc，"16Yuzyilin Sonlarinda Osmanli Parasi Uzerine Yapilan Islemlere Iliskin Bazi Bilgiler" Middle East Technical University，Studies in Development，1978 Special Issue，86－89。

表 8.2　奥斯曼白银和苏丹黄金（1584—1689 年）

年份	每 100 迪拉姆的阿克斯（100 迪拉姆）	每克的阿克斯（克）	每克的苏丹（克）	阿克斯/苏丹的汇率比	计算值黄金对白银的比率（%）
1584	450	0.68	3.517	65 ~ 70	11.8
1586	800	0.38	3.517	120	11.7
1596	—	—	—	220 ~ 230	—
1600	950	0.32	3.517	125	10.3
1612	950	0.32	3.517	125	10.3
1618	1000	0.31	3.517	150	11.8
1621	1000	0.31	—	150	—
1622	—	—	—	200 ~ 230	—
1623	—	—	—	230 ~ 300	—
1624	—	—	—	360 ~ 460	—
1625	1000	0.31	3.517	140	11.1
1628	—	—	—	210	—
1634	—	—	—	250	—
1636	—	—	—	260	—
1640	—	—	—	300	—
1641	1000	0.31	3.517	140	14.7
1650	—	—	—	180	—
1659	1250	0.26	3.490	210	14.1
1669	1400	0.23	3.490	270	16.0
1672	1400	0.23	3.490	270	16.0
1689	1400	0.23	3.490	270	16.0

注：1. 1585 年之前，标准的阿克斯由"没有任何合金"的纯银制成。然而，在 1585—1586 年的贬值之后，未知量的铜开始被添加到银中。到 17 世纪中叶，阿克斯开始变得非常不稳定。在银含量频繁减少过程中，早期的货币并不是完全消失，与不同的银含量的铸币往往同时流通。假币问题也应运而生。对于后一个时期，可以从 1600 年，1618 年，1624 年和 1640 年的档案证据中得知阿克斯的标准，从这些年起货币问题开始不断被更正。其他时间里，由于欧洲钱币可能会根据各自的情况对不稳定的奥斯曼帝国单位推出优惠政策，所以其他银行的白银成分含量只能近似而不能准确地根据其他钱币的兑换率进行确定。例如，1624 年，阿克斯的白银成分含量下降到约 0.13 克。

2. 第 4 列提供的汇率主要是伊斯坦布尔的市场利率。这些汇率通常能够显示出帝国内部的区域差异。此外，新的货币汇率和汇率变动到达各省都有时间滞后。尽管在伊斯坦布尔，1585—1586 年间货币持续贬值，但阿富汗的苏丹在安卡拉的国际汇率直到 1593 年仍然保持 60 个阿克斯。这是个例外。

这样的贬值一直是令当代观察家和现代历史学家感到困惑的事件之一。在这之前，伴随着大量的货币动荡，如黄金白银的变化比率，流通中大量劣质、假冒、裁剪货币不断增多，来自新世界的钱币也大量到来，同时代和许多现代历史学家提出了货币贬值的各种货币学的解释。然而，大多数的解释并不严谨。确实，当财政收入仍以名义价格计算时，与价格革命相关的价格上涨导致了奥斯曼帝国过多的财政支出。但是，除此之外，还需要在前面讨论过的奥斯曼帝国的经济困境中探寻产生这一重大弊端的主要原因。

关于奥斯曼货币贬值的某个未解决的问题，可能和伊朗的一次类似行动有关。在文献中，沙·塔玛斯在 1584 年提到由于与西方邻国的战争压力，可能引起了类似的贬值。奥斯曼帝国政府一直关注白银向伊朗出口的情况，有时也试图限制或禁止这些货币的外流。他们更喜欢来自伊朗的商人购买奥斯曼帝国货物并用他们的丝绸作为交换，而不是使用白银。在 16 世纪的最后 25 年里，这些干预措施和禁令如此频繁，是因为人口的增加和双方的军事活动。伊朗货币的贬值可能迫使奥斯曼人采取类似措施，以遏制大量的白银流失，这将在战争时期带来额外的货币困境。这样的竞争性贬值可能会帮助人们解释奥斯曼帝国货币贬值现象持续的时间和规模。

在长期经济困境的背景下奥斯曼帝国采取了行动。然而，不幸的是，萨瓦维德造币的可用钱币证据不够充足，难以确定 1584 年伊朗存在银币贬值。

第二节　财政危机和货币失稳

中央政府的财政困境持续到 17 世纪。社会和政治动乱在 16 世纪晚期开始，持续到 17 世纪，加剧了这些财政困境。随着农民快速回归游牧、农业，特别是商业农业，税收受到不利影响。因此，似乎在巴尔干地区和安纳托利亚，甚至在叙利亚，16 世纪的经济扩张在 16 世纪 80 年代或稍晚些时候走向了尾声。17 世纪，帝国许多地区的人口和经济活动停滞不前，甚至开始衰退。

中央政府财政困境的另一个原因是其政治权力下降，与省级税收征收的关系及其向中央财政转移的难题不断增加。各省级组织开始以牺牲中央政府为代价来占用越来越多的税收。然而另一个途经奥斯曼帝国通往亚洲的洲际贸易路线的发现使得经济和国家金融呈反方向发展。经过16世纪初的困境后，这些贸易路线已经恢复了从前的重要性。截至16世纪末，跨洲贸易路线形成了一定规模，达到了历史高峰。直到17世纪初，当荷兰和英国的贸易公司摆脱了葡萄牙人的控制，印度洋地区的洲际贸易才发生变化。尽管此时海洋贸易取得了极大成功，在经过100年的滞后之后，大陆地区、黎凡特贸易路线沿线的城镇以及奥斯曼帝国都面临着商业活动的不断减少。如果不出意外，商业活动的减少也必定会削弱这些地区对钱币的使用程度。

另一个造成阿克斯价值不稳定的因素是奥斯曼银矿的衰减。直到16世纪，国家管控着的塞尔维亚和波斯尼亚白银是奥斯曼帝国铸币的主要来源。然而，大量白银从新世界被运送而来，降低了这些金属的相对价格，并最终导致了这些矿山的关闭。后来，巴尔干地区奥斯曼银矿产量大幅度减少。尤其是在斯科普里的那些重要矿厂。这些银矿的开采活动在16世纪40年代就停止了。因此，当经济压力开始加大时，国家不能再依赖早期使用的资源来维持稳定的造币供应。洲际货币流动可能直接导致了奥斯曼的货币困境。尽管来自美洲的白银入口在持续增加，但众所周知，在17世纪，欧洲许多地区的银金属短缺情况实际上在不断加剧。正如丹尼斯·弗林，阿图罗·吉伦德兹和理查德·冯·格拉恩所认为的那样，如果在这一时期，白银通过美国或欧洲向亚洲，特别是向中国出口增加，在奥斯曼土地上出现白银日益短缺的情况可能就是因为这些洲际贸易活动。然而，接下来的欧洲格罗申、特别是西班牙八里亚尔和荷兰泰勒币在整个奥斯曼帝国的流通情况，可以看出白银并没有从奥斯曼市场消失。

因此，1585—1586年的贬值现象并不意味着奥斯曼帝国的货币困境已经结束。直到17世纪40年代，阿克斯都格外不稳定；这时期货币的流通情况可以从一系列素材中获知。如表 8.2 所示，可获知的铸币记录提供了在选定年份期间阿克斯中标准的白银成分重量和含量的信息。然而，在这段时间内的大多数时间里，造币厂制造出的阿克斯的成分远低于这些标准。虽然不能准确确定残次铸币中的银含量，但根据每月法庭记录提供的信息可以获知许多关于稳定的威尼斯达克特和其他欧洲流行铸币的市场汇率的详细信息。从这些汇率中可以看出奥斯曼帝国货币中的白银含量出现了急剧的波动。例如，在 1623—1624 年，阿克斯的银含量下降了约三分之一，在 1638—1640 年大约下降到标准水平的一半。每当情况恶化到引起危机时，政府都试图打破旧标准，建立新标准。这些钱币（货币）改造的行动在 1600 年、1618 年、1624 年和 1640 年间陆续进行。使之更为混乱的是标准与不符标准的阿克斯混杂在了一起。因此，在这种环境下出现了大量伪造奥斯曼银币的行为就不足为奇了。

哈利·萨哈格鲁（Halil Sahillioğlu）指出，那时出现金融危机和货币贬值的一个重要原因是闰年。他认为，农业和其他来源的帝国财政税收是以阳历年为基础计算的。另外，最重要的是士兵的开支是以比阳历年短 11 天的伊斯兰农历为基础的。因此，每 34 年一次，财政部必须在十二个月内只收一次农用税的情况下付两次工资。萨哈格鲁表示，经济困难在这些年间不断加剧。

最近在有关中世纪早期和现代早期货币历史的文献中广泛讨论的一个重要问题是，政府是否将贬值活动作为创造收入的长期策略。[①] 虽然奥斯曼帝国出现货币贬值情况是由于财政困难，但由于生产不合格铸币，国家似乎在短期内受益匪浅。现有的证据表明，在这一特定时期，并不存在这样一种策略。频繁的改造货币行动增加了白银储量，表明政

[①] 例如，米斯基明认为，在 14 世纪和 15 世纪，法国出现的货币贬值比其他任何事件都更进一步加深了统治者的失望程度，没有产生任何实质作用。博尔多质疑了这一观点，而在最近的研究中，苏斯曼和莫托姆拉（Motomura）认为，在 15 世纪的法国和 17 世纪的西班牙，货币贬值被用作一种理性的提高长期收入的手段。

府试图维持造币标准，但却未能实现。①

也许政府为稳定货币做出不断努力的最重要的原因以及遏制货币贬值的主要因素，是在伊斯坦布尔使用这种铸币禁卫军的反对。1585—1586 年间的货币贬值发生后，他们反对并要求对货币实行更高程度的官方管控；他们的请求被苏丹接受，成了替罪羊。② 这些禁卫军仍是应当考虑的一个重要因素。首都城那些政治激进派注意到了。他们在 1622 年和 1623 年成功废黜了两个苏丹王。在这一期间进行的四次修改行动中，最后三次是苏丹王位更迭后发生的。所有这些新苏丹，至少有一部分，都在尝试满足城市居民的良好愿望，特别是士兵的良好意愿。

这一时期的贬值和货币不稳定状况与第三章中穆罕默德二世统治期间的定期贬值政策形成鲜明对照。15 世纪的政府长期实施货币贬值活动被认可，反对的禁卫军由于成功的军事活动使得其收入提高，取得了物质利益，也开始采取中立态度。然而，在 16 世纪晚期和 17 世纪初期，贬值活动只存在于政府为应对长期军事行动和各种政治问题的沉重负担而采取的短期举措中。

---

① 由于相关的铸币记录尚且无法获得，因此每个子期的硬币生产量无法确定。然而，铸币总量似乎总是不足的，只要国家能够获得铸币用的原材料，就会生产铸币。多年来大规模的货币贬值往往与原材料缺乏和产量低下成反比，反之亦然。

② 詹姆斯人组织了一场巨大叛乱，称为 "Beylerbeyi 事件"，这个 1589 年的小插曲是奥斯曼帝国历史上仅有的两次叛乱之一。这场叛乱随着马哈茂德被斩首而结束。他曾主管货币改革，并尝试通过在货币改革中征收一种新型的与两日工资等额或者那些首富或者其他财产拥有者 1% 的财富相当的货币改造税，来增加财政收入以填补财政赤字。这个事件至今未能得到系统的解释。Kafadar, "Les Troubles MoneÂtaires"; also Kafadar, "When Coins Turned into Drops of Dew," 70 – 80. 这样的第一次反叛发生在 1444 年，这是对穆罕默德二世的一系列货币贬值情况的回应，导致了第三章讨论的加薪。产生长期过渡时期的一个重要原因是奥斯曼货币的稳定性。阿克斯的贵金属含量在 1480 年代到 1580 年代期间变化很小。见表 4.1。

第三节　阿克斯的消失

除了产生不稳定性之外，货币贬值使得阿克斯缩水成了小而薄的钱币。其重量和银含量从 1580 年的约 0.7 克下降到 1640 年的 0.3 克。因此，它变得非常难以控制；即使是小规模的日常交易，也需要大量的阿克斯。较大的银币如 10 阿克斯只是偶尔被铸造，而当不符合标准的阿克斯流入市场时，[1] 这些银币很快就被淘汰了。政府还制造了一种新的钱币，称为帕拉，此种钱币以埃及和叙利亚部分地区流通货币单位为基础，白银含量是阿克斯的三倍。[2] 然而，帕拉在伊斯坦布尔的生产量仍然有限。

看来，持续了半个世纪的不稳定性和在日常交易中使用阿克斯的不便利性，导致了大规模的货币替代情况。自从哈默事件走向高潮，公众越来越拒绝持有阿克斯，对更具稳定性的欧洲货币的需求增多，特别是在 17 世纪，银资源十分丰富。[3] 在奥斯曼帝国货币的长期恶化期间，从白银含量上来测算，欧洲钱币开始比同他们竞争但规模更小的奥斯曼帝国货币流通率更高。然而，由于无法获取精确的铸币记录，除了改造货币的时间之外，这些流通率的存在和幅度无法从表 8.2 和表 8.3 中总结的现有证据确定。

由于政府越来越不容易将白银应用于货币铸造，财政困难仍继续存在，关闭银矿使国家无法提供铸币，导致铸币质量下降，尤其是在各省体现得更为明显。由于这些困难，政府开始关闭这些造币厂。在 17 世

---

① A. C. Schaendlinger, Osmanische Numismatik（Braunschweig：Klinkhardt and Biermann, 1973), 100 – 112；see also p. 140 above.

② 伊斯坦布尔的第一次铸币行动发生在穆拉德四世统治期间，1623 年至 1640 年，也可能是在 1640 年。Schaendlinger, Osmanische Numis – matik, 110.

③ 卡罗·奇波拉审查了另一个货币更新案例，即 16 世纪佛罗伦萨"夸特里尼事件"。C. Cipolla,"14 世纪佛罗伦萨货币政策"（伯克利和洛杉矶，加利福尼亚大学加州出版社 1982 年），63 – 85。

纪 40 年代，伊斯坦布尔造币厂的白银和金币生产总量极度衰减。但有一个例外，1648 年穆罕默德四世继承王位后推行了更新造币行动。伊斯坦布尔的铸币活动在 17 世纪 50 年代中期后进一步减少，从 50 年代中期到 80 年代中期的三十几年，在伊斯坦布尔只生产了数量有限的金银币，主要用在苏丹和卫队的各种仪式上。

在这段时间，关于各省铸币活动的信息很少。与早期存在的大量造币厂形成鲜明对比的是，档案证据表明，这数十年来，铸币十分有限。此外，省级货币的数量和质量也开始下降，但由于造币厂的白银总量较少，地方当局和中央政府都无法维持现行的标准。帝国对各省造币厂发布了命令，称鉴于货币质量不佳，政府不再愿意继续开展铸造货币活动。

表 8.3　欧元兑美元汇率（1584—1731 年）

年份	威尼斯达克特	西班牙八里亚尔（沙特里尔）	荷兰狮子泰勒（雷斯蒂）	波兰依斯塔勒（佐洛塔）
1584	65—70			
1588	120	80	70	
1600	125	78	68	48
1618	150	100		
1622	180—210	120—150		
1624	330—420	170—320		
1625	120	80	70	50
1628	190	100—110		
1632	220	110	100	70
1640	270	125		
1641	168	80	70	
1646	170	80	80	38
1650	175	90	80	
1655	175	90	90	
1659	190	88	78	48

年份	威尼斯达克特	西班牙八里亚尔 （沙特里尔）	荷兰狮子泰勒 （雷斯蒂）	波兰依斯塔勒 （佐洛塔）
1668	250	110	100	66
1672	300	110	100	
1676	300	125	120	80
1683	300	130	120	
1691	300—400	120—160	120—160	88—107
1698	230—300	120—160		88
1708	360			
1725	375	181	144	88
1731	385	181	144	88

注：1. 本文提供的汇率主要是伊斯坦布尔的市场汇率。这些汇率通常能够显示出帝国内部的区域差异。

2. 17 世纪时的达克特和苏丹尼汇率与前期差额达到 10%。目前，还不清楚这种差异是不是由于苏丹尼的黄金含量下降所致。

3. 西班牙八里亚尔是一种稳定的钱币，包含接近 25.6 克的纯银。然而，似乎在奥斯曼市场流通的其他钱币的白银含量随着时间的推移而下降，如其汇率所示的那样。

4. 从 1691 年起，中央政府开始对收到的钱币和用作支付的钱币应用不同的利率，以产生额外的收入。被政府采纳的官方汇率与市场汇率更为接近。

钱币学证据为此期间的奥斯曼铸币活动提供了明显的依据。大多数奥斯曼造币使用了苏丹人的名字，继位的年份和造币厂的位置。从可以获取的货币的种类和名录上看，每段统治时期省际货币数量都在逐年减少。由此可知，生产阿克斯白银的造币厂数量在 16 世纪末达到顶峰。在穆拉德三世（1574—1595 年）21 年的统治期间，阿克斯在帝国周围的至少 38 个地方被铸造，其中大多数地点分布在安纳托利亚和巴尔干地区。在穆罕默德三世的八年统治期间（1595—1603 年），[①] 生产阿克斯的造币厂数量保持在同一水平，接近 40 个。在 17 世纪的前 25 年之后，穆拉德四世 16 年（1623—1640 年）的统治期间，这一数字下降到

---

① 这些指标是以苏丹名义生产的阿克斯银的造币厂的总数。由于这段时期，奥斯曼硬币不存在任何特色，所以从这个证据来看，很难看出有多少造币厂还在生产。

接近 30 个。①

活跃的造币厂的数量在 17 世纪 30 年代或 40 年代急剧下降。从钱币学名录的内容中可以发现，在苏丹易卜拉欣一世（1640—1648 年）的统治期间，生产阿克斯的地点一共不超过四个。直到 17 世纪 80 年代，生产银币的造币厂数量一直很少。对于穆罕默德四世（1648—1687 年）的长期统治，目前发现的名录中列出的生产地点不超过七个，且都不算很大。②

显然，这些地点列表并不包含所有，并且这些列表之外也可能存在一些其他地点。然而，即使有一些其他的地点存在，这个造币厂大幅减产的趋势仍然保持不变。此外，从档案中已经可以确定，伊斯坦布尔的造币厂没有通过增加产量来弥补各省数量的下降。与之相反，铸币的总数直到 17 世纪 80 年代仍然在大幅度下降。结合这两种证据，我们可以确定，这几十年来奥斯曼帝国白银和金铸币的产量在大幅度下降。

由于还有一些原因尚未被发现，铜币的数量在此期间也十分有限。钱币学证据指出，从 16 世纪 30—80 年代末，将近半个世纪的时间里奥斯曼帝国铜币几乎消失了。③ 有趣的是，在此期间，欧洲许多国家，从西班牙和法国到德国、瑞典、波兰和俄罗斯都将铜币作为交换媒介，并因此提高了货币铸造税。④ 铜币的消失令人疑惑，在 1689 年到 1691 年的另一个财政困难时期，政府开始尝试恢复早期失败了的活动。在 32 个月内，政府发行了 6 亿多铜曼克。

---

① 这些是伊斯坦布尔、迪亚巴克尔、大马士革和开罗的铸币。Schaendlinger, Osmanische Numismatik, 102 – 106；and M. Erureten, "Osmanli Akceleri Darp Yerleri," The Turkish Numismatic Society Bulten, 17（1985），15 – 18.

② 被引用的铸币主要在伊斯坦布尔、贝尔格莱德、诺瓦伯德、迪亚巴克尔、大马士革、阿勒颇和开罗。Schaendlinger, Osmanische Numismatik, 106 – 113. and Erureten, "Osmanli Akceleri Darp Yerleri," 18 – 19.

③ 塔维尼耶对此表达得很含糊，比如，在奥斯曼帝国的任何一个地方，都没有铜币的身影。

④ Spooner, International Economy, 10 – 86.

　　中央政府发行铜币的失败似乎不是由于某个单一的原因，而是综合性的原因。一种可能性是铜的供应量根本不足。在 17 世纪 90 年代活跃的居米什哈和库埃勒的两个安纳托利亚矿山中，前者为政府的行动提供了一部分铜，后者后来就不再活跃了。然而，铜的供应问题并不是一个典型的瓶颈，因为政府至少可以像 17 世纪 90 年代那时在短期内就可以获得大量来自当地市场的二手铜。[①]

　　组织和技术上的原因可能更为重要。各省发行铜币的权利通常由私营企业家向政府竞拍而得，跟那些制造银币的造币厂一样。由于货币的名义价值通常是阿克斯价值的八分之一或四分之一，因此在 1585—1586 年的货币贬值时期阿克斯的价值和购买力下降之后，铜币更接近其名义价值，减少了货币制造税。在这种情况下，私营企业家不愿购买区域性垄断的货币。这可能是造成铜币的各省造币厂网络崩溃的最重要的原因。一种可能的解决办法是将铜币的名义价值提高到至少二十分之一，甚至提高到像 17 世纪 90 年代伊斯坦布尔的阿克斯那样，而不是发行铜币那样的区域性铸币。然而，各省市场可能不会接受当地生产的具有较高名义价值的铜币。

　　奥斯曼造币厂的另一个重大短板是技术缺陷。直到 17 世纪 90 年代，奥斯曼帝国仍然使用传统的锤炼法生产质量较差的钱币。更重要的是，这种技术限制了生产量，并且形成了一种更分散的钱币供应方式。

　　当奥斯曼帝国政府不能满足经济对货币的需求时，这种需求越来越多地被欧洲钱币、白银和黄金所满足。虽然外币在奥斯曼帝国一直都流通，但在 17 世纪却发挥了不同的作用。随着奥斯曼帝国的货币消失，阿克斯除了作为一种记账单位以外几乎不再存在了。实际上，黄金特别是欧洲的银币成了从巴尔干和伊斯坦布尔到安纳托利亚和叙利亚的货币流通的主要形式。地方法庭的记录以及经济和社会历史学家对奥斯曼帝

---

　　①　在 17 世纪后半叶，对安纳托利亚北部的库埃雷铜矿的采矿活动和政府行政管理，请参见 TM Yaman，"KureBakirMadenine Dair Vesikalar"，"TarihVesikalari1/4（1942）"，266 – 269 页。

国省份的最新研究对此提供了充分的证据。奥斯曼帝国政府并没有试图限制这些钱币的流通。事实上，这种情况已经被政府接受，有时甚至需要用欧洲货币来实现付款。① 政府甚至还定期公布这些被财政部门接受的货币的汇率。然而，大部分银币继续向伊朗和印度洋的港口流动，因为奥斯曼帝国经济与东方的贸易出现了逆差，而与西方的贸易却是顺差。

　　本章对17世纪的货币困境及其原因进行了更为详细的研究。本章同样表明，阿克斯逐渐在流通领域消失。这些财政困难对奥斯曼帝国经济的不利后果需要再次加以强调。强有力的证据表明，不利的货币状况会对经济造成不利影响。货币不稳定性、币种及货币的短缺都会对信用、贸易与生产活动造成不利影响。另一方面，经济活动的减少往往会导致严重的国家问题，并增加货币的不稳定性。我关于货币状况的研究发现17世纪是奥斯曼帝国经济困难时期。这些发现能够印证苏莱雅法洛奇把17世纪经济状况描述成"危机和部分恢复"这一说法。

---

　　① 从巴尔干到埃及经常流通的银币之一就是荷兰的泰勒（阿斯兰或埃塞德古鲁斯）。更重要的是西班牙八里亚尔，与王室古鲁斯具有类似地位。也有其他的货币在流通比如奥地利的里克斯泰勒和波兰伊索莱特。巴尔干半岛的匈牙利金条和威尼斯达克特仍然是最重要的金币。这些货币在小范围部分流通。

第九章　本国流通货币的缺失

在 17 世纪中叶的近 20 年间，法国、意大利和荷兰的商人在法国南部、意大利北部和欧洲其他地方铸造了大量的欧洲货币，其中的原料大多数已经变成了铜，仅有薄薄的一层镀银。这些钱币然后运送到地中海，用作奥斯曼帝国货物的付款工具，甚至批发给当地商人和货币兑换商。最初，他们的价值远远高于其金属含量，但随着贸易量的增加，这些溢价随着时间的推移而下降，共涉及几百次运输，运送了超过 2 亿枚钱币。欧洲商人的总收入估计为 8000 多万西班牙八里亚尔，相当于 600 万至 800 万威尼斯黄金达克特。

至少有十几个欧洲旅行家详细描述过这一情形，其中包括诸如谢瓦利加丁、J. B. 塔维尼耶和保罗来卡特等知名栏目作者。意大利北部造币厂档案也可以证实这些货币的生产情况。此外，一些钱币学文献提供了这些钱币的详细库存和描述及它们的生产日期。这些钱币有很大一部分现在可以在欧洲的钱币学收藏中获得。

当代欧洲研究员们认为，这些钱币可能在黎凡特市场十分受欢迎。保罗·莱卡感叹，土耳其人"没有足够的智慧"了解到到底发生了什么。F. W. 哈斯勒克在发表的一篇文章中对涉及的钱币提供了最详细的梳理，并坚持认为"土耳其公众不肯接受"，他得出结论："在任何时候，某些外币在外国，特别是尚未启智的国家特别流行。"卢基尼的进口商对土耳其市场的肆意掠夺既不是第一次也不是最后一次。不同于其他钱币，其规模不断扩大，取得了极大成功。尽管流通过程中一直存在对它的抗议，尽管它的成功或许是通过一种极其无耻的方式实现的。20

世纪土耳其的作家接受了这一解释，并认为在这个"最大的假冒计划"中，不法的欧洲商人夺走了无知的奥斯曼帝国人民的财富。更有趣的是，奥斯曼档案馆为帝国周围的各种各样的现象提供了广泛的记录，迄今为止却对这一事件没有透露多少内容。

最大的难解之谜莫过于欧洲货币的流行。其他处在竞争地位的货币并不像欧洲货币那么流行，也很难达到那样的规模。当地商人和货币兑换商总是很容易对这些货币进行评估，这种现象在近东几乎存在了近2000年。即使货币兑换商不愿透露这些商业贸易秘密，这些钱币的银含量也不可能隐藏这么多年。

显然，奥斯曼公民为什么愿意在这个特定的时间以远高于其实际价值的汇率接受他们，仍未得到解释。

欧洲研究者不了解当时帝国核心区域货币政策的实质。奥斯曼公民接受欧洲货币贬值的意愿必须在日益恶化的经济条件下理解。正如前一章所论述的那样，1585—1586年的大规模货币贬值发生之后，持续到17世纪中叶，这是一段充满战争、叛乱、经济危机的时期。长期的货币波动导致了大量的货币流通问题：奥斯曼货币的贬值使公众对欧洲货币态度发生转变，这种转变一直在奥斯曼土地上传递。当银在货币生产中消失，政府无法获得额外的供应时，大多数铸币厂都被关闭了，在17世纪40年代，银布阿克斯的生产出现了停滞。

正如前面讨论过的原因，铜币的生产在此期间也停止了。到17世纪中期，奥斯曼市场十分需要货币，特别是日常使用的小面额钱币。他们愿意为这些钱币支付溢价。奥斯曼帝国政府早些时候提供了附属流通的货币并享有这种控制权。当奥斯曼帝国政府不能或不再履行这一职能时，欧洲的企业家很乐意担任货币供应商。正是在这种情况下，贬值了的欧洲货币被广泛接受。这个观点在当代欧洲研究者的论文中并没有被充分采纳，也没有在这些基础上进行解释。对这个有趣的小插曲的研究也使重新审视现代早期的一些主要货币问题成为可能：如贬值的长期后果、货币不稳定性、货币替代以及从小型货币中获利的机会。它提供了一个典型范例，说明了货币当局不能或不会为本国货币市场供应货币时可能会发生什么。

第一节　奥斯曼市场上贬值的货币

欧洲在 16、17 世纪期间经历了对亚洲的贸易逆差。通常，将一大批商品销往东部市场是不太可能的，欧洲商家对从美洲进口的金条和铸币支付了差额。有几艘驶向近东和亚洲的欧洲船只装载白银和银币，很少装载黄金。因此，在 1550 年以后，在美国和欧洲被称为格罗索或格罗申的大型银币在奥斯曼市场和亚洲广泛流传。

这种情况也始于欧洲商人在 1653 年再次访问黎凡特之前试图保护造币安全的努力。然而从这个角度，它打开了一个新方向。地中海西部和东部地区之间的贸易平衡不再是随之而来的货币政策的推动力。相反，奥斯曼帝国的经济和货币状况成为主要原因。

由于西班牙与法国之间的政治局势紧张，法国商人无法获得西班牙的八里亚尔，他们从马赛带到东地中海的货币是原来由路易十三在 1641 年间发行的维努西亚金币。这是一种十分有吸引力的钱币，可能是在黎凡特看到的打磨钱币的最早的范例之一。除了作为交换媒介之外，至少在初期，该钱币被无法支付昂贵白银和金币的农民作为替代物使用。

在法国，12 个这样的维努西亚金币兑换 1 个欧洲金币或者 1 个西班牙八里亚尔。这些货币进入奥斯曼帝国市场后，8 个这种货币能够交换 1 个八里亚尔。在这种汇率下，法国维努西亚的购买力并不是很小。伊斯坦布尔的一个技术不熟练的建筑工人一天的薪金大约两个法国维努西亚钱币。鉴于西方和东方的地中海汇率的差异，法国商人很快开始大量引入法国维努西亚。几年之后，他们也开始大规模生产相同重量和外观，但含有少量的银和更多的合金的钱币。意大利和荷兰很快也加入了这项行动。

他们与法国南部或意大利北部的货币持有者签订合同并承揽领主的铸币权，包括他的知识、大量基本钱币以及他的名字。很快，使用了特雷乌公主东贝首领、奥兰治、摩纳哥、阿维尼翁、热那亚等名字的贬值货币在土耳其市场流传。查尔斯·金德尔伯格在考察另一场盗版货币交易时强调，这在欧洲是个很寻常的做法。据金德尔伯格说，"欧洲许多国家有兴趣在一定范围内提高货币铸造税，但是很快就发现，贵金属含量低，贬值货币可以在国外卖掉后换取较好的金币，带回国内再对其进行更大价值的复造"。然而，这并不是单纯地将货币危机从地中海地区带入其他地区。据我所知，这个不合标准的货币在这段时期并没有在欧洲的任何地方流通。

随着钱币的银含量开始下降，钱币上的铭文开始变化。在某些情况下，在相应拉丁铭文的末尾插入了表示纯度的阿拉伯数字。同时也存在刻有阿拉伯数字的钱币价值高于刻有标准拉丁语数字钱币的价值的例子。随着银从铸币中消失以及贸易量的增加，一个西班牙八里亚尔的市场利率低至 20，这使得它们更适合日常交易。与此同时，财政当局希望防止这些钱币在欧洲流通。一种方法是将出口的钱币与在欧洲流通的钱币进行区分。诸如"亚洲各地的亚洲电影"或"欧洲亚洲电影节"（"亚太地区货物付款"）等题字被添加到一些钱币中，以警示欧洲人注意货币流通的边界。

这些货币的流通在 1656—1669 年达到高潮。塔维尼耶估计，通过奥斯曼海关的欧洲造币总量达到 1.8 亿件，或者是 1000 万西班牙八里亚尔。从黄金方面看，这相当于 600 万威尼斯达克特。另外还有一些未知数量的货币通过贿赂海关手段偷运到奥斯曼帝国境内。据估计，这一时期每年平均有 22 艘船抵达伊兹密尔港，全部装载了这些贬值的货币。这些数字表明，奥斯曼帝国市场上剩下的好的钱币正被收回南欧重铸，并被称为卢基尼基地，然后重新投入奥斯曼市场。

第二节　迟来的政府干预

大量贬值货币的到来最终使奥斯曼帝国市场陷入严重困境，并对经济和欧洲贸易造成了不利影响。欧洲的记载表明，虽然带来贬值货币使得商人愿意为奥斯曼货物出高价，但这些货物必须不足以与奥斯曼的出口商品相竞争。因此，被伊兹密尔的英国领事所禁止参与这一交易的英国商人被驱逐出了奥斯曼帝国市场。反过来，他们和英国代表开始给奥斯曼帝国当局施压以禁止这些货币的流通。南欧出口这些货币的地区正在经历其他不利后果。面对白银巨大的净流出量，普罗旺斯议会以及马赛商会从 1665 年开始禁止这种流通。

奥斯曼当局不一定对结果感到满意，但他们深深卷入了威尼斯在克里特岛漫长而持久的战争。只要战争持续，政府就不能动用必要的财政资源来稳定或改革货币。直到当时，贬值的货币总比没有货币好。经济开始逐渐依赖于贬值的货币来满足日常需要。同样，国家继续征税来获取财政收入，并将钱币用于付款。这种实用主义思路可能有助于解释为什么到目前为止，奥斯曼档案馆中关于这些钱币的资料很少，欧洲研究者也非常注意这种现象。政府试图限制这些钱币的重量，并检获了一些货物。不过，只要战争继续下去，这些缺乏热情地对使用基础货币的尝试总是不成功。

随着战争的结束，政府又采取更为严谨的行动。在 1669 年，基础货币被宣布将不再被纳入税款范围。政府还要求将所有的贬值货币应用于铸币，并按照先前的标准再次进行制造。当年晚些时候，布尔萨和安卡拉发生骚乱，当时不能贪渎钱财的违规者不得不缴纳税款，被地方当局监禁。"人民愤怒的洪流没有通过血液和生命得到安抚，他们有充分的理由指责他们的政府官员允许他们以这种方式引入使用这些货币，因为这样一来，他们多年的劳动成果和财产就会化为乌有，他们不应该拒绝接受他们自己同意流通的那些货币。"

结合这种情境，奥斯曼帝国公民愿意接受欧洲贬值货币则可以理解了。欧洲贬值货币对奥斯曼帝国市场的入侵，以及广泛的认可，带来的额外价值，以及他们所获得的铸币的含量，都能归因于承担日常经济功能的辅助货币的缺失。如果在 16 世纪 40 年代白银开始消失的时候，政府能够以足够的价格发行铜币，那它就将能够满足经济对交易媒介的需求，同时对于非常贫困的皇家财政来说也能增加大量收入，特别是在战争期间。然而，在没有铜币的情况下，这些税收收入只能从地中海另一端的商人那里获得。

第三节　铜币的回归

15 世纪中叶奥斯曼铜币已经开始明显缺失。然而，为了回应 1690—1691 年发生的另一个紧缩危机，政府在 32 个月内发行约 6 亿铜币，每个价值相当于一个阿克斯的名义价值。总的来说，这是一次成功的短期行动。正如伊朗和伊斯坦布尔的铸币详细记录所指出的那样，它为国家提供了那时急需的税收收入。

直到 17 世纪末，奥斯曼帝国铸币的生产技术基本没变。虽然少量的造币厂雇用了大量的工人，但大多数是中小型企业，遵循小工艺传统。各种手工方法包括著名的锤炼法都被应用于生产银铜币。欧洲采用更先进的技术，并在帝国周围流通这些钱币，奥斯曼造币在钱币质量和产量方面日益显示出劣势。因此，奥斯曼帝国政府从法国进口新机械设备，将机械技术应用于制造钱币，并开始规模生产。大概在 1686 年，设备由一名具备欧洲血统的名叫穆斯塔法的技术人员安装在伊斯坦布尔的造币厂。当时的意图是用一个含有大量银的新货币单位取代阿克斯。

在 1687 年梅赫德四世退位之后，新苏丹苏埃士二世面对的一个直接的问题是寻找足够的货币作为其送给士兵们的继位礼物。国库薄弱，士兵的正常工资近一年没有支付。因此，统治者对伊斯坦布尔的人口评估后征收了各种新的特别税，这导致了首都人民的广泛不满。随着经济困难仍然存在，政府决定用新的铸造设备生产铜币。因此，伊斯坦布尔的造币厂在 1688 年末开始生产新的曼格或者曼克。每个重约半迪拉姆或 1.603 克的铜币的价值在阿克斯的一半左右，但由于这些被证明是受到公众欢迎的，所以它们的价值迅速提高。

为了提高曼格生产量，伊斯坦布尔的造币厂新建了很多建筑，几个月内将产能从每天 30 万～40 万件提高到 60 万件。另一个瓶颈是铜的可用性。伊斯坦布尔造币厂采用的铜币是从安纳托利亚北部的卡斯塔莫努的库勒和居米什哈的国家控制矿山提取的铜。当这些矿山的产量不能达标时，就只能在市场上购买废铜。

新的钱币开始分布在巴尔干和安纳托利亚的广泛地区，从色雷斯、马其顿王国、爱琴海群岛到安纳托利亚西部和黑海沿岸。各省的一些商人抵制政府，政府不得不宣布，铜币征收三分之一的税。然而，整体上来说，新的造币被广泛接受。鉴于前期欧洲贬值货币的受欢迎程度，这种现象并不奇怪。市场仍然需要一种交换手段，奥斯曼国家只是通过提供这种媒介来获得相当数量的税收收入。正如卡罗·奇波拉所强调的那样，只要零售量不超过小额交易量，小型货币就不会产生问题。最终，政府可能已经越过这条底线，因为有证据表明，在实验的第三年，额外的曼克开始被铸造，以便推行各种各样的政府项目。

表 9.1　国家铜币净收入（1688—1691 年）

1	阿克斯中的平均生产铜成本每 100 奥克	$110 \times 100 = 11000$ 阿克斯
2	生产过程中浪费的铜	1/11 或每 100 奥克中有 9.1 奥克
3	私矿的利益份额管理	2/10 或每 100 奥克中有 20 奥克
4	铜币曼克的价值每 100 奥克铜	每 6800 阿克斯中有 70.9 奥克 1 奥克 = 56720 阿克斯
5	每 100 奥克的国家净收入每奥克铜	$56720 - 11000 = 45720$ 阿克斯
6	交付的铜的总质量 1688—1691 年间国家的铸币	851000 奥克
7	1688—1691 年间国家的大致利润 $7 = \dfrac{5 \times 6}{100}$	3.89 亿阿克斯
8	威尼斯人杜卡斯州的总利润 $8 = \dfrac{7}{270}$	140 万达克特
9	中央政府的总收入 32 个月期间	32 亿阿克斯
10	铜币收入总份额中央政府收入 $10 = 7/9$	12.1%

注：1 奥克 = 1.28 公斤

这个实验持续了 32 个月的时间，铜币的铸造给国家带来了丰富的铸币税。伊斯坦布尔铸币的账簿表明，根据铜的价格和铸币产量的变化，铜的购买和生产成本，包括向私人经理支付的铸币，加起来能够达到 6 亿钱币名义价值的约 30%，其余的为国家铸币税收入。这些净收入约为 3.8 亿阿克斯，按现有汇率计算约 140 万黄金达克特。这些年份的帝国国库财政年度收入约为 12 亿奥克斯。与此同时，实际实验的净收入约占帝国财政收入的大约 12%（见表 9.1）。这些计算表明，曼克的生产实验为压力巨大的国库提供了实质帮助。

然而，巨大的利润导致了大量假币，主要分布在色雷斯、沙龙卡和伊兹密尔。一些假币的版本甚至是先从欧洲流传出来的。第二批这样的货物被政府拦截了下来。伪造的假币出现后，曼克的流通变得更加困难。在省份，一些商人拒绝将货物运送到伊斯坦布尔，除非是用金或银制成的货币付款。政府被迫频频干预，强制钱币流通。

为了应对这些困难以及阻止铸币税收入的减少，政府决定停用曼克，不承认向国家付款的现有钱币。然而，在公众的压力下，达成了一个妥协的解决办法。曼克的持有人同意把他们的钱币送到造币厂，每奥克的钱币支付 300 曼克，或使用钱币面值的 38%，作为重铸费用，以换取新的苏丹冠名的货币。然而，曼克的存在没有持续太久。铜币的生产已经停产，现有库存在同一年的下半年也逐渐消失了。

在此实验下，除了早期奥斯曼帝国之外的欧洲造币厂和商人的纳税情况之外，国家经济和财政状况与 17 世纪 50 年代欧洲铸币入侵奥斯曼帝国市场时的情况，并没有太大的区别。如果奥斯曼帝国政府能够及时提供大量的铜币，那么它将会取得欧洲造币厂和商人的货币铸造税。

产生的货币铸造税收为奥斯曼帝国政府提供了足够的资源来进行长期的货币改革。正是在这个时期，事实上在 1690 年，奥斯曼帝国政府开始建立一个新的货币单位的漫长道路。

第十章　新奥斯曼库鲁斯

本章探讨 18 世纪伊斯坦布尔、巴尔干和安纳托利亚新出现的货币单位。与关闭造币厂和白银阿克斯不再作为交换手段早期相比，直到 18 世纪 80 年代都是商业和经济扩张的时期，同时也是稳定的时期。这些有利条件以及日益增加的白银供应，使得库鲁斯被制造出来，在 18 世纪中叶成了交易的主要单位。新货币单位的出现伴随着帝国核心区域从巴尔干到安纳托利亚以及叙利亚和伊拉克的造币厂的集中化。

第一节　奥斯曼库鲁斯

阿克斯的衰落使得奥斯曼行政当局不得不面对种种严重挑战。由于无法控制货币流通，其对经济的控制力大大减弱。另外，在流通货币缺少的情况下，政府也不能将货币贬值作为获得财政收入的手段。也许最重要的是，货币体系的解体和越来越多地依赖外币产生了严重的政治影响。在 17 世纪下半叶，政府多次尝试建立新的货币，但是由于战争和经济困难一直没有成功。经过长时间的沉寂之后，伊斯坦布尔造币厂在 1685 年恢复开工，从 1689 年开始生产阿克斯和帕拉，后来是铜币曼克。在这个实验收入的支持下，政府随后重新开始努力建立一个大型银币单位，并建立一个继 16 世纪中期以来在奥斯曼市场流传的欧洲钱币之后的新货币系统。

波兰的钱币伊索莱特或佐洛塔被荷兰商人大量进口之后，第一大钱币在 1690 年被铸造。这些钱币比荷兰的泰勒大约小三分之一。他们的重量以标准迪拉姆表示，它们含有 60% 的银和 40% 的铜。其中最大的称重 6 迪拉姆，约为 19.2 克。看来，这个第一大钱币打算被用作区别波兰币，而不是库鲁斯或比索。后来，在 1703 年，一个重量接近 8 迪拉姆或 25.6 克的更大的钱币也被部分地铸造出来。新的货币体系直到 18 世纪初才明确建立起来。新的奥斯曼库鲁斯或比索融合了 40 个帕拉或者 120 个阿克斯。早期的库鲁斯的重量约为六又四分之一迪拉姆（20.0 克），含有近 60% 的白银。佐洛塔的价值是库鲁斯的四分之三，大概 90 个阿克斯。然后将库鲁斯和佐洛塔的一部分分别铸造。然而，由于战争和持续的政治动荡，直到 1715—1716 年货币改革或货币改造活动之后，许多银含量较低的钱币都被铸造出来。直到 17 世纪 20 年代，不合标准的造币的出现吸引了大量的造假者目光。

到 1720 年，库鲁斯到帕拉和小阿克斯中都出现了一系列的银币。虽然库鲁斯、佐洛塔和二十帕拉被用于中大型交易，十五或十个帕拉斯被用作小型钱币。到目前为止，价值为三分之一帕拉的阿克斯的购买力对于大多数日常用途来说太小了。因此，帕拉仍然是小额交易的基本单位。此外，一些铜币在伊斯坦布尔和安纳托利亚东部被铸造出来，但数量有限。

第二节　经济扩张和财政稳定

18 世纪是奥斯曼帝国相对和平、稳定和经济扩张的时期。关于生产造币的可用证据是有限的，但它指出了农业和手工活动的增长趋势，以及巴尔干和安纳托利亚许多地区制造业的投资情况。在这一时期，尤其是地中海，以及在巴尔干地区、奥斯曼帝国与欧洲中西部的贸易也或多或少发生了巨大的扩张。直到法国大革命，马赛的法国商人已经控制了海运业务。这也是货币状态十分稳定的一个时期。从 18 世纪 20 年代到 60 年代末，财政预算趋于平衡，多年来都有盈余。从 1747 年到 1768 年的长期和平时期，财政状况的改善尤其明显。

在这段时期，奥斯曼库鲁斯相对稳定。除了国内良好的货币状态，逐渐增加的造币产量为新货币的流通提供了极大的支持。这种趋势的产生还有一部分是由于在安纳托利亚、居米哈什、科班和埃尔加尼的新银矿的运作。较老的银矿分布在巴尔干地区，在斯德卡斯比和克拉托瓦继续开采。其结果是，在 18 世纪 30 年代，奥斯曼白银产量每年约 25 到 40 吨。20 吨至 35 吨的白银被加入钱币生产中。在 18 世纪 40 年代，在伊斯坦布尔帝国造币厂每年能产出 150 万个至 200 万个库鲁斯。奥斯曼造币厂生产记录表明了在 18 世纪 60 年代其产量进一步增加。不过到 18 世纪末，奥斯曼银矿的产量开始下滑。

奥斯曼银矿的复兴并没有孤立地发展。其实这是 18 世纪欧洲白银产量递增的广泛趋势的一部分。最近的研究表明，1670 年以后美国银矿的产出下降是欧洲银产商崛起的重要机会。正如中美洲和南美洲白银的大量流入导致了 1570 年后欧洲和奥斯曼的银矿产量下降，1670 年后美洲的白银产量下滑刺激了金属价格的上涨，并导致欧洲产量显著增加。[1] 奥斯曼白银的复兴在 18 世纪因此需要与这种趋势相联系。通过保持欧洲与奥斯曼良好的贸易平衡，在欧洲银量的日益增加，促进了奥斯曼白银的流通。

因此，白银重新获得了在奥斯曼帝国的货币体系中的地位。表 10.1 所示库鲁斯的银含量以温和的速度下降，由从 18 世纪 20 年代开始到 60 年代结束，总共下降了 40%。奥斯曼货币对达克特的汇率在这 40 年间从三库鲁斯下降为四库鲁斯。总体的贬值率当然不是很显著。尽管如此，在此期间库鲁斯的稳定性与 17 世纪形成了鲜明的对比。19 世纪初，当库鲁斯的银含量下降非常迅速时，也在流通中逐渐消失。[2]

---

① I Blanchard, Russia's "Age of Silver", Precious – Metal Production and Economic Growth in the Eighteenth Century (London: Routledge, 1989), 3 – 57.

② 支持货币稳定的政治团体是那些用库鲁斯作为日常付款工具的首都的亲兵，他们的工资并没有在货币贬值之后被上调。探索在 18 世纪各省地主的做法是否影响了中央政府的货币实践是十分有趣的。人们期望地主是支持货币稳定的，一方面因为他们参与了贸易，另一方面也因为他们是净贷款人。

表 10.1 1690—1808 年的库鲁斯银币及其汇率

年份	重量（克）	适当的精度纯度（百分比）	纯银含量（克）	汇率威尼斯达克特	计算值黄金对白银比率
1690	26.0	60	15.6	2 库鲁斯 60 阿克斯	11.0
1696	26.4	60	15.8	2 库鲁斯 60 阿克斯	11.1
1708	26.2	60	15.4	3 库鲁斯	13.0
1716	26.5	60	15.9	3 库鲁斯 15 阿克斯	14.0
1720	26.4	60	15.8	3 库鲁斯 20 阿克斯	14.1
1730	24.8	60	14.9	3 库鲁斯 25 阿克斯	13.5
1740	24.1	60	14.5	3 库鲁斯 80 阿克斯	15.0
1754	23.7	60	14.2	3 库鲁斯 100 阿克斯	15.3
1757	19.0	60	11.4	3 库鲁斯 105 阿克斯	12.5
1766	19.2	60	11.5	4 库鲁斯	13.0
1774	18.2	60	10.9	4 库鲁斯 15 阿克斯	12.7
1780	18.5	54	10.0	4 库鲁斯 70 阿克斯	12.9
1788	17.4	54	9.4	5 库鲁斯 60 阿克斯	14.6
1789	12.8	54	6.9	5 库鲁斯 90 阿克斯	11.2
1794	12.6	54	5.9	7 库鲁斯	11.6
1800	12.6	54	5.9	8 库鲁斯	13.3
1808	12.8	46	5.9	8 库鲁斯	13.3

注：1. 1 个奥斯曼库鲁斯 = 40 帕拉 = 120 阿克斯。

2. 鉴于证据的质量和造币技术都存在缺陷，关于库鲁斯中银含量的估计只能为较为可靠的近似值。

3. 17 世纪后期，每当新库鲁斯币不再制造，库鲁斯的银含量都是以那些流通中的大额钱币为基础来计算的，如 30 帕拉（佐洛塔），60 帕拉（2 个佐洛塔），两个库鲁斯等。

4. 这里介绍的汇率既有伊斯坦布尔的市场汇率，也有官方汇率，无论哪种汇率都在帝国的诸多领域被应用。除了 1789—1792 年这段时间，两者之间的差异并不是很大。

5. 关于数据的质量，这里计算的黄金白银比率采取近似值。由于官方汇率比库鲁斯的银含量低得多，黄金白银比率的短期变化是没什么意义的。在 18 世纪的欧洲，黄金白银的比率大概浮动在 15 左右。F. Braudel and F. Spooner, "Prices in Europe from 1450 to 1750," in E. E. Rich and C. H. Wilson（eds.）, The Cambridge Economic History of Europe（Cambridge University Press, 1967）, Vol. IV, 459. 这里的证据表明，黄金白银比率比奥斯曼帝国的低。

18世纪的另一个重要趋势是以前阿克斯区域的造币活动从巴尔干延伸至东安纳托利亚。延续17世纪的模式，活跃着的造币厂的数量在这一地区仍然有限，库鲁斯和它的分支在伊斯坦布尔被铸造。省造币厂生产铜铸币的数量有限。像库鲁斯那样的大型银币和较小的帕拉未在巴尔干地区或叙利亚被制造。[1] 只有在19世纪马哈茂德二世统治时期在巴格达才有一部分造币厂在生产。

尽管经济扩张、财政稳定，银和逐渐上升的造币产量对伊斯坦布尔地区的库鲁斯币产生了很大帮助，中央政府努力建立这种单位和各省的新造币，但造币的稀缺性和欧洲钱币的不断普及在各省仍然广泛存在。由于奥斯曼货币的周期性缺失，欧洲的部分贬值货币模板被运到当地市场。资金短缺使得汇票发挥了重要作用，特别是在与欧洲的贸易中。后来，库鲁斯作为主要的记账单位出现，并成了巴尔干地区的主要付款工具，包括罗马尼亚公国以及安纳托利亚。价格、政府工资和债务，以及更普遍的是，货币幅度开始通过这种新的资金单位来体现。[2]

叙利亚继续在安纳托利亚和埃及的货币流通中扮演重要角色，正如18世纪早期那样。随着16世纪40年代后伊斯坦布尔和安纳托利亚地区的造币活动逐渐减少，阿克斯也逐渐在叙利亚地区消失了。其结果是，

---

[1]　Schaendlinger, Osmanische Numismatik, 112 – 124.

[2]　关于18世纪巴尔干地区的货币和商业条件，见 N. Todorov, The Balkan City, 1400 – 1900 (Seattle, NA: University of Washington Press, 1983), 127 – 184; N. G. Svoronos, Le Commerce de Salonique au XVIIIe SieÁcle (Paris: Presses Universitaires de France, 1956), 82 – 83, 114 – 118; Beajour, Commerce of Greece, 366 – 372; B. Murgescu, "The Romanian Principalities at the Crossroads of the Ottoman and Central European Monetary Systems," paper presented to the Conference on Money and Currencies in the Ottoman Empire 1690 – 1850 (Istanbul, November 1997); and J. R. Lampe and M. R. Jackson, Balkan Economic History, 1550 – 1950 (Bloomington, IN: Indiana University Press, 1982), 39 – 47, 55 – 66, and 81 – 86. 关于18世纪收集到的库鲁斯和帕拉的税款详细清单及巴尔干地区的不同区域情况，见 O. Sen, Osmanli Panayirlari (18 – 19. Yuzyil) (Istanbul: Eren Yayincilik, 1996), 17 – 95.

在 17 世纪叙利亚的大部分地区，埃及帕拉已成为主要的小额度记账单位。[1] 在大额领域，荷兰泰勒仍然是主要的记账单位，直到 18 世纪也是货币交换的基准单位。

随着库鲁斯的出现和在一定意义上取得成功，新的单位开始在叙利亚的许多地方作为基本的银币和主要的记账单位。随着时间推进，库鲁斯在伊斯坦布尔地区获得了其重要性，不仅代替了帕拉，也代替了一些其他的欧洲货币。然而，在大叙利亚地区，其存在着广泛的区域差异。例如，在北部的阿勒颇，库鲁斯和其分支货币以及其倍数货币，都很快成了主要的记账单位和主要的交换手段。同样，在叙利亚沿海地区，荷兰泰勒、西班牙八里亚尔、库鲁斯和威尼斯达克特曾经是主要货币。库鲁斯后来成为长途贸易和国内交易的最突出的交易手段。在大马士革也一样，库鲁斯成了主要的记账单位，是中型和大型交易支付手段的牵头单位，但埃及帕拉直到 18 世纪末期仍然保留为小型交易的记账单位。

安纳托利亚、叙利亚和埃及的货币市场之间的联系在这一时期不断增加。最近从法庭记录中得出的证据表明，在大马士革，欧洲领先的黄金与大银币之间的汇率密切相关，如达克特、埃塞德·古拉巴什、里亚尔的古拉巴什随着伊斯坦布尔和开罗的汇率变化。有人可能会因此推测，鉴于叙利亚许多地区，特别是北部的伊斯坦布尔货币的重建以及 18 世纪的经济总体扩张，安纳托利亚与叙利亚之间的经济联系在 18 世纪会显著加强。

在伊拉克，库鲁斯则没有那么成功。虽然它在 18 世纪逐渐成为主要的账户单位，但其供应仍然有限，直到它在 1814 年才开始在巴格达被铸造。然而，有证据表明，在 18 世纪后半叶的伊拉克部族中，库鲁斯越来越受欢迎。

至于金币，自 15 世纪以来，奥斯曼帝国苏丹，也被称为维多利亚

---

① 同样，随着克里特岛和埃及之间的贸易，及阿克斯本身的缺失，帕拉成了 17 世纪后期克里特的主要记账单位。M. Greene，"Commerce and the Ottoman conquest of Kandiyye," New Perspectives on Turkey 10 (1993)，95 – 118.

公爵标准，在 17 世纪没能再存续下去。在 18 世纪初，随着欧洲和其他地方的金价重新回升，奥斯曼帝国铸币活动也恢复了。在苏丹，一些叫作塔格拉罗（tuğralı）伊斯坦布尔新币、方多克和兹瑞玛布（几种金币名称）的新金币，在 1697—1728 年开始被铸造。除了最后一个之外，所有这些新币都接近达克特的标准。遵循了 15 世纪的做法，政府并没有将这些金币的面值附加在这些金币上。它们的汇率由市场决定。在向国家付款时，按官方汇率计算。

订单也送到了在开罗的造币厂，将这些名称和标准用于金币生产。然而，在开罗铸造的钱币的黄金含量一直低于伊斯坦布尔的含量，这增加了其在伊斯坦布尔地区的流通，并导致在伊斯坦布尔铸造的金币的消失。作为回应，伊斯坦布尔官员禁止制造低质量的金币，并减少对伊斯坦布尔造币厂的税收，以帮助那里吸引更多的黄金。然而，这些措施都没产生什么效果。最终，这个问题通过宣布与埃及金币分离，埃及金币适用较低的交换率的措施得到了解决，埃及金币的流通走向了结束。

在随后的几年中，伊斯坦布尔和开罗的金币含量不断下降。奥斯曼金币的不稳定性不可避免地减少了他们在国际支付和储值时的吸引力。后来，只有方多克和较小的兹瑞玛布及他们的分数货币和倍数货币以及跟他们处于同等地位的埃及货币还一直在流通。这两种类型的钱币在 19 世纪早期还在铸造当中。在很长一段时间里，伊斯坦布尔的方多克都以优惠价格兑换达克特，比率接近匈牙利金币（ongari）（见表 10.2）。在阿尔及利亚地区的突尼斯和苏丹，苏丹尼和以后的兹瑞玛布也被用于地中海，特别是在地中海东部和埃及的贸易中。

表 10.2　以库鲁斯为单位反映的其他货币的汇率（1720—1810 年）

年份	方多克（金）	兹瑞玛布 伊斯坦布尔（黄金）	匈牙利 （黄金）	英镑
1720			3 库鲁斯	
1736	3 库鲁斯 40 阿克斯	2 库鲁斯 90 阿克斯	3 库鲁斯 20 阿克斯	5～7 库鲁斯
1758	3 库鲁斯 105 阿克斯	2 库鲁斯 90 阿克斯	3 库鲁斯 80 阿克斯	

年份	方多克（金）	兹瑞玛布 伊斯坦布尔（黄金）	匈牙利 （黄金）	英镑
1768	4 库鲁斯	3 库鲁斯	3 库鲁斯 50 阿克斯	8 库鲁斯
1774	4 库鲁斯	3 库鲁斯	3 库鲁斯 50 阿克斯	9 ~ 10 库鲁斯
1780	4 库鲁斯		4 库鲁斯	
1788	5 库鲁斯	3 库鲁斯 60 阿克斯	5 库鲁斯	11 库鲁斯
1798	7 库鲁斯	5 库鲁斯	7 库鲁斯	15 库鲁斯
1805	8 库鲁斯	5 库鲁斯 60 阿克斯	8 库鲁斯	15 ~ 17 库鲁斯
1810	9 库鲁斯	6 库鲁斯 60 阿克斯	9 库鲁斯 75 阿克斯	19 库鲁斯 90 阿克斯

注：1. 这里提供的汇率包括官方和市场利率。给出的市场利率主要是伊斯坦布尔的。金币的汇率主要是社会汇率。英镑的汇率都是市场汇率。

2. 方多克重约3.5 克，而兹瑞玛布的重量超过 2.6 克。这里提供的汇率显示这些钱币的黄金含量随着时间的推移而下降。

3. 方多克、兹瑞玛布和埃及的其他金币包含较少的黄金，并以优惠价格兑换与他们处于同等地位的伊斯坦布尔货币。例如，在1731 年，伊斯坦布尔的塔格拉罗 zicirli 的官方兑换率是三个库克库鲁斯，也是伊斯坦布尔的三个库鲁斯四十阿克斯。在同一年间，伊斯坦布尔对埃及拉脱维亚的政治利率是两个古老的七十年代，也是埃及的两个九十九点的翡翠，表明埃及钱币的价值下降了 15% 至 20% 。

4. 匈牙利金币重3.47 克。

5. 上述英镑的第一个汇率是1740 年的。在 18 世纪的大部分时间里，英镑主要与黄金挂钩。

然而，奥斯曼金币并没有获得库鲁斯那样的显著地位，更普遍地说，在 18 世纪的大部分时间里，黄金仍然是次要的。

库鲁斯的不断增加减少了欧洲货币的作用，特别是在靠近伊斯坦布尔的地区。欧洲的白银单位，如荷兰泰勒、西班牙八里亚尔、德国和奥地利的同类货币仍然继续用于国际贸易和国内支付，但不如 17 世纪那样广泛。这些钱币的汇率仍然由市场决定，尽管在特别期间政府试图控制所有的货币利率。威尼斯达克特在 18 世纪重塑了自己的地位，使之成为地中海东部地区国际支付的主要钱币。包括威尼斯达克特在内的金币被用于大型交易及储值，但在日常交易中的作用有限。

随着欧洲贸易的增长，奥斯曼帝国经济从 17 世纪 60 年代开始进入欧洲的多边付款网络。汇票被用作 17 世纪奥斯曼帝国与欧洲之间的贸易支付手段。他们的数量在 18 世纪下半叶大幅增加。此外，苏维埃塔和豪威尔斯继续用于帝国境内的付款，特别是从各省向首都上缴的税收。

伊斯坦布尔在 20 世纪最后 25 年发展成为一个国际交流中心，加入了欧洲商业中心，包括伦敦、阿姆斯特丹、的里雅斯特、利沃诺、威尼斯、维也纳等地的多边支付网络。汇票和外汇交易业务繁忙的市场在首都出现。主要的欧洲货币每天都在被使用。① 后来，马赛和伊斯坦布尔之间很大一部分贸易的支付工具已经变成了汇票。将伊斯坦布尔纳入这些网络的一个重要原因是其贸易模式。首都进口贸易远远超过出口，欧洲商人难以在伊斯坦布尔寻找出口商品以维持贸易平衡。因此，他们认为加入首都与省份之间的支付网络是有益的。因此，税收机构向首都发送的省份的税收收入与欧洲商家希望从伊斯坦布尔发往各省的联营公司的资金进行了交换，以便后者可以用于支付他们想要购买和运送到欧洲的货物。

第三节　财政困难和库鲁斯的贬值

从 17 世纪 60 年代到 20 世纪末，奥斯曼帝国的财政状况被 1768 年到 1774 年和从 1787 年到 1792 年的两次战争所拖累，第一次战争是奥斯曼与俄罗斯，第二次战争是俄罗斯和奥地利的哈布斯堡王朝。虽然在第一次战争中制造了"财政困难"，但依靠前期和平时期积累的储备，避免了重大的贬值。战争失败后，在三年期间支付了相对较少的 750 万阿克斯或 6.25 万库鲁斯战争赔款。有证据表明，在阿卜杜勒哈米德一世（1774—1789 年）统治期间，由于这些财政困难，库鲁斯的重量下降，钱币的合金含量上升。然而，从 17 世纪 70 年代中期到 1789 年，库鲁斯对达克特的汇率基本保持不变，维持在 4 库鲁斯 15 阿克斯的比率上，见表 10.1。

在俄罗斯和奥地利的 1787—1792 年战争期间，奥斯曼货币的流通

---

①　因此，可以从欧洲财政来源以及 18 世纪末期才有的奥斯曼材料来源中，获得奥斯曼货币与欧洲主要货币汇率的详细时间序列。

受到重大打击。塞利姆三世在战争的第二年上台时，帝国货币情况已经在危机之中。由战争造成的这种财政困难使帝国承受了更多来自瑞典的压力，因为他们需要继续对反俄的敌对行动支付补偿款。给亲兵的薪资发放无法进行，他们的薪金拖延了几个月。因此，1789 年发生了严重的贬值，这使得库鲁斯的银含量减少了三分之一。

为了防止由于这些行动造成的价格上涨，在战时资源短缺的情况下，政府试图对城市地区，特别是首都的大多数货物实施价格上限制（narh）。然后，将这些价格上限扩大到其他金币兑换，包括金币和外币对白银的汇率。这些干预措施可能是 18 世纪商品和货币市场中最为严格的一种。在这场战争期间，上限价格和市场利率之间的差距比在 18 世纪的任何时候都大。政府还要求私人手中的黄金和白银低于市场价格转为国有。

毫无疑问，这是对 18 世纪发生的货币和商品市场的最全面的、最雄心勃勃的干预措施。但有证据表明，政府未能取得成功。尽管造币记录不可用，但似乎直到银价能够得以提高，政府才能为造币厂提供足够的银流量。此外，食品价格上涨只会加剧城市地区的资源短缺，特别是在首都。各省商人根本拒绝将货物发往首都。然而随着战争的结束，货币的不稳定性消退，而库鲁斯在 1807 年苏丹塞利姆三世退位时仍然保留了其银含量及其与达克特的汇率。

第十一章　交流与联系

第十章讨论了18世纪奥斯曼帝国库鲁斯货币的出现，与17世纪相比，造币厂已经关闭，阿克斯这种交换手段已经不再存在，经济扩张、稳定性和其他有利的发展帮助库鲁斯成了主要的记账单位，并被作为巴尔干和安纳托利亚的主要交流手段。本章探讨18世纪伊斯坦布尔与各省之间货币联系的增长。在伊斯坦布尔与帝国其他地区、埃及、的黎波里、突尼斯和阿尔及尔不同地区的货币之间如果没能融合，则会弱化联系。与之相比，这种联系在18世纪得到了恢复甚至加强。以下根据与钱币相关的证据和其他资源进行的调查第一次研究这一重要趋势。因此，这两章中提出的货币历史的新证据表明，帝国中心与边缘之间的联系在18世纪期间比如今所假设的更强。

第一节　埃及的帕拉

埃及历史学家长期以来一直强调，18世纪，省级地方政府享有相当的自治权。然而，最近的研究表明，伊斯坦布尔继续发挥很大的控制力，与首都的政治和行政关系相当紧密。在这段时间，我们对伊斯坦布尔和开罗之间的货币联系的考察发现许多支持后者论点的证据。

尽管大量的银币被铸造，伊斯坦布尔出现新的货币单元，但在18世纪后期，小型钱币帕拉仍然是基本银币单位，也是埃及主要的记账单位。即使伊斯坦布尔的政府要求埃及制造大型银币，地方当局也拒绝这一要求。除了书面命令外，伊斯坦布尔还定期向开罗查询造币记录，以确保开罗遵循了开罗帕拉确定的标准。

对于伊斯坦布尔来说，几乎永远值得关心的一个问题是，埃及帕拉的银含量及其标准相较于伊斯坦布尔更低。

由于两个单位之间的汇率仍然保持上升趋势，因此白银含量的差异导致了银从伊斯坦布尔地区向埃及流出。中央政府担心的另一个原因是每年从开罗到伊斯坦布尔的汇款。从开罗到伊斯坦布尔的年度汇款每年以 50 万苏丹金币计算，从 16 世纪伊斯坦布尔和开罗的预算收入和帝国内部的区际资金流动来看，这都是很大一笔金额。但实际到达伊斯坦布尔的金额远远低于这一数额，实际支付往往是用开罗的帕拉支付的。在 18 世纪上半叶，这一数值在 800 万到 3000 万之间浮动，每年平均 1800 万帕拉或 13.5 万个金币。此外，在 18 世纪，埃及向圣城输送的以苏丹为单位的年度汇款从大约 50 万帕拉增加到 100 万帕拉。因此，帕拉标准的下降意味着伊斯坦布尔的实际收入下降。

然而，尽管伊斯坦布尔地区不断进行努力，在伊斯坦布尔和开罗铸造的钱币的银含量之间的差异仍然存在。尽管这个差距有时达到了 20% 甚至 30%，但开罗的帕拉仍然长期与伊斯坦布尔的帕拉和库鲁斯相关联。[1]

17 世纪 20 年代到 60 年代，库鲁斯含银量已经下降了 40% 左右，埃及的记账单位价值也因此下降了。这两个基本单位与达克特的汇率也能表明二者间存在联系。[2] 然而，在 17 世纪 60 年代，这种联系被切断

---

[1] 因为一库鲁斯相当于四帕拉的价值，伊斯坦布尔和开罗之间的标准可能意味着帕拉的银含量相当于伊斯坦布尔库鲁斯银含量的四分之一。例如，在 1762 年从伊斯坦布尔被送出的 Hatipzade Ahmet Aga，重量为 100 帕拉、125 迪拉姆，相当于纯银含量的 58%。这意味着开罗的一帕拉包含 0.23 克的白银。S. Bernard, Description d'Egypte, Vol. XVI: Les Monnaies d'Egypte, second edition (Paris, 1825), 47 – 48, cited in S. Lachman, "The Coins Struck by Ali Bey in Egypt," The Numismatic Circular 83 (1975), 200. 一个伊斯坦布尔库鲁斯称重为六迪拉姆，含有约 60% 的纯银。这块硬币的四十分之一当中含有 2.7 克纯银。

[2] A. Raymond, Artisans et Commercants au Caire au XVIIIe SieÁcle, 2 vols. (Damascus: Institut Francais de Damas, 1973 – 1974), Vol. 1, 34 – 36.

了，因为埃及的经济和大规模危机导致了在伊斯坦布尔铸造的大约一半左右钱币中的白银含量急剧下降（见表11.1）。

大型库鲁斯和其倍数分数货币，在阿里·贝伊统治期间，于1769—1770年开始在开罗铸造。这种做法由他的继任者一直延续到18世纪末。[1] 开罗的第一个库鲁斯币重15克，其纯度在31%到48%。因此，它比伊斯坦布尔当时的库鲁斯少了40%至60%的银。在1798年拿破仑占领埃及的前夕，开罗的库鲁斯的白银含量仍然比伊斯坦布尔铸造的低。由于1789年伊斯坦布尔的货币贬值，两个单位之间的差值渐渐消失了。

18世纪，开罗的金币也与伊斯坦布尔发行的金币产生联系。继伊斯坦布尔的领导之后，从17世纪的最后十年开始，一系列新的金币都在埃及被铸造。伊斯坦布尔或者图格拉里从1696—1697年开始铸造，作为16世纪早期发行的索里弗的替代品。列表上最后一种钱币是在1725年开始被铸造的方多克。[2] 后来，埃及最常用的金币就像伊斯坦布尔的兹瑞玛布那样。然而，埃及的方多克、兹瑞玛布和其他金币都含有较少的黄金，并且与伊斯坦布尔同类金币以优惠价格交换。

表 11.1　1690—1798 年埃及帕拉的银含量及汇率

年份	平均钱币重量（克）	适当的精度纯度（%）	银含量（克）	银含量帕拉/阿克斯	交换利率威尼斯达克特	汇率以阿克斯为基础对比率威尼斯达克特
1690	0.54	70	0.41	3.1	105	2.9
1698	0.69	60	0.41	3.1	120	2.5
1705	0.63	60	0.38	2.8	130	2.6

---

① 18世纪，奥斯曼帝国对埃及的控制两次受到威胁，而且在这两种情况下，对硬币设计都重新考虑了新情况，发生了微小的变化。1769年，埃及总理阿里·贝伊发起叛乱并宣布埃及独立，但三年后他被击败。在叛乱期间，印有奥斯曼帝国穆斯塔法三世（1757—1774年）名字的硬币被发行。同样地，在法国入侵埃及期间，发行了带有波帕巴特的阿拉伯语 B 的硬币。Lachman, "The Coins," 198-201.

② Raymond, Artisans et Commercants, 29-31; see also chapter 6, pp. 98-99 above.

年份	平均钱币重量（克）	适当的精度纯度（%）	银含量（克）	银含量帕拉/阿克斯	交换利率威尼斯达克特	汇率以阿克斯为基础对比率威尼斯达克特
1720	0.63	60	0.38	2.9	120	3.2
1735	0.57	60	0.34	2.7	145	2.7
1740	0.57	60	0.34	2.8	160	2.8
1760	0.35	50	0.18	1.9	168	2.8
1788	0.35	50	0.18	2.3	225	2.9
1789	0.31	44	0.14	2.4	235	2.9
1798	0.22	35	0.08	1.6	360	2.6

注：1. 帕拉的银含量符合法律标准。流通中的钱币通常具有较低的重量和较低的纯度。钱币的法律标准和实际银含量之间的差距在20%到30%之间变化。

2. 第4列列出了对位的银含量和akce的银含量的比率。

3. 第6列的内容是将伊斯坦布尔的阿克斯对达克特的汇率与达克特对帕拉的兑换率分开来算的。

关于19世纪初期白银含量的数据无法获得。然而，帕拉对奥地利泰勒和其他流通货币的汇率的下降速度表明，帕拉中的银含量随着伊斯坦布尔的库鲁斯的贬值也以同样速度下降，直到穆罕默德·阿里进行货币改革，在埃及的流通货币铸造过程中采取了双金属标准，并切断了开罗与伊斯坦布尔之间的货币联系。

例如，在1731年，伊斯坦布尔的图格拉里的官方利率是3库鲁斯，同年，在伊斯坦布尔，埃及图格拉里的官方汇率是2库鲁斯75阿克斯，埃及昝思丽的官方汇率是2库鲁斯90阿克斯。这说明埃及货币的价值比伊斯坦布尔货币低15%～20%。参阅奥斯曼帝国货币史（见表10.2）。更普遍地说，由需求增加而产生的银币缺乏的情况后来在埃及发生，特别是对于较大的交易来说，创造了更多对以欧洲金币为流通媒介的需求，对国内货币流通造成了很大压力。①

埃及政府鼓励在撒哈拉沙漠南部的贸易和黄金流通。这些黄金与撒

---

① 例如，由于帕拉的贬值和大型银币的缺失，在18世纪最后25年，名为"里亚尔"，价值相当于90帕拉的虚构单位被广泛使用。Raymond, Artisans et Commercants, 39－40；and Cuno, Pasha's Peasants, 211.

哈拉以南的非洲的穆斯林朝圣者的到来密切相关，黄金的流通在 18 世纪早期仍在继续，但在 17 世纪 30 年代后显然有所减少。据估计，在这个时期，与开罗的铸币活动相比，它们的数量并不多。尽管如此，由于南方黄金的流入和其他原因，埃及在伊斯坦布尔地区享有相当丰富的黄金，但银却十分短缺。在埃及和伊斯坦布尔地区的双边贸易支付中，黄金流通通常与从埃及到伊斯坦布尔的白银流通方向相反。

与伊斯坦布尔相比，伊斯坦布尔铜币在 18 世纪仍然是特殊的，在埃及，铸造了各种各样的铜币，这些铜币被称为费尔斯和杰德。这些钱币中的大多数重约半个或两个迪拉姆（1.2 克到 1.6 克之间）。他们的名义价值在每帕拉 8~18 加德变化。铜造币在 18 世纪末被停产，然而，在贬值发生之后，帕拉的分数货币就没有了使用价值。

在埃及流通的欧洲钱币中，荷兰狮子泰勒（埃斯迪古鲁斯）和西班牙八块（里亚尔古鲁斯）的重要性在 18 世纪上半叶下降，东地中海其他地方也是一样。它们被那些被称为布杜迪的威尼斯达克特或卷土重来的索里弗布杜迪所取代。与匈牙利金币一样，德国泰勒和奥地利玛丽特蕾莎泰勒，在也门和阿拉伯半岛尤其受欢迎。

19 世纪初，从 1798 年拿破仑占领埃及，到 1834 年穆罕默德·阿里进行货币改革，这期间是埃及货币动荡的时期。由于没有此期间关于埃及货币银含量的详细资料，埃及货币的贬值需要从汇率上来分析。与奥地利（玛丽亚·特里萨）泰勒是一种稳定的银币不同，帕拉的价值在 1798 年至 1834 年缩水了 80%，从每泰勒 150 帕拉跌至 800 帕拉。只比同一时期伊斯坦布尔的库鲁斯的衰落幅度稍微小一点。此外，下滑的时机也与伊斯坦布尔的时机非常相似。换句话说，尽管两国政府之间政治局势紧张甚至存在着军事对抗，开罗帕拉和库鲁斯也随着伊斯坦布尔货币单位一起衰落。在黄金方面，穆罕默德·阿里的行政部门继续铸造了 18 世纪的兹瑞玛布，但是十分有限。

有趣的是，尽管在 18 世纪二三十年代，改革主义的倡导者穆罕默德·阿里成功地打败了奥斯曼帝国军队时，但他还是选择把这两种货币联系起来。两地之间的商业联系，必将在持续的货币联动中发挥重要作用。很可能在伊斯坦布尔地区的库鲁斯的迅速没落中，穆罕默德·阿里看到了政府增加财政收入并因此度过货币贬值危机的机会。开罗政府必然会从履行其购买贬值流通货币的债务中获益。

由于穆罕默德·阿里在改革进程中比伊斯坦布尔领先几步，他成了邀请欧洲货币专家的第一人。按照他们的建议，如果可能，埃及在1834年采用了比伊斯坦布尔先进十年的双金属标准。并且埃及铸币所采用的金和银的标准保持到19世纪末。所有在埃及铸造的钱币继续刻载奥斯曼苏丹的名字，直到第一次世界大战才有所改变。埃及政府已经放弃了将货币贬值作为提高收入的手段，于19世纪60年代开始在欧洲金融市场进行借款，以满足其预算和投资需求。

第二节　突尼斯的里亚尔

内战时期，哈森·B（Huseyn. B）阿里是在突尼斯定居的土耳其禁卫军领导人，他从奥斯曼苏丹获得了贝勒贝伊—帕萨的称号，并于1705年建立了一个新的世袭王朝，其持续了两个多世纪。在1715年试图重新掌权的尝试失败后，奥斯曼帝国政府接受了这个遥远的省份作为从属政权的自治，没有提出对它的自治权的任何质疑。当时，埃及每年向伊斯坦布尔汇款，但并没有向马格里布、的黎波里、突尼斯和阿尔及尔做出同样的举动。除了偶尔向苏丹和首都的权贵赠送礼物之外，这些省份不会向国库提供定期支付。

对于突尼斯的经济来说，18世纪最重要的发展是以农产品出口为基础的欧洲贸易增长以及欧洲列强镇压下海盗的减少。由于突尼斯不拥有矿山，外部贸易平衡决定了其货币存量的变化。贸易顺差期间造币活动大大增多，并随着货币存量下降贸易逆差而减少。地中海贸易是最重要的，但摄政时期，也可以通过与该地区的贸易获得撒哈拉以南的黄金。突尼斯在17世纪出现货币不稳定的情况，就像地中海许多地方一样。方形和小型的哈鲁巴被制造成纳斯里，而大一点的在17世纪末被制造出来的钱币，无法满足作为一个稳定的流通工具的经济需求。货币改革的尝试始于 18 世纪初，1703 年货币贬值之后。突尼斯于 1714 年推行的货币改革，切断了当地货币与西班牙货币之间的 1∶1 官方利率，并禁止在国内交易中使用后者，同时建立了一个名叫里亚尔的新单位。在同一年，突尼斯造币厂开始发行更大的银币，面值为里亚尔的四分之一。其他分支货币后来也被铸造，1766 年第一枚里亚尔币诞生。

通过这些大型银币，突尼斯的造币厂重新建立了在 17 世纪被切断的与伊斯坦布尔的货币联系。在突尼斯的里亚尔的设计上，有"苏丹的苏丹儿子"和"他的胜利光荣"这样的铭文，与穆斯塔法二世（1695—1703 年）和艾哈迈德三世（1703—1730 年）统治时期的伊斯坦布尔的库鲁斯币的大型货币铭文相同。这些设计，包括苏丹的图格拉可能是从伊斯坦布尔传来的。突尼斯造币厂将这样的设计一直延续到 19 世纪初，尽管在 18 世纪后期在伊斯坦布尔采用了各类其他造币类型。

表 11.2　1725—1881 年突尼斯里亚尔的银含量

年份	重量（克）	纯度（%）	纯银每克含量	指数：1725 = 100
1725	22.2	65	14.4	100
1735	21.2	44	9.3	65
1766	14.8	39	5.8	40
1789	15.2	34	5.2	36
1808	15.0	34	5.1	35
1813	15.3	30	4.6	32
1825	11.5	28.6	3.3	23
1847	3.15	83.5	2.6	18
1881	3.15	83.5	2.6	18

资料来源：Fenina, "Les Monnaies"; Krause and Mishler, Standard Catalog; and L. Valensi, Tunisian Peasants in the Eighteenth and Nineteenth Centuries（Cambridge University Press, 1985）, 215–218. 见 A. Fenina, "Fausse Monnaie et Faux – Monnayeurs dans la Regence de Tunis sous les Husaynides," Abdeljelil Temimi（ed.）, Actes de Premier Congres International sur Corpus d'Archeologie Ottomane（Zaghouan：FTERSI, 1997）, 31–56 Fenina, "Les Monnaies," 275–425; and R. Kocaer, Osmanlō Altōn Paralarō（Istanbul：Guzel Sanatlar Matbaasō, 1967）, 112–144.

里亚尔的出现与伊斯坦布尔库鲁斯不尽相同，但其银含量至少在短期和中期都是独立的。里亚尔在 17 世纪早期经历了严重的贬值，特别是在发行十年后。1725 年至 17 世纪 60 年代，伊斯坦布尔的库鲁斯在银含量下降了其初始银含量的 60% 后，开始变得更加稳定，下降不多于 30% 的白银含量。当突尼斯的第一个完整的里亚尔或比索币在穆斯塔法三世（1757—1774 年）统治期间被铸造时，它的重量是15.2 克，含有 39% 的精银或 5.9 克纯银。当时伊斯坦布尔的库鲁斯中含有约 12.9 克的纯银。直到 18 世纪 10 年代，里亚尔在半个世纪的时间仍然没有什么变化，而后经历了另一次快速贬值。从 1810 年到 1830 年，银含量下降了大约三分之一，到 1830 年，其银含量下降到 1725 年的 22%。有趣的是，尽管没有直接联系，直到 1850 年的一个半世纪，突尼斯整体贬值率大致与同期伊斯坦布尔和开罗货币相若。

与开罗的铸币厂情况不同，不论是在伊斯坦布尔的奥斯曼帝国档案里，还是在突尼斯的铸币厂档案里，都没有任何证据能表明伊斯坦布尔中央政府曾试图掌控突尼斯的货币流通线路。里亚尔贬值背后的经济状况仍未完全解读出来。如果库鲁斯所经历的变化能给伊斯坦布尔的问题带来一些启示的话，那就是财政方面的原因可能占很大的比重，但是如果想要得出更具有说服力的答案，还要对突尼斯的货币和财政情况进行详细研究。

18 世纪上半叶突尼斯铸币厂发行的金币延续了苏丹货币的设计和标准，即使后者在 17 世纪 90 年代就已经被伊斯坦布尔和开罗抛弃了。而突尼斯铸造的苏丹货币和半苏丹货币与 17 世纪地中海东部地区的货币相比含金量较低。突尼斯的苏丹货币标准遵循的是那个时期伊斯坦布尔和开罗的金价标准。18 世纪中叶之后，不论是何种情况，突尼斯的金价都以兹瑞玛布作为参考。这些货币的总量有限的，尤其是与阿尔及尔铸造的金币相关。① 它们流通于地中海，由欧洲商人带到了地中海东部。②

至少到 18 世纪末，突尼斯都在不定期地铸造少量的纳斯里和阿斯皮尔银币。另外，在此期间波博、费尔斯、卡斯这三种铜铸币都在发行。在两种主流欧洲银币之中，西班牙比索在地中海西部、阿尔及尔以及突尼斯流通更为广泛，然而在的黎波里以及地中海东部则是荷兰泰勒银币更加普遍。18 世纪，摩洛哥货币也是在突尼斯流通的货币之一。

在 1847 年货币改革之下，突尼斯货币流通转为双金属货币机制，金银比率为 14.85。这时距穆罕默德·阿里在埃及推动相似改革已经过去了 13 年，距伊斯坦布尔的改革已经过去了 3 年。在某种程度上，伊斯坦布尔和突尼斯都受到了穆罕默德·阿里的影响。而更为重要的是，国际压力、制度、政治以及经济因素都在各地货币机制转变上发挥着重要作用，促使他们基本同时转向双金属货币机制。突尼斯钱币的新标准在 19 世纪剩下的时间里仍然没有发生变化。

很快，突尼斯政府的货币政策就完全失去了独立性。他们在不提前告知外国领事馆的情况下，是不会有任何改革措施的。如果突尼斯省督决定要开一个银行、发行纸币，这些措施的公告就会引起外国商人开会商讨对策以及法国人的抗议。突尼斯金融系统随即陷入向国外借款、债务攀升的循环，最终在 1881 年法国侵占突尼斯时才得到暂缓。

第三节　阿尔及利亚

阿尔及利亚的货币环境和货币政策与突尼斯的部分地区相似。最重

---

① 卢塞特·瓦伦西表示，18 世纪中叶以后突尼斯的金银和银币产量增加，见 Valensi, Tunisian Peasants, 213.

② 关于 18 世纪初马格里布港与奥斯曼帝国港口之间的贸易和付款方式，见 D. Panzac, "Negociants Ottomans et Activite Maritime au Maghreb (1686 – 1707)," D. Panzac (ed.), Les Villes dans l'Empire Ottoman: Activite et Societes (Marseilles: Editions du CNRS, 1994), 221 –241.

要的是，在经历了 17 世纪的动荡和混乱之后，18 世纪，阿尔及利亚的货币环境也明显有所好转。

另外，尽管伊斯坦布尔与阿尔及利亚的政治联系仍然是有限的，但双方货币的联系却越来越紧密。阿尔及尔的金币铸造总是想方设法地符合帝国范围内的标准。而银币铸造在 18 世纪初期发生了转变，偏向铸造大一些的钱币，和突尼斯一样，阿尔及尔的这些钱币设计逐渐向伊斯坦布尔或者帝国其他地区的设计靠拢。

由于撒哈拉沙漠以南地区能稳定供给金子，所以在 18 世纪以及 19 世纪初期，阿尔及尔制造了大量的金币。即使在 18 世纪下半叶突尼斯和帝国其他地区已经开始制造新型金币，阿尔及尔仍以较大号的苏丹尼（当地人称它为第纳尔）为主流。18 世纪后期，1 苏丹尼可以兑换 1.5 兹瑞玛布。

17 世纪到 18 世纪初，摩洛哥、葡萄牙、西班牙、意大利以及其他欧洲货币都在阿尔及利亚广泛流通。其中，西班牙的八字银元最为突出。1714 年，突尼斯进行货币改革，并开始铸造大银币。欧洲资料来源表明，就在这时阿尔及尔也在 18 世纪的第二个十年开始铸造大银币。在 18 世纪 30 年代，1 个苏丹尼币可以兑换 9.5 个法国法郎或者 8.5 个阿尔及利亚巴拉卡（batlakas），一个苏丹尼中大约含 5 克纯银。由于输出的增加以及金银铸币的增长，在 18 世纪后期，阿尔及利亚的货币体系保持了较长时间的稳定。就连布居或者瑞亚布居这样的大银币在 18 世纪下半叶也开始发行了。1 个布居相当于 3 个银巴拉卡，也就是 240 亿玛祖那。不同面额的布居也都发行了。19 世纪 20 年代，布居重约 10 克，纯银含量占 85%。1 个巴拉卡重 3.4 克。1 个苏丹尼金币能兑换 4.5 个布居，1 布居能兑换 1.85 法国法郎。此时的兑换比率与 18 世纪 30 年代的兑换比率相比较，表明阿尔及利亚货币在近百年来降低了几乎一半的含银量。也就是说，在此期间，布居和巴拉卡很大程度上要比伊斯坦布尔的库鲁斯、开罗的帕拉、突尼斯的里亚尔稳定得多。另外，小一些的铜银铸币还以不同的名字制造出来用于日常交易。在这股源于突尼斯的潮流的影响下，阿尔及利亚发行的银币在经历了当代奥斯曼帝国问题之后，尤其是在 19 世纪 20 年代，更有了自己的风格。由于受到了当地人的抵抗，1830 年开始的法国侵略阿尔及利亚的战争一直持续到 1848 年。其间，康斯坦丁和美狄亚有了新的铸币厂，al-Taqidemt 和 al-Mascra 的铸币厂以抗侵略斗士阿卜杜勒·卡迪尔（1834—1837）的名义来生产奥斯曼风格的钱币。[①]

第四节　的黎波里

在的黎波里塔尼亚，克龙古（土耳其军人和马格里比妇女之子）于 1711 年建立了孕勒莽王朝，统治着这个省份直到 1835 年（1793—1795 年除外），与欧洲进行贸易以及海盗劫掠仍然是主要的经济活动。18 世纪 80 年代，伊斯坦布尔政府开始对的黎波里塔尼亚地区增强影响力。1835 年，孕勒莽王朝的统治与伊斯坦布尔所派省长的奥斯曼直辖治理分裂，伊斯坦布尔政府的影响力达到高潮。[②]

卡拉曼利斯政府以奥斯曼苏丹币（sultan）的名义继续发行苏丹尼金币以及后来的兹瑞玛布。受到突尼斯、伊斯坦布尔、开罗的影响，他们也铸造各种各样的银币，包括小额的里亚尔银币、哈鲁巴、大额的帕拉。18 世纪中叶之后，伊斯坦布尔开始着重发展库鲁斯货币系统，但其他钱币例如里亚尔的小额钱币阿尔及尔的布居仍在发行。的黎波里以阿布度哈密得一世的名义发行库鲁斯以及它的小额钱币（5～30 的帕拉）。接着就是库鲁斯币以及那些始于伊斯坦布尔不同面额钱币的贬值。虽然没有实体档案证据，但关于这些钱币的设计以及样本说明很可能是从伊斯坦布尔发出的。[③]

---

① Olcer, Sultan II. Mahmud, 64–76.

② Abun – Nasr, History of the Maghrib, 193 – 205, R. Mantran, "Le Statut de l'AlgeÂrie, de la Tunisie et de la Tripolitaine dans l'Empire Ottoman," Atti del i Congresso Internazionale di Studi Nord Africani, Facolta di Scienze Politiche, Caglian, 1965.

③ 这些硬币的重量和银含量是否符合伊斯坦布尔在这个困境期间的变化标准尚不清楚。

在马哈茂德二世（1808—1839 年）统治之下，伊斯坦布尔库鲁斯币快速贬值，这期间伊斯坦布尔发行了五个系列的库鲁斯币以及它的小面额钱币。事实上，马哈茂德二世期间，帝国种类繁多的货币都是由的黎波里的铸币厂制造的。这其中也包括了大量铜币的铸造。

19 世纪 30 年代，的黎波里库鲁斯币的重量从 16 克减到了 10 克，尽管如此，但它的含银量始终遵循伊斯坦布尔与开罗那逐渐衰弱的货币标准，而不是以突尼斯的里亚尔或比索为标准，它们在同时期相对来说是比较稳定的。库鲁斯币贬值到底是因为的黎波里受到欧洲政府的压力而减少海盗劫掠活动陷入了经济困难，还是因为伊斯坦布尔货币持续贬值，或者二者皆是，目前尚不清楚。1835 年，奥斯曼直辖建立起来后，的黎波里的铸币厂被关闭，直到 1911 年奥斯曼直辖结束，利比亚又恢复使用伊斯坦布尔、埃及、突尼斯的货币，以及欧洲货币中的常见种类。

第五节　克里米亚

尽管一直到 18 世纪 70 年代，克里米亚汗国都处于独特的政治地位，拥有自主权，但随着奥斯曼军队的失败，18 世纪期间俄国对克里米亚汗国的施压不断增强。1774 年，汗国的地位从帝国内部的自主权演变成完全的独立，但九年后被俄国强占。克里米亚的特殊地位与奥斯曼货币系统相比，克里米亚拥有自主权但也要受伊斯坦布尔的影响，这在 1774 年也都结束了。尽管如此，在独立的九年间克里米亚的铸币以及货币措施都与其自主期间实践的性质与象征有关，并具有趣味性。

克里米亚汗国继续坚持它的阿克切货币系统，以可汗的名义发行货币，一直到 1774 年。即使与伊斯坦布尔的阿克斯之间并不存在什么实际联系，克里米亚阿克斯币在 16、17 世纪的含银量还是有所衰减，尽管它比伊斯坦布尔的削减速度要慢些。到 18 世纪，克里米亚阿克斯也变成了一块很小的钱币，重量只有 0.3 克。结果数倍于阿克斯的大额币发行了，最大的有初始阿克斯的六倍。① 铜铸币相当于 1 阿克切的面额，它的小面额也被发行出来作为日常使用。克里米亚汗国之所以到 18 世纪晚期才发行金币，是因为在奥斯曼统治期间不具备足够的自主权。没有金币时，国内的银币和铜币无法满足经济贸易的需求。因此，大量的欧洲银币，比如波兰兹罗提币，以及国际上更重要的西班牙银元、荷兰泰勒币在汗国内都广泛流通着。

　　独立的克里米亚采用库鲁斯作为自己的基础银币配置，在 1774 年后发行了一套大银币。一个克里米亚库鲁斯大概有五个迪拉姆币重，大约 16 克，比同一时期的伊斯坦布尔库鲁斯银币轻了几乎 40%。它的含银量估算为 5.6 克，比同一时期的伊斯坦布尔库鲁斯银币的含银量少 55%。18 世纪 80 年代早期，就在俄国终结了克里米亚的独立后没几年，克里米亚最后一位可汗沙希恩·格莱，开始铸造带有他名字的卡法大金币，这是克里米亚统治者历史上的第一次。

第六节　货币的融合

　　从本次研究得出关于奥斯曼帝国货币系统的重要结论即是：18 世纪是一个恢复期，是一个中心与边缘联系逐渐增强的时期。随着新库鲁斯货币系统的建立，以及在帝国核心地区货币铸造活动的集中化，伊斯坦布尔的帝国铸币厂成功地为大范围内的地区提供了银币，从巴尔干半岛到安纳托利亚（今小亚细亚），以及叙利亚、伊拉克。在此期间埃及、的黎波里、突尼斯、克里米亚、阿尔及尔以及同时期伊斯坦布尔的货币流通对彼此的影响也越来越大。这样的联系在开罗、的黎波里之间最强，在突尼斯、克里米亚、阿尔及尔之间则要弱一些。上述结论看起来有些矛盾，因为这个时期普遍地被历史学家认为是帝国开始逐渐分散

① N. Agat, "Kirim Hanlarinin Paralarinin Nitelikleri ve Isik Tuttuklari Bazi Tarihi Ger – cekler," reprints of three earlier articles, The Turkish Numismatic Society Bulten 7 (1982), 6 – 43.

的时期。

伊斯坦布尔（1844）和突尼斯（1847）进行完全相同的货币改革，都采用双金属货币制，金银币采用固定汇率，同时抛弃贬值的银币来作为提高财政收入的一种手段。并不是政府之间相互作用带来了改变。相反，主要是与欧洲的贸易来往快速增长，与欧洲商人、政府的联系逐渐增强，他们的建议和压力使得开罗、突尼斯和伊斯坦布尔的政府接受符合国际贸易要求的货币制度。

图 11.1　1680—1860 年奥斯曼流通货币中的白银含量

在没有消除预算赤字的情况下，做出抛弃贬值货币来提高财政收入的决定，从长远来看会使三个政府付出高昂的代价。19 世纪 50 年代，三个政府都向欧洲金融市场进行借贷，只为满足他们短期的预算需求。19 世纪 70 年代中期，他们的年度债务远远超出了自己的偿还范围，只好宣布暂缓未偿债务。1881 年，欧洲公共债务管理局成立，更戏剧化的是，债务暂缓与突尼斯（1881）、埃及（1882）被欧洲力量所攻占有直接关系。

第十二章 大贬值

从 18 世纪 70 年代到 19 世纪 40 年代，奥斯曼帝国的财政频繁地经历大型预算赤字，主要是由于战争，其次是改革的费用。预算赤字在 19 世纪 20 年代到 30 年代之间达到巅峰。为解决这个问题，奥斯曼尝试加强对帝国收入来源的掌控，利用各种不同形式的国内借贷，甚至在短期财政压力积压的时候借助货币贬值来改善情况。奥斯曼历史上幅度最高的货币贬值就发生在改革派、集权苏丹马哈茂德二世当政期间。这些货币贬值发生的特定时间以及重大性表明，政府对贬值的代价非常敏感，尤其是货币贬值在禁卫军和其他城镇组织里引起的政治反对。在对财政集中进行尝试研究之后，这一章检验了货币贬值是否能作为财政工具发挥作用，以及反对派的性质。

第一节 财政集中的尝试

苏丹马哈茂德二世在位期间对于帝国、中央政府来说都是一段艰难时期。在这 30 年间，政府不得不处理一系列的暴动、民族主义的革命，以及境外的战争。尽管能够镇压巴尔干半岛及安纳托利亚各个重要人物领导的起义，但塞尔维亚和希腊的革命导致了帝国领土的分裂。对于帝国财政来说花费最大的还是一系列反抗俄国（1806—1812 年，1828—1829 年）、伊朗（1820—1828 年）、埃及（1831—1833 年，1838—1839 年）的战争。

这也是一段对西方模式、集权改革的批判时期。军事改革的尝试开始得早一些，始于塞利姆三世（1789—1807 年）统治时期，但由于禁卫军中的反对派，改革进程受到限制。这样的努力在 1826 年废止禁卫军后得到了激励。新秩序军的规模在 20 世纪 30 年代末从世纪之交时的2000 人升至 12 万人，帝国财政压力增加。大体说来，大约一半的预算费用都分配给了军事开销，从 18 世纪晚期一直到 19 世纪 40 年代；在战争时期这部分费用还更高。

另一个重要而困难的任务就是官僚体制的重组与现代化。当权者的策略是撤销除首都和省的中间政府，将权力集中到他自己手中。19 世纪 20 年代，改革行动不再局限于军事领域，扩散到行政、司法以及教育领域，然而资源的需求也增多了。不存在精确的预算数字，但经估算表明经过调整通货膨胀，中央政府的花费增长了 250% 到 300%，从大约 18 世纪末的 1800 万库鲁斯或 200 万达克特，到 19 世纪 30 年代末的40 亿库鲁斯或 7000000 达克特。[①] 为应对如此重大的变化为中央政府设立了巨额财政任务。因此，改革进程的关键目标之一即是帝国财政整顿以及使财政更加集中。作为改革的一部分，多重国债和新时期早期的预算逐渐分解成为单式预算。

中央政府的政治与行政能力往往决定了财政收入的限制。如果征税没有行政网，政府就不得不与省里的强势集团分享税收。为了更好地控制征税过程，在 19 世纪 20 年代，中央政府开始削弱首都的高级官僚主义者与金融家之间，省里的重要人物之间的强权联盟。通过这样的集权，中央税收才能实际上有所增加。然后，支出还是以较快的速度增长着。因此，政府不得不从 18 世纪后期一直到 19 世纪 40 年代倾注大量的精力去发展长期国内借贷的新方式。

---

① 这些指标表明，中央政府的收入和支出占总产量的比例或整体经济规模的比例大幅上升，从 17 世纪 70 年代到 18 世纪 40 年代甚至可能翻一番。

第二节　内部借贷的进程

在 17 世纪末之前，奥斯曼帝国政府财政依靠税收征收和短期借款，就像大多数伊斯兰国家的做法一样。然而，从 16 世纪末开始政府财政收支状况恶化，利用税收增加财政收入的压力加大。因此，中央政府开始延长税收合同期限，要求提前支付总额的较大部分。

1695 年一个以一生为周期的玛丽卡恩税收体系的引入使得其采取了进一步措施。玛丽卡恩体系下，合同买方预计进行初始预付款，称为穆克勒和一系列年度付款，称为"穆"。竞争性拍卖上穆克勒的确切数量被确定，而年度付款在拍卖前已被确定。实行这个制度的一个理由是，通过延长合同期限，国家希望玛丽卡恩制度能够更多地关注税源，尤其是农民生产者，试图实现长期的生产增长。事实上，这个体系可以让国家把税收作为抵押品以便长期借款。与简单的税收制度相比，玛丽卡恩体系是国家在长期借款方面的重要转变。随着期限的延长和更大额度预付款的引入，这些合同的长期合作变得更加重要。因此，伊斯坦布尔的赞助者（萨拉福）开始在征税过程中发挥越来越重要的作用。然而，从长远来看，玛丽卡恩系统并没有达到预期效果。这在实际上导致了国家收入下降，并最终导致国家无法重新获得对收入来源的控制权。

1768—1774 年的战争结束后，奥斯曼帝国的军事以及金融弱点都逐渐暴露出来，金融机构开始实施了一个名为艾斯哈姆的长期国内借款的新制度。推行新制度的一个动机是扩大国家借款的基础，增加有限的大型投资者的数量，这些大型投资者倾向于投资更多的中小型贷款机构。然而，国家无力控制或者限制艾斯哈姆的销售或者继承人获得付款量的减少，这严重限制了玛丽卡恩制度获取的利润。①在接下来的半个世纪中，国家在财政时期淘汰艾斯哈姆和经济压力达到顶峰时进行扩张二者中摇摆不定，另外必须确保无须考虑长期成本就能拥有足够的资金。②

在1787—1792年的战争时期，奥斯曼帝国政府第一次尝试考虑从法国、西班牙或荷兰借款的可能性。荷兰政府在1789年表示其不能借贷给奥斯曼帝国政府或者将任务转交私营企业。然而，由于法国大革命导致了欧洲的经济困难，这种想法并没有得到进一步落实。另一个提议是从摩洛哥借款，因为摩洛哥是一个友好的国家，但很明显，该国的资源相当有限。从18世纪晚期到19世纪40年代，特别的战时税收和对知名人士尤其对那些在苏丹获得了原始积累的人士的财产征用，被作为获得收入的另外一种手段。

在17世纪和18世纪，奥斯曼帝国金融机构的演变与欧洲公共金融机构的演变之间的因果联系，目前尚未被查明，尽管最近常有人针对奥斯曼帝国的演变进行研究。两者之间的相似之处相当突出。出于这个原因，欧洲经济和金融一体化对经济的增长作用，不仅使私营金融机构迅速发生变化，这种变化也同样体现在公共金融机构上。初步销售价格如上所述，如果买家收到预付款的平均时间长短是12年，那么他们借给国家的隐含利率就是12%左右。如果收到预付款的时间长达18年，隐性利率将上升至14%。

第三节　1808—1834年大贬值

除了这些长短期措施外，在这个非常时期，奥斯曼帝国政府常将货

---

① Cezar, Osmanli Maliyesinde Bunalim, 81 – 83; also M. Genc, "Esham," Vol. XI, 1995, 376 – 380. 除非假设贷款人期望收到这些年度付款的时间很长，贷款人所收取的利息率是不能依照初始售价确定的。

② Cezar, Osmanli Maliyesinde Bunalim, 128 – 134, 198 – 200. 在最初的讨论中，奥斯曼帝国官僚机构需要负担750万库鲁斯。

币贬值作为手段。当苏丹马哈茂德二世在 1808 年登上王位时，一枚库鲁斯仍然含有 5.90 克白银，这是自 1789 年以来一直不变的标准。在接下来的 30 年中，奥斯曼货币的白银含量有所下降，有时会比较缓慢。这时银含量在 1831—1832 年达到最低点 0.5 克，虽然库鲁斯随后在 1832 年升至 0.94 克，然后在 1844 年升至 1.0 克，直到第一次世界大战。总之，库鲁斯银含量从 1808 年到 1844 年下降了 83%。[①]

货币贬值的同时，汇率也在下降。而二者总的价格水平却是显著增长。在 1788 年，五个半库鲁斯可以交换一个威尼斯达克特，11 个库鲁斯兑换一个英镑。到 1844 年，1 达克特相当于 50 库鲁斯或者 52 库鲁斯，1 英镑可以兑换 110 库鲁斯。换句话说，奥斯曼帝国货币单位在这 60 年中与主要欧洲货币相比损失了 90% 的价值。根据最近从伊斯坦布尔帝国厨房账簿和虔诚基金会账簿获得的数据构建而成的指数显示，1780—1850 年食品价格上涨了 10 倍以上。

我们从可获得的钱币证据中，追踪每年库鲁斯的银含量。在马哈茂德二世 32 年的统治时间内，他发行了十种不同标准的银币。这些银币能够包含一到五小块帕拉，甚至二、五、六块库鲁斯。这系列中的每一种都将在一到八年或更长的时间内流通。穆罕默德二世最终发行了 47 种不同类型的银币，超过任何其他奥斯曼统治者所发行的数量。每一种钱币或每种系列钱币的标准的详细信息都可以从中得知。另外，已经对钱币进行了内容分析，以确定其种类和合金含量。

中央政府在穆罕默德二世统治期间继续发行各种各样的金币，例如兹瑞玛布、鲁米、阿德里、哈里亚等。然而，这些金币没有遭受迅速贬

---

① 如果将 1789 年作为起点，整体贬值率甚至更高。奥斯曼帝国单位在 1789—1844 年减少了其银含量的 88%。1808—1844 年和 1789—1844 年这两段时间代表了奥斯曼历史上最高的贬值率。没有任何一个时期，能让奥斯曼货币在这么短的时间内遭受如此严重的贬值。最接近的时期是 1585—1600 年这段时间。在此期间，阿克斯银含量最初下降 44%，直到 1600 年都在持续下降。1600 年的货币改造行动将阿克斯恢复到 1586 年的水平，在此之前，阿克斯中银含量超标，它比 1584 年时的银含量减少了 60% 至 70%。

值。在后来的 30 年里，金币中的金含量总体下降指数仍然低于 20%。很明显，政府并没有用与银币相同的铸币税逻辑来看待金币。这是因为国家债务在库鲁斯银上得到了体现，与金币没有任何关联。因此，政府并没有因为使金币贬值而获得很多收益。①

对货币贬值的时间和幅度的考察，为政府的动机提供了重要的说明。我们研究发现，穆罕默德二世统治期间的货币贬值可分为两个子时期。第一个子时期是从 1808 年到 1822 年。在此期间，政府共发行了六套独立的银币。发行到第六套的时候，库克斯的银含量已经减少到 2.32 克，与 1808 年相比减少了 60%。俄罗斯、伊朗和希腊革命战争引起的财政困难，使得在第一个子时期，货币数量一直在下降。事实上，1810 年由穆罕默德二世发行的第三套银币被称为西哈迪耶的银含量更少。俄罗斯战争需要帝国提高财政收入，这种货币的出现与这个原因相关。这些钱币共流通了八年。在这个时期，政府也发行了一个叫作西哈迪耶·埃斯哈姆的特殊的阿萨姆货币，可以算是证明奥斯曼战争债务缠身的第一个例子。第二个甚至更快贬值的子时期发生在 1828—1829 年的俄罗斯战争后。除了战争支出，奥斯曼帝国同意在战争结束后支付的 4 亿库鲁斯补偿款，这对奥斯曼帝国经济及货币的影响持续了很多年。② 在 1828—1832 年，库鲁斯的银含量从 2.32 克急剧下降至 0.53 克，四年下降了 79%。1832 年之后经济状况好转，货币中的银含量被提高到

① 在不同的背景下，井田真一郎认为，17 世纪时，西班牙政府一方面发现了不同铜币之间的细小差异，另一方面对银和黄金进行了类似的区分。政府从造币活动和国际货币流通中获得了巨大的收益，为了维持全球货币汇率，政府并不想改变这些硬币的标准。另外，国内经济中使用的铜币被纳入了定期贬值的政策体系当中。
② 奥斯曼帝国预计将在 10 年内付款。这笔金额约占奥斯曼国家年收入的 150%。随后，奥斯曼帝国让渡一部分领土，使得这笔金额有所减少。Shaw and Shaw, History of the Ottoman Empire, Vol. II, 32; Cezar, Osmanli Maliyesinde Bunalim, 244 – 301.

0.94 克。[1]

现在可以采用一个简单的模型，来检验奥斯曼帝国政府在这 30 年中对于贬值的态度。在这个框架下，政府对贬值这一行动引起的短期和长期成本与短期税收收入作了权衡。如果国家认为这些成本低于预期的收益，那么可能会采取一系列的贬值活动。换句话说，这种贬值远远不是无效的行为，它被看作是有效的潜在财政手段，尤其是短期内的有效手段。

货币贬值带来的财政收益很难确定。国家能够以相同数量的铸币贵金属发行更多的造币，并承担更大的一部分义务。[2] 政府在货币贬值之后经常采取的一个相关措施是禁止在当地市场使用或出售黄金和白银，并将其以低于市场的价格交回皇家造币厂。[3] 最后，国家还从回炉重新铸币中获得了足够的收入，这些收入由公众提供给了造币厂。

由于货币贬值政策的推行，国家可能会因此承担一些费用。由于在贬值之后价格上涨，以名义价值计算的国家收入减少了。换句话说，贬值刺激了财政收入的激增，之后开始下降。从长远来看，如果国家没有

---

[1]　在这几十年里，库鲁斯的汇率变化与其银含量关系密切，但有两个例外。第一，由于欧洲货币的贬值，库鲁斯汇率的下降趋势在拿破仑战争期间趋缓甚至停滞。第二，奥斯曼帝国货币的银价与汇率之间的联系被切断，而库鲁斯在 1828—1833 年之间的货币贬值发生期间成了主要流通货币。因此，由 1829—1832 年的库鲁斯对英镑的汇率计算出的黄金与白银的比率在 6 到 7.5 之间变化。

[2]　当代奥斯曼评论家认为，货币贬值对国家没有好处，因为价格上涨，以名义价格计算的财政收入，在每次贬值发生后都开始下降。Cezar, Osmanli Maliyesinde Bunalim, 147。然而，这个论点并没有考虑到国家在第一轮发行额外货币而获得的收入。在战争压力和严重的金融危机下投资回报期被严重压缩，因此追求短期贬值的理由是有意义的。

[3]　这种措施在 1789 年的货币贬值和在穆罕默德二世时的货币贬值时期，被广泛应用。Cezar, Osmanli Maliyesinde Bunalim, 99, 139。这段时期，政府为伊斯坦布尔造币厂提供的白银情况，见 BOA, C. D. 823, 13 和 H. H. 16505。

按名义价格上调税收和其他收入，那么贬值可能导致国家收入的下降。①

如果公众失去了对国内货币的信心，并开始期待更进一步的贬值，国家很难再进一步减少钱币中的贵金属含量。例如，在开放的造币系统中，公众可能开始持有另一种流通货币，并远离可能继续贬值的铸币。在穆罕默德二世统治期间，可能会产生大量的替代货币，因为不同品种的外币可以自由流通。

奥斯曼货币贬值的一个后果是假币的传播。当国家发行具有较低银含量的新钱币时，造假者立即开始以相同或甚至更高的银含量制造新钱币，来分享国家的税收收入。然而，贵金属的价格在随着其他价格上涨而下降。银价格上涨和国家试图以官方价格获得金银的做法都鼓励了造假行为。

另一个后果是国内借款能力下降对货币贬值的不利影响。随着国家开始采取货币贬值手段，公众的期待越来越多，从公众那里借款也变得越来越困难。有证据表明，随着1808年以后的货币贬值情况加剧，利率更显著地上升，这使得国家对艾斯哈姆的出售变得更加困难。例如，艾斯哈姆的初始售价与年度支付的比率在1808年后开始下降。

然而，奥斯曼帝国贬值的最重要的代价就是在城市群体中出现了政治反对派，特别是在首都地区。一个厌恶货币贬值的团体是公会会员、店主、小商人以及工资劳动者。另一个群体是那些由国家、官僚机构和乌理玛支付工资的人，特别是在首都永久驻扎的禁卫军。自17世纪以来，公会成员和禁卫军开始以工匠和店主的身份做兼职。

城市反对派对贬值反抗的效果不应该根据其叛乱的频率来衡量。正

---

① 一方面，当公众了解了货币的贬值率后，价格变化更快，货币贬值带来的财政收入很快就被耗尽了。另一方面，如果硬币的大小和纯度都不断变化，那么在这段时间内，公众可能会低估这个贬值的程度，对实际的贬值率的调整也会有些滞后。在这种情况下，税收收入将会更高。这种操纵货币标准的方式为政府提供了提高收入的机会，见 Sussman, "Debasements," 44–70.

如欧普·汤普森在研究 18 世纪英国经济时所说的那样，不应当以频率来衡量。其实是反叛行动带来的威慑力才是真正长久有效的，它确保了在和平期间，政府至少能够抑制货币的贬值。

从成本和效益的方程式上看，战争成了重要的外因，使国家短期财政收入需求增加，公众也接受了货币贬值这样的非常措施。随着提高收入的紧迫性日益增加，国家经常参与圣战，甚至将新钱币正大光明地与正在进行的战争联系起来，引起了关于钱币和债券的新问题。

在塞利姆三世和穆罕默德二世统治期间，各国政府都清楚地意识到了由禁卫军和相关城市团体设置的限制。从他的统治一开始，穆罕默德二世就想用西方军队取代禁卫军。然而，在他长期统治的早期，他没有获得任何政治支持，来支撑他做出这一重要举动。最终，禁卫军被击败。禁卫军制度在 1826 年被废止，这一重要的政治事件被认为是吉祥事件，也是货币不断贬值的重要抑制剂。在这次事件发生的两年后，奥斯曼帝国政府经历了历史上最严重的贬值，在四年的时间内库鲁斯的贵金属含量减少了 79%。

在国家的收入方面，1828—1831 年的货币贬值被认为是当时的主要成就。这种成功被归功于马丁·卡扎兹。

马丁·卡扎兹是一名亚美尼亚人，在 19 世纪 20 年代，他通过提高货币兑换公会排名的方式来领导帝国造币厂。实际上，卡扎兹只是 18 世纪末至 19 世纪 40 年代亚美尼亚造币厂的长期管理者之一。他的传记之一记述了在 1828—1829 年与俄罗斯进行战争的时期，维齐尔开始考虑发行铜币。[①] 然而，卡扎兹确信在苏丹，新造币中至少应该还有一些银存在。然后他继续生产了非常大量的库鲁斯。他的理由是，少量银的存在将有助于国家通过使钱币被公众接受而增加收入，并帮助国家保留

① H. Kazgan, "Ikinci Sultan Mahmut Devrinde Enflasyon ve Darphane Amiri Kazaz Artin," Toplum ve Bilim 11 (1980), 115–130.

降低银含量的方法，来增加额外收入。①

这个贬值事件的一个独特之处在于，当代人从造币记录中计算财政收入。根据这些计算，在约 1828—1831 年的特殊时期，帝国造币厂制造了 2300 万库鲁斯，正如银含量降低后穆罕默德二世的八个系列那样。国家的税收净收入估计为 3970 万库鲁斯。在 1831—1832 年间，含有更低的银含量的新增货币被作为第九套货币发行。这一行动带来的净收入预计为 1. 19 亿库鲁斯。战争结束后，造币厂发行了各种新币，以十进制计算，总价值为 1378 万库鲁斯。但是，这些钱币的银含量高于第八系列和第九系列，国家没有从中获得任何收入。国家在这最后一个阶段的目的是促进价格稳定及更新流通的货币。

对于当时的国家财政总收入和支出来说这都是很大一笔资金。由于各项收入和支出尚未纳入单一预算，因此年度总收入是不可估量的，但这些年来，总数达到 2.5 亿 ~ 3 亿库鲁斯似乎是合理的。卡扎兹估测 1838 年的预算为 3 亿库鲁斯。换句话说，1828—1832 年的货币贬值带来的财政收入达到了国家年度总收入的一半以上，或者平均每年收入的 10%。

然而，货币贬值带来的经济后果并不仅限于铸币税收入。通过减少国家的借款要求，货币贬值也降低了利率，间接地增加了国家财富。利率的下降趋势因其对税收制度的影响得到了缓解。被赋予了拍卖权并且可以收取国家特殊税费的税吏们，被要求提前缴纳一部分向私人进行借贷需要的费用。因此，当国内利率下降时，农场的拍卖价格趋于上涨。

---

① 根据伊斯坦布尔亚美尼亚地区流传的故事，对俄战争结束后，俄罗斯在获胜之后要求奥斯曼支付大量的赔偿金。但是，鉴于奥斯曼帝国政府经常出现货币贬值的情况，俄罗斯方面要求这笔款项用旧库鲁斯来支付，而不能使用新造币。奥斯曼帝国政府生产了新的、贬值的造币，但很快意识到存在一些问题。硬币很新，明亮且富有光泽。因此，他们在博斯普鲁斯海峡亚洲几英里的位置增加了新兵，并指示他们伸出双手。然后，新货币在他们的手上传递。当他们到达另一端时，这些货币看起来就像旧的库鲁斯。

第四节　国家融资：加拉塔银行家

18 世纪声望上升的货币兑换商在 19 世纪上半叶，转型成了大型银行家，被称为加拉塔银行家，他们与国家财政困境用于短期和长期经济需求密切相关。国家在 16 世纪以来一直依靠首都的资本家短期贷款和税收获得收入。从短期税收转变成长期的玛丽卡恩体系之后，大额预付款项目变得越来越重要。

面对这一点，玛丽卡恩体系仍然涵盖奥斯曼各个阶级，包括宫廷妇人。其他社团通常不被允许参加拍卖。然而，在许多情况下，赢得拍卖的玛丽卡恩并没有参与初次拍卖后的日常运作。他们的背后是借款人，他们借出预付款，安排了农场的分包，并向国库支付年度付款。所得款项净额在国家、玛丽卡恩、分包商和萨拉夫之间分配。因此，玛丽卡恩的原始购买者变成了经常缺席的税收业主。穆拉特估计，在这个制度下，中央政府收到的收入只有三分之一或四分之一净额。

在 18 世纪，这些缺席的玛丽卡恩的购买者开始开发出非常有价值股票的投资组合，而不是将其资本投资在一个单一的税收农场。经常观察到持有多达 20 到 30 个税收机构的投资者，尽管他们每个人都拥有足够的资本来购买一个或多个税收农场。这种行为的动机是通过投资组合多样化使风险最小化。

在 17 世纪，伊斯坦布尔货币兑换商也积极参与贸易和公会活动。一般来说，他们可以凭兴趣任意借贷。后来，他们组织了一个公会，并开始将他们的业务搬到加拉塔，地点在伊斯坦布尔郊外的老城墙和金角湾附近。虽然犹太人并不像 16 世纪那样放债和贸易，但希腊人，特别是亚美尼亚人，作为首都的主要货币兑换商而出现。希腊的金融投资者经常利用希腊商人在黑海和巴尔干地区海上贸易的突出地位，专门从事国际贸易。同样，与亚美尼亚的联系与欧洲的商业和金融网络对贸易量的增加起到了重要的作用。他们也与奥斯曼帝国官僚机构保持着良好关系。希腊独立后，亚美尼亚人取得了更为优越的地位。亚美尼亚领导人也在奥斯曼帝国的亚美尼亚社区担任领导职务，经常在社区和奥斯曼帝国之间周旋。另外，金融投资者与首都的同行们一样，在各省从事金融贸易和税收征管活动。

国家需要并鼓励货币兑换商的行动。17 世纪 60 年代以后，不断增长的经济发展水平提高了直接贷款人的重要性。此外，他们与欧洲金融集团的联系使他们能够在欧洲组织向奥斯曼国家提供短期贷款时发挥作用。许多货币兑换商也是苏丹奥斯曼大官僚的私人投资人。在法国大革命后，这些投资人取代了伊斯坦布尔的欧洲商人，并控制交易所的重要部分。伊斯坦布尔的货币兑换商从传统的放债人和经纪人发展成为具有良好国际关系的大型投资者，在伊斯坦布尔形成了一个资产阶级的胚胎。在这个过程中，他们开始被称为加拉塔银行家，尽管他们直到 20 世纪 40 年代才建立起银行。

在这个时期，亚美尼亚公会的主要成员在帝国享有优越地位，他们在这一时期常常成为帝国造币厂的管理者。然而，这种地位虽然强大但却充满危险。虽然他们能够在官僚机构和亚美尼亚地区享有权力，并担任领导职务，但其中许多人最终失去了生命，他们的财富受到了控制，他们的家属由于承担连带责任，比如对货币贬值或造币质量差担负责任，从而遭到驱逐。其他人因为在公职期间被起诉侵占财物而失去生命。

亚美尼亚都左鲁家族最初控制了一些与外贸和制造业相关的税收农场。在穆斯塔法三世统治期间（1757—1774 年），这个家庭的成员被给予了管理造币厂的权利。家庭成员保留对造币厂的日常活动的控制权，一直持续到 20 世纪 20 年代。他们在国内外动员信贷的能力是在这个困难时期继续管理帝国造币厂的一个关键原因。因此，很明显，由于亚美尼亚货币兑换商的技术和人脉，伊斯坦布尔造币厂的负责人需要负责包括国家关键领域货币的供应。

随着都左鲁家庭成员最后一位成员的解雇，出生于安纳托利亚东部一个普通家庭的阿尔丁·卡扎兹在 20 世纪 20 年代接管了帝国造币厂。他很快就成为苏丹经济问题的重要顾问，在战争期间和此后的时间里，即 1828—1829 年通过建议苏丹提升价格上限，为解决伊斯坦布尔粮食短缺提供了巨大的帮助。卡扎兹也利用他的人脉从奥地利政府的欧洲私人机构获得短期和中期贷款。俄罗斯战争结束时，即 1828—1829 年，奥斯曼帝国政府同意支付 4 亿多库鲁斯的大额赔偿。尽管奥斯曼帝国的领土让渡已经使原先预设的数额减少，沙皇仍然坚持不能减少第一次付款的数量，因为这使奥斯曼帝国政府陷入严重的经济困难。正是在这个关键时刻，卡扎兹以及其他的兑换商成功地从欧洲获得短期贷款，以便在战后向俄罗斯支付第二次赔款。正是因为其在非常关键的时刻向国家提供了重要帮助，当 1834 年他去世时，苏丹为他举办了特别葬礼。

然而，贸易和服务业中兑换商影响的不断上升遭到了遏制。19 世纪初，欧洲进口的增多使首都的公会减少，并造成了巨大的压力。此外，货币贬值与亚美尼亚造币厂的厂长有很大关系，对公会会员和禁卫军造成了严重打击。17 世纪以来，双方之间的隔阂越来越大，因为士兵越来越多地依靠其他工作来填补他们军费的不足。公会和禁卫军与兑换商之间日益紧张的关系和不断的对抗一直持续到 1826 年禁卫军被废除。

到了 20 世纪 40 年代，加拉塔银行家的队伍已经大大扩大，其中包含更多的犹太人和莱昂内特人，在地中海东部定居的欧洲人以及希腊人和亚美尼亚人。巴塔兹、卡莫多、科诺尼、尤金斯、马乌罗克托、莫索鲁、莱利、扎瑞等许多家庭在欧洲为奥斯曼国家组织短期贷款的能力和联系也大幅提高。1847 年，在政府的财政支持下，巴塔兹和在法国大革命期间定居在土耳其的法国银行家族成员 J. 艾伦一起，正式成立了加拉塔银行家们中的第一家银行。

加拉塔银行家的财务权力后来达到顶峰。然而，与此同时，奥斯曼帝国的借款需求增长得更加迅速。因此，当奥斯曼帝国政府决定直接向欧洲金融市场寻求长期借款时，加拉塔银行家受到来自更强大的欧洲银行家日益激烈的竞争，他们在首都和各省建立自己的银行。英国和法国资本的奥斯曼帝国银行成立于 1863 年，该银行除了商业运营外，还将为帝国准中央银行即将进行的商业活动做准备，进一步巩固了欧洲资本在奥斯曼金融市场的地位。

尽管加拉塔银行家失去了从前那样无与伦比的地位，但也很难迫使他们退出国家贷款或私人贷款。他们与欧洲金融集团结盟，并开设了新的银行，为依赖他们在欧洲金融市场通过发行金融债券进行短期借款的奥斯曼帝国政府提供贷款服务。在 1875—1881 年的危机中，当奥斯曼帝国政府宣布暂停偿还债务，其在巴尔干和安纳托利亚东部面临着与俄罗斯的消耗巨大的战争，奥斯曼银行和欧洲金融市场因此拒绝为其提供新的贷款。随后，政府在危机期间开始向加拉塔银行家寻求帮助。有趣的是，加拉塔银行家都响应了爱国主义的要求，他们都是奥斯曼公民，在这个困难时期，动员他们合作了几个世纪的老客户以获得支持。

第十三章 从"双金属"到"金本位"

第一节 全球经济的融合

从奥斯曼经济和货币史的角度来看，19 世纪是一个与前期完全不同的时期。一方面，这一时期针对帝国集权进行的西方改革，在行政、教育、法律、司法以及经济、货币和货币事务等方面都做出了重大的努力。另一方面，这一时期是融入世界市场和外贸，特别是与欧洲的贸易迅速扩张的时期。奥斯曼帝国日益转变为初级产品出口国和制成品进口国。1911 年，安纳托利亚、叙利亚和伊拉克边界地区的对外贸易在 18 世纪 20 年代到第一次世界大战之间增加了大约十倍。这个过程因为港口和铁路的建设以及大多数在欧洲首都建立的现代银行机构而加速。因此，农业商业化在马其顿、安纳托利亚中部、西部和东北部以及叙利亚海岸沿岸迅速发展。农村人口不仅是经济作物生产者，也是进口商品特别是棉纺织品的采购商。这些发展大大增加了对金钱的需求和使用，特别是在那些更商业化的地区。

19 世纪也见证了帝国的领土缩小。在巴尔干地区，第一次世界大战之前，塞尔维亚、希腊、罗马尼亚和保加利亚逐渐成为独立国家，并继续向奥斯曼帝国扩大其国家边界。在北非，帝国以前享有不同程度自治权的几个省份，开始被欧洲国家所占领。阿尔及利亚在 1830 年、突尼斯在 1881 年被法国占领。在埃及，穆罕默德·阿里在 19 世纪初建立了一个新的王朝，只与伊斯坦布尔维持着名义联系。在 1882 年英国占领埃及之后，这些名义上的联系继续下去，但事实上埃及变成了英国的殖民地。

对于欧洲政府，特别是关心俄罗斯向南方扩张的英国人来说，奥斯曼帝国改革的成功被认为对帝国的领土完整至关重要。欧洲各国政府还认为，基于比较优势和欧洲直接投资原则，欧洲的商业联系迅速扩大对奥斯曼帝国经济的发展至关重要。因此，他们开始对奥斯曼帝国政府施加相当大的压力，让他们放弃货币贬值，以建立更稳定的货币体系。此背景下双金属制度被提出来，称其会使奥斯曼帝国更加适应当前的国际趋势，并有助于扩大贸易和欧洲投资。欧洲各国政府还让奥斯曼帝国进入欧洲金融市场，以改革财政和稳定货币。他们明确表示，他们准备为此提供必要的专业技术支持。然而，采用双金属和稳定的货币并不意味着奥斯曼帝国货币政策的结束。在整个世纪里，奥斯曼帝国政府采用了各种短期和长期的方法来处理财政问题，但很难把国家财政纳入掌控。这些增加收入或借款的尝试对其货币体系产生了重要的影响。因此，19世纪的大部分货币历史都需要与金融史和国家财政的历史放在一起加以考察。

第二节　双金属主义、新造币和纸币

在 19 世纪实行的双金属制度下，一个国家将某两种商品作为衡量其他商品价值的标准。两种金属的相对数量创建了相同的货币单位，也就是政府明确规定的造币比率或法定比率。在这个系统下，经过授权的造币厂可以随时应任何人的要求，以其指定的面值和特定重量的金和银铸币，但通常需求量都不多。在确定的黄金与白银比率下，黄金或银币的价值将被低估，并且当市场价格与官方法定价格不同时，其将从流通中消失。具有较高国际市场价值的金属将被送往国外，被另外一种流入的金属所替代。因此，19 世纪的双金属制度确保至少会有一种金属将始终支持国内货币供应。它还具有稳定两种类型的钱币币值的作用。

长期以来,经济学家认为,双金属制度是不稳定的,也并不是不令人满意的货币标准。不同于金属标准的频繁变化,单金属主义比双金属化更为优越。然而近年来,关于该制度的不同见解越来越多,其优点得到重新评估。这些研究表明,造币的实际比率比所假设的要宽泛,双金属系统实际上比以前更有效地稳定了黄金和白银相对市场价格。

奥斯曼帝国在 20 世纪 30 年代末就已经预见了货币危机。虽然政府通过经济贬值,成功地将短期收入提高了一倍,但由此造成的政治问题却开始涌现。自 20 世纪初以来,各种各样钱币的生产使得政府无法将早期的系列从流通中退出,加重了经济困难。这些情况为日常交易和国际贸易增加困难。同时,欧洲货币的吸引力和使用特别是在国际贸易和财富存储方面有所增加。

货币改革无疑是有序的。与其他一些改革一样,1834 年埃及穆罕默德·阿里在金和银币上采用双金属制和新标准,为奥斯曼帝国政府树立了一个重要的范例。1839 年,苏丹穆罕默德二世去世后,新政府公开表示打算进行类似的行动。从英国进口新的机器和技术;来自英国和法国的铸造货币的技术人员和其他专家协助安装机器并向奥斯曼帝国提供铸造货币的新标准;杜伊佐格洛家族的另一位成员被任命为皇家造币厂的领导者。

经过一段拖延,政府决定采用双金属标准,库鲁斯银币和新里拉金币都被接受为法定货币,在帝国的造币厂,一个里拉可以自由兑换 100 个库鲁斯。1843 年开始生产新的金币,第二年开始发行。与此同时,帝国造币厂的社会声明阐明了货币改革的原因。黄金白银比例设定为 15.09,开放的造币体系仍在继续。对于将自己的物种带到帝国造币厂的私人来说,生产成本包括 1% 的黄金和 2.7% 的银币。改革初期的金币产量为1200 万里拉,约为 1100 万英镑,银币为 400 万里拉或 360 万英镑。

政府在 1844 年以后放弃将货币贬值作为提高收入的手段。直到1922 年,银和金币铸币才都符合 1844 年建立的标准。另外,小面额的铜币，即5、10、20帕拉，都被用于日常交易。1910年引进的镍币被用于同样目的。

然而，实际上，政府并没有强制赎回以前取消的所有流通货币。因此，它们很快就被迫将其认定为法定货币，甚至宣布了每一个疏通货币的兑换率，由于政府无力取消旧币，从一开始就会损害新制度的运作。其中一些钱币，尤其是在1828—1834年期间铸造的被称为贝斯里克（beslik）和阿提里克（altilik）的5库鲁斯和6库鲁斯币，一直保持流通，特别是在一些省份一直持续到第一次世界大战。

表 13.1　1850—1914 年奥斯曼黄金里拉对其他货币汇率

	1850 年	1914 年
英国英镑	1.10	1.10
法国法郎	0.0433	0.044
奥地利欧林/克朗	0.11	0.046
德国马克	—	0.0542
俄罗斯卢布	0.175	0.116
埃及里拉	1.0	1.146
美元	0.229	0.229

注：在1844—1878年，金里拉重达7.216克，含金量为22/24或91.67%，含有6.6克黄金。黄金里拉也设置为等于100库鲁斯银币，其中每个银币含有一克纯银。因此，隐含的黄金白银比率定为15.09。1878年以后，其与银的联系被切断，黄金成为奥斯曼货币的唯一标准。

资料来源：Tate's Modern Cambisit, a Manual of Foreign Exchanges and Bullion, ninth edition, London, 1858; "The Statistical Abstract for the Principal and Foreign Countries" in British Parliamentary Papers, Accounts and Papers, 1914; Eldem, Osmanli Impa－ratorlugu'nun Iktisadi Sartlari, 225－226.

然而，更高的造币稳定性并不意味着经济困难的结束，政府仍然需要增加收入。整个世纪，奥斯曼帝国管理部门难以控制预算，并采取各种方法来处理这些问题。提高收入的一种方法是在伊斯坦布尔地区印刷和流通被称为开梅的有息纸币。20世纪30年代后期，随着军事需求和财政改革的需求增加，许多政府部门在分配资金用尽的情况下，允许向供应商发放债务票据（sergi）。因此，在加拉塔银行家的帮助下相当数量的短期债务被积累起来。政府还向一些伦敦银行家咨询危机中贷款的可能性。然而，没能达成一致意见，政府开始将目光投向纸币。

最早的开梅，面值为 500 库鲁斯（约 4.5 英镑），在 1840 年的手写文件中被发行。年利率为八分之一或 12.5%，期限是八年。政府一再宣布，这个开梅是为了促进商业发展而发行的，并像金银币一样被接受为法定货币。它还宣布这些方案将被各省的收税员和伊斯坦布尔的财政部门采纳。随后，还发行了较小的面额，以增加其在日常交易中的使用。1840 年的发行总量相当于 4000 万库鲁斯（约合 36 万英镑）。

在 1840 年至 1844 年，伊斯坦布尔的商人逐渐接受了这些方案，且开梅以帕莱斯为单位进行流通。1844 年另一轮开梅被发行，年利率下降到 6%。20 世纪 40 年代后期，新版的开梅继续发行，面额从 1 万库鲁斯至 10 万库鲁斯。较大的面额主要由商人使用。在这个早期阶段，流通货币的数量不可知，但从价格的稳定性来看，供应量并不高。

然而，从一开始，开梅的流通就受到仿制品的困扰。第一轮发行的开梅的标注是手写的。第二轮发行用不可擦的墨水书写金额，但是造假者也能达到这个水平。最终，在 1842 年，开梅开始印有苏丹（tughra）的浮雕印章和其他防伪的保护措施，并且更早的时候发行的货币被换成印刷的开梅。政府还决定在 1841 年终止其在各省的流通，不仅是因为造假行为，而且还因为其受到了经济困难的影响。

由于其数量仍然有限，到 1852 年之前开梅的流通效果相当好。1852 年，一个新阶段开始，面额比以前的 10 或 20 库鲁斯更小。官方解释强调这些小面额适合国家的日常很小的交易量，但很明显，它们也帮助国家提高了大量新的收入。在 1853 年，流通量达到 1.75 亿库鲁斯，约合 160 万英镑，仍然不算很多。① 然而，在克里米亚战争期间，印刷了大量的开梅，以黄金里拉表示的市场价格下降到不到名义价值的一半。以开梅表示的一金里拉可以交换 200～220 库鲁斯。1861 年，创纪录的 12.5 亿库鲁斯大开梅泛滥于市场上。记录显示，金里拉的汇率暴跌至 400 库鲁斯纸币。因此，纸币的实验在其开始 20 多年后成为主要

① Akyildiz, Kagit Para, 41－49.

的潮流。随着民众的抗议和普遍的不满，在从奥斯曼帝国银行获得的短期贷款的帮助下，政府已经同意开梅于1862年退出历史舞台。①

在第一次世界大战之前，还有另外一个场合政府会使用不可转换的纸币。奥斯曼帝国政府在1876年宣布暂停外债支付后，不再可能从欧洲金融市场或奥斯曼帝国银行借款。随着塞尔维亚起义和1877年与俄罗斯的战争爆发，增加财政收入的需求变得更加迫切。小额和大额面值开梅的发行范围从1库鲁斯到500库鲁斯，并被宣布成为帝国所有地区的法定货币。他们的总量很快达到了1600万里拉（约合1440万英镑）。政府向其雇员提出了使用开梅的要求。农民出售庄稼也以开梅来缴税。然而，由于大量的收益，两年内开梅的兑换率下降到每黄金里拉450库鲁斯。开梅继续流通了将近三年时间，才退出历史舞台。②

第三节　向国家贷款的银行

随着欧洲经济和金融一体化的进程的推进，19世纪40年代，银行首次在奥斯曼帝国成立。对银行的需求，一部分来自与欧洲的贸易增长和商人的经济需求。事实上，第一家在奥斯曼帝国开始经营的银行是士麦那的商业银行。

该银行1844年在伦敦成立，一些英国商人出资共20万英镑组成，以满足伊兹密尔地区欧洲和其他商人日益增长的需求。在1847年的金融危机期间，该银行被迫关闭。③

对直到18世纪80年代才开始建立的大多数银行来说，为国家贷款

---

① 当政府在1861年试图将开梅派往各省时，引起当地居民强烈的反应。一些城镇提议会按照政府要求支付税款，只要开梅不被送到本地区。Akyildiz, Kagit Para, 50 – 90; Davison, "The First Ottoman Experiment," 245; M. Erol, Osmanli Imparatorlugu'ndaKagitİ Para (Kaime) (Ankara: Turk Tarih Kurumu Basimevi, 1970), 5 – 7.

② Akyildiz, Kagit Para, 91 – 174; Erol, Osmanli Imparatorlugu'nda, 15 – 27.

③ R. Kasaba, "Izmir Ticaret Bankasi," Tarih ve Toplum 43 (1987), 57 – 60.

仍然是其业务中更重要的部分。在奥斯曼帝国建立的第一家银行是君士坦丁堡银行（DersaadetBankasō），成立于1847年，出资为20万英镑。该银行向政府提供短期贷款，以稳定奥斯曼纸币的汇率。银行的出资和其他资本来自两位主要的加拉塔银行家 J. 艾伦（J. Alleon）和巴塔兹（ThBaltazzi）。然而，由于流通纸币总量的增加，长期以来银行都无法防止汇率的恶化。由于不断增加的亏损，国家无力继续为其活动提供财务支持，该银行于1852年被迫关闭。①

政府为应对其金融和货币需求，努力建立另一家银行，1856年英国集团在克里米亚战争之后组建了奥斯曼银行。该银行成立于伦敦，资金为50万英镑，其经营中心位于伊斯坦布尔，获得英国皇家宪章的许可。除埃及以外，该银行还被允许在帝国其他城市开设分支机构。

政府持续的大规模困难很快使其开始寻求更有力的欧洲机构。1863年，奥斯曼银行的英国业主加入了一个法国金融集团，占有50%的份额，以建立奥斯曼帝国银行。新银行由伦敦和巴黎的委员会管理，对伊斯坦布尔的日常管理进行指导。奥斯曼帝国银行的一个重要特征是其具有双重性质，既是一个法英联合私人银行，也是一个伊斯坦布尔的公共银行。国家通过向该银行委托国库的大部分交易来要求其履行向国家提供某些短期贷款的义务，该银行同意帮助国家收回现有的纸币和贬值货币。奥斯曼帝国银行也在外债方面享有特权地位。奥斯曼国家支付的大部分外债都是由该银行处理的，该银行对此服务收取1%的佣金。最后，奥斯曼政府承诺不发行任何纸币，银行被授予发行黄金纸币的垄断地位。因此，银行享有独特的金融和货币特权，并且有能力从这些情形中获得最大的利益。

在20世纪70年代中期之前，奥斯曼帝国政府的持续性差异以及引

---

① A. du Velay, Essai sur l'Histoire FinancieÁre de la Turquie（Paris：Arthur Rousseau，1903），126 – 129；I. Tekeli and S. Ilkin, enlarged second edition, Turkiye Cumhuriyeti Merkez Bankasi（Ankara：Turkiye Cumhuriyeti Merkez Bankasi，1997），53 – 54.

起欧洲金融市场高度兴趣的奥斯曼债券问题的普及使得奥斯曼国家的贷款获利非常丰硕。加拉塔银行家试图通过与英国、法国和奥地利金融集团建立联盟，并在首都建立多家银行，来争取获得这个市场份额。其中最突出的是神秘帝国奥斯曼帝国银行（1864 年）、奥斯曼帝国综合信贷银行（1869 年）、君士坦丁堡银行（1872 年）。除了提供自己的短期贷款外，这些机构还发挥了奥斯曼债券购买者与奥斯曼帝国之间的中介机构的作用，从每笔交易中获得佣金和利息。其条件特别有利，佣金总额达到实际经手总额的 10% ~ 12%。

此外，成立于 18 世纪 70 年代初的一些小型商业银行，在 18 世纪 70 年代后期的金融危机期间被关闭了。同样，一个英国群体在 1866 年成立了奥斯曼金融协会，资本为 100 万英镑，以支持在美国南北战争期间安纳托利亚西部棉花种植。这个金融机构在美国内战结束后不久就被关闭，国际棉花价格大幅下滑。①

第四节　外部借款

1854 年，在克里米亚战争期间，奥斯曼帝国政府开始在欧洲金融市场上出售长期债券，这很快成为应对经常性预算困难的最重要手段。在这个过程的早期阶段，奥斯曼帝国政府得到了英国的合作伙伴和战时盟友的支持，这个联盟保证了从埃及方面向奥斯曼提交的年度收入的第一笔债券。在接下来的 20 年里，奥斯曼帝国政府在日益不利的状况下，从伦敦、巴黎、维也纳及其他地方大量借款。然而，只能满足目前的支出，只有一小部分用于基础设施投资和增加偿还能力。到 19 世纪 60 年代后期，奥斯曼帝国财政已经恶化到不得不借新债偿还旧债的地步。奥斯曼帝国债券已经出现延期支付的情况，但金融市场一直受到其回报率不同寻常的高诱惑，得以发行。

在 1873 年的金融危机导致欧洲金融市场停止海外贷款之后，政府

---

① Tekeli and Ilkin, Merkez Bankasi, 62 - 69.

被迫宣布暂停偿还债务，在 1875—1876 年，未偿还债务超过 2 亿英镑。经过长时间的谈判，于 1881 年成立奥斯曼公共债务管理局（OPDA），负责执行欧洲对奥斯曼帝国部分地区的控制，并确保在谈判中名义价值下降约一半的未偿债务的有序付款。在第一次世界大战爆发之后的 30 年中，政府收入的相当大的一部分由 OPDA 控制，并用于偿还债务。这种控制和定期的债务偿还对欧洲金融市场来说是相当令人放心的。结果是奥斯曼帝国政府能够在 19 世纪末偿清贷款。随着军费开支的增加，外援和外债的年度支付在 19 世纪之交以后都有增长势头，奥斯曼似乎永远在寻找新的贷款，这导致了奥斯曼对外交政策的依赖和外交政策复杂化。在第一次世界大战前夕，年度借款额和未偿债务额度再次达到了19 世纪 70 年代以来异常高的水平。

值得考虑的是，为什么奥斯曼帝国政府不使用其他方法来挽救其财政困难，而选择外部借款，特别是因为这种选择也将帝国的货币政权丧失，直到第一次世界大战爆发。内部借款，特别是长期内部借款，由于国内资金规模有限，很难满足国家借款需求。此外，在 19 世纪，货币贬值已成为一种切实可行的方法。不可转换的纸币通常用于相同的目的，不受限制也没有缺点。因此，奥斯曼帝国面临的挑战可以减少到两个：不可兑换的纸币和外部借款。[①]

在 19 世纪 50 年代政府发起外部借款时，长期借款的吸引力必须相当大。尽管官僚机构最初并不情愿，在欧洲市场出售长达 20 年或更长期限的债券从而推迟解决财务问题。

然而，当 OPDA 和欧洲在 1881 年建立对奥斯曼帝国的控制的时候，官僚机构已经了解了向外国借款的成本和后果，发现并不会带来财政亏损。要了解在第二个时期内稳定货币与外部借款的偏好，我们需要考虑

---

① 对于奥斯曼外部借款的犹疑与拒绝，见 O. Anderson, "Great Britain and the Beginnings of the Ottoman Public Debt," The Historical Journal 7 (1964), 47 – 63; and F. S. Rodkey, "Ottoman Concern about Western Economic Penetration in the Levant, 1849 – 1856," Journal of Modern History 30 (1958), 348 – 353.

到 OPDA 和其他欧洲利益集团的压力，以及奥斯曼帝国政府在欧洲市场保持信誉，以保留继续向外部借款选择权的需要。

19 世纪 80 年代以来，货币稳定被认为是扩大与欧洲贸易和吸引欧洲直接投资的重要条件。欧洲债权人也明确表示，如果奥斯曼帝国希望保留进入欧洲金融市场，货币稳定是必要的。事实上，OPDA 所进行的财务控制很快就能使奥斯曼帝国政府在欧洲市场上以 4 到 5 个百分点的年化利率向欧洲市场借款。相比之下，尽管国际价格稳定，政府在 1875 年之前支付的有效利率却在 10% ~ 12%。[1]

因此，是什么使得 19 世纪中期政府的长期资产负债表平衡，是从贬值转为稳定货币和外部借款？相对货币稳定，对外贸易迅速扩大，欧洲直接投资应呈现积极的态势。奥斯曼对外贸易年增长率在 19 世纪平均接近 100%。在第一次世界大战之前的时期，也有一些经济增长的证据，这可能与奥斯曼帝国经济日益商业化有关。[2] 货币稳定无疑有助于经济增长。然而，与此同时，1875—1876 年的违约，奥斯曼公共债务管理机构的建立以及 1881 年向欧洲债权人投入的一些主要收入来源也表明，奥斯曼为了整顿经济秩序从国外借贷从而付出了很大的代价。

第五节　金本位标准

1815—1850 年的双金属标准工作相当好，当时供需情况相当稳定。然而，1850 年以后压力不断增加，这是因为加利福尼亚州发现黄金导致了银的升值。保持双金属系统稳定的任务落到了法国身上。为了稳定

---

[1]　关于奥斯曼外部借款的有效利率的计算，见 Pamuk, The Ottoman Empire, 58 – 60.

[2]　Eldem, Osmanli Imparatorlugu'nunİktisadi Sartlari, 302 – 309; O. Okyar, "A New Look atthe Problem of Economic Growth in the Ottoman Empire, 1800 – 1914," The Journal of European Economic History 16 (1987), 7 – 49; and Pamuk, The Ottoman Empire, 130 – 147.

局面，推动国际双金属制度的发展，以法国为首的欧洲国家集团于 1867 年联合，组建了拉丁货币联盟，共同监管货币。

19 世纪 70 年代的发展使得实行双金属货币制度的国家经济更加困难，并加速了向金本位制度的转变。首先，德国将白银都换成了黄金。其次，随着美国大量矿藏的发现，世界上银产量增加，这又导致银价格大幅下滑，在 19 世纪末，银与金的价格比从 16：1 变成 35：1。面对大幅度波动的可能性，采取银或双金属标准的国家开始把目光投向黄金。属于拉丁货币联盟的国家，在金本位制度成立之初的压力下，暂停了 1878 年银币的铸造。从那时起，法国及其同僚开始以所谓的黄金标准运作。白银仍然是法定货币，但在商业交易中既不具备创造性的，也没有任何意义上的使用功能。到了 1880 年，大多数欧洲国家都开始利用黄金。欧洲不再有任何造币厂，银可以被免费提供。世纪之交完成了向黄金的转变。美国于 1879 年加入。印度在 1893 年取消了银的使用。到 1914 年，中国是仍然坚持银标准的唯一重要国家。

在欧洲国家和美国，19 世纪 70 年代金本位制度的胜利不仅是政治意义上的，也是实践意义和意识形态上的胜利。19 世纪以来，黄金的吸引力比银大得多，且不断增加，这种现象部分地反映了政治权力结构的变化。一个冉冉兴起的城市资本主义阶级正在取代农业阶级，城市工业更青睐黄金和单金属，而农业则更青睐双金属。黄金超过了银和双金属获得了胜利，与资产阶级的政治胜利融合在一起。因此，19 世纪 70 年代的黄金争夺战是发达国家出现的主要现象之一。一方面，发达国家越来越多的商业交易使黄金更有吸引力，而收入较低的国家并没有发现银的不便利性。另一方面，发达国家政治体制改革使得其从高度重视农业利益到重视低收入城市利益的转变更为明显，而以银币和纸币为中心的欠发达国家仍然在采取传统权力结构。除了一些例外，发展中国家最初都延续非黄金标准。

20 世纪 70 年代的国际货币变化发生在欧洲压力下奥斯曼帝国政府变得异常脆弱的时候。政府宣布暂停偿还债务，随即开始无法获得外部信贷。最终，对于奥斯曼帝国而言，欧洲利益的偏好，特别是由

OPDA 和奥斯曼帝国银行所代表的债权人的偏好其作用是决定性的。

奥斯曼帝国政府在 1881 年取消双金属制度。银和金之间的联系被切断，黄金成为奥斯曼帝国货币的标准。政府也决定限制银币的供应，其中最典型的就是 20 库鲁斯 mecidiye 的限供。与此同时，大多数日常交易中，经济仍然依赖白银。政府没有足够的储备和财务实力来赎回现有的白银，于是转向全面的金本位制度。直到 1916 年，它收到了无限量的银币付款。1844 年前体系中剩余量的白银仍然流通，汇率为每一里拉兑换 105 库鲁斯。以黄金为主、白银为辅的形式，奥斯曼货币体系成为金本位标准的另一种情形。特别是在与世界的联系中，当白银价值随着内部商业的供求关系发生波动时，黄金处于经济中心位置。大多数日常交易的库鲁斯或比索仍然是基本记账单位。在许多方面，新兴制度是欧洲利益偏好与低收入农业国家现实之间的妥协。

18 世纪 80 年代将白银重新纳入流通体系的一个优点是随着银价下跌和货币贬值，可以提高出口和进口行业的竞争力。然而，奥斯曼帝国的外债金额很大。对银的利用会大大增加这个负担。同时也会对外资造成负面影响。更普遍地说，不加入金本位制度体系将意味着其与欧洲经济在一定程度上的隔离，其与欧洲经济的联系也会更加松动。

在新体系中发挥核心作用的帝国奥斯曼银行旨在维持欧洲主要国家货币和奥斯曼里拉之间的平衡，从而为商业和资本运行增加了稳定性和安全性。银行也努力避免里拉金币和库鲁斯银币的汇率发生突变。银行继续垄断金本位体系中纸币的发行，并在扩大其数量方面十分谨慎和克制。直到 1914 年，纸币的供应范围主要限于伊斯坦布尔地区，其数量仍然低于 150 万里拉。这种保守的政策和相对稳定的货币环境吸引了商人和欧洲集团对奥斯曼帝国投资。①

在新制度体系下，银币的名义价值远高于国际价格，导致银币和假

---

① Thobie, "European Banks," 410 – 411; also Hasan Ferid, Nakid ve Itibar – i Mali, 2. Kitab: Evrak – i Nakdiyye (Istanbul: Matbaa – i Amire, 1918), 106 – 243.

银币大幅流入。在这些省，库鲁斯银币的价值下降，需要以 120 库鲁斯或更多来兑换黄金里拉。① 银的流入不可避免地引起了黄金的外流，尽管外界研究者很少提到这一点。与此同时，政府在第一次世界大战之前无法统一各省的银币。19 世纪 30 年代以来，走私货币和不合标准币种的流通以及旧版五或六库鲁斯币随着区域和季节性供求变化来创建各种各样的白银黄金的利率。

金对银的溢价随着与伊斯坦布尔的距离而增加。例如，里拉金币的汇率从伊斯坦布尔的 108 库鲁斯变成阿勒颇的 125 库鲁斯，在巴格达汇率从 103 库鲁斯变成 153 库鲁斯，在耶路撒冷汇率是 124 库鲁斯，在巴士拉汇率从 103 库鲁斯变成 170 库鲁斯。在伊兹密尔，比索的价值从 1895 年的 110 库鲁斯下降到 1895 年的 210 库鲁斯，然后在 1900 年下降到 236 库鲁斯。在某些情况下，银币的利率下降到每黄金里拉低至 250 甚至 280 库鲁斯。② 在较为遥远的摩苏尔省，标准的奥斯曼帝国铸币与其他品种一起流通，其中包括 1844 年前的五库鲁斯（besÉlik）和六库鲁斯（altōlōk）。从 18 世纪 80 年代到第一次世界大战，与里拉金币和其他货币相比，库鲁斯银的价值降低。里拉金币的汇率从 1886 年的 114 库鲁斯上升到 1914 年的 137 库鲁斯，但对外币的汇率保持稳定。我们很难判断上述价格能否反映出超标造币的流通或假币的大量流入。在特定时间内，给定城市或地区的汇率差异很大，表明了超标钱币和标准钱币都在流通。无论如何，这些条件为货币兑换商提供了可观的业务。

在帝国许多地区，与欧洲的贸易规模扩大增加了欧洲主要货币的流通，特别是英镑、法国法郎，以及奥地利欧林和克朗。无论如何，在 19 世纪，奥斯曼帝国铸币在总铸币存量中的份额一直在增加。在那些比较遥远的省份，外国铸币发挥了更重要的作用。英国和法国货币在巴

---

① Billiotti, La Banque ImpeÂriale Ottomane, 110 – 124.

② G. Young, Corps de Droit Ottoman, Vol. V（Oxford：Clarendon Press），2 – 5；Billiotti, La Banque Imperiale Ottomane, 124；Kuyucak, Para ve Banka, Cilt I, 198 – 203.

勒斯坦和黎巴嫩流通，奥地利货币和俄罗斯卢布在巴尔干地区流通，特拉布宗地区由于季节性迁移而流通俄罗斯货币，埃及金币在叙利亚地区流通。在伊拉克，除了伊朗的图曼金币和卡瑞银币，印度卢比也因为贸易和每年都有大量的印度朝圣者到巴格达周围的什叶派神社朝拜而流通。1780 年在奥地利被铸造的银玛丽亚特蕾莎泰勒币，被出口到也门和红海地区，这些货币在这些地区是非常耐用的。

许多当代观察家和历史学家都认为，奥斯曼帝国在 19 世纪的大部分时间中产生了大量的贸易并出现了国际收支平衡的情况。这种模式和相关货物的流入，是各省经历货币短缺的主要原因。然而，最近一项对 19 世纪奥斯曼国际收支的研究表明，19 世纪大部分时期帝国都在经历贸易逆差，这些交易双方通常使用流入的货币付款。后来，在全球范围内，外部借款扣除债务引起了贸易逆差。20 世纪初的贸易逆差，是外国投资净投资转移造成的，而且在某种程度上，欧洲通过向巴勒斯坦的犹太定居者发放资金或者向亚美尼亚和希腊汇款以帮助他们移民国外也是原因之一。19 世纪 80 年代和 90 年代，当政府不得不偿还大量债务时，贸易逆差消失。总的来说，奥斯曼国际收支实际上显示，从 1850 年到第一次世界大战的累计盈余超过 2500 万英镑。这种情况的结果之一是，在 19 世纪，帝国的总体货币和币种储量必须有所增加，至少在帝国更商业化的地区，应当为不断增加的人口提高货币流动性，并在一定程度上提高人均生产收入水平。[①]

第一次世界大战前夕，奥斯曼的货币供应情况符合这种长期趋势。奥斯曼帝国银行的雇员阿德里安·比利奥蒂（Adrien Biliotti）以及其他一些专家 Vedat Eldem 估测，在 1914 年，奥斯曼帝国的总货币供应量约为 600 万里拉。[②] 流通金币约占供应量的一半。奥斯曼帝国银行的流通纸钞和银币估计约有 1200 万里拉。外币流通量达百万里拉，不到总数

[①] Pamuk，Ottoman Empire，216 – 223.

[②] EldeEldem，Osmanli Imparatorlugu'nunIktisadi Sartlari，228 – 229；Billiotti，La Banque Imperiale Ottomane，100 – 111.

的 10%。此外，Vedat Eldem 估计，有 3000 万里拉的金币被储备起来。在 1917 年的财政预算演讲中，财政部部长 Cavid Bey 提供了类似的估计，流通货币供应量约为 5000 万到 5500 万里拉，1913 年的额外储备金额为 1000 万到 1100 万里拉。①

第六节 商业银行

以前是法英联合银行的帝国奥斯曼银行在 19 世纪 80 年代 80% 属于法国，而巴黎委员会很快成为奥斯曼帝国事务中的真正决策机构。在第一次世界大战前，银行仍然保持其在奥斯曼债券市场的首要地位。然而，在此后的一段时间里，其商业业务和投资业务越来越突出。它在奥斯曼帝国建立了广泛的银行网，包括 80 个不同级别的分支机构，埃及和塞浦路斯也有分支机构。银行还在一定程度上协调了法国首都的各类活动，这种协调不仅体现在奥斯曼债券问题上，还体现在铁路、港口、公用事业、采矿和保险公司等各种直接投资项目上。相比之下，在第一次世界大战之前，法国和欧盟对农业和制造业的直接投资仍然是有限的。随着英国首都和金融集团在 1880 年以后开始放弃对奥斯曼帝国的利益和投资，由德意志银行牵头的德国金融集团在这些活动中成了法国的主要竞争对手。

1899 年以后，欧洲大大小小的商业银行之间发生了激烈的竞争，其中许多银行都开始涌入奥斯曼帝国并开设分行。发展这些银行旨在利用当地客户存款来促进贸易和农业。最有利的条件被提供给拥有储蓄的商人、贸易商和当地知名人士，以吸引他们的存款来满足信贷需求。虽然奥斯曼帝国银行比其竞争对手处于更好的位置，但新兴银行也从事商业运作，贴现商业票据，提供汇票付款业务。

除欧洲首都银行或银行分行外，国内集团在 19 世纪 80 年代创立

① Eldem, Osmanli Imparatorlugu'nunIktisadi Sartlari, 228; and Himadeh, Monetary and Banking System, 25.

了少数区域银行。1888 年建立的沙龙银行和 1891 年成立的米蒂利尼银行是其中最重要的两个银行。国内出资设立的奥斯曼银行数量在 1910 年以后大幅增长，这是年轻的土耳其政府提出的政策的作用。这种政策促进了国内首都地区、穆斯林与土耳其其他地区的资本发展。四家伊斯坦布尔银行和两家安纳托利亚银行都是在第一次世界大战前利用国内集团的资本建立起来的。1917 年，随着奥斯曼国家信用银行的成立，当资本达到一定数量时，这种努力进入了一个新阶段。银行被赋予了更大期待，政府希望其在国家经济发展中发挥重要作用。该机构计划转为国有银行，并在 1925 年的特权期满后，承担奥斯曼帝国银行的职能。

然而，19 世纪最重要的国内银行是 1888 年建立的农业银行（ZiraatBankasō），它通过将低息信贷的范围扩大到耕种者来支持农业发展。这个机构的起源是 MemleketSandōgǏō（一种区域性基金）和 MenaⓇ SandōgǏō（一种公共改善基金）系统，于 18 世纪 60 年代巴尔干地区由改革的主导者 MidhatPasËa 提出，后来整个帝国也建立了许多分支机构。为了使其得到更为广泛的使用，银行建立了超过 400 个分支机构，超过世界上任何其他一家金融机构。虽然作为信贷机构的银行不能满足耕种者的全部需求，但却开辟了传统放债人要求的高利率的替代方案。作为帝国的少数"土著"银行之一，它是政府有组织地推动国内储蓄经济发展的努力的重要组成部分。

第七节　第一次世界大战时的经济

战争期间，一个重要的货币上的发展是货币改造活动的推行。根据 1916 年的"钱币联合法"（Tevhid-i Meskukat Kanunu），政府终止了所有 1844 年以前造币的流通，并接受了一里拉兑换 100 库鲁斯的标准。它还为银行的国家付款设定了 300 库鲁斯的上限，并取消了各省在各种不同种类的银币上付款的各种汇率。这一措施消除了跛脚标准的银腿，并建立了黄金作为奥斯曼货币的唯一标准。[①] 这些迈向更大的货币统一的步骤。

然而，由于战争的紧迫性，稳定很快就被压倒了。政府开始发行大量的纸币，包括小面积的钱币以支付战争需要，银币从流通中消失。战争期间大多数日常交易是用纸币支付的，其面值开始低至一个库鲁斯。在战争的后期，奥斯曼货币体系由黄金加上不可转换的纸张组成，黄金以市场价格流通，成为账户单位的纸币。

在其最后的纸币实验中发现，其轮廓与之前的两个非常相似。纸币自1915年开始，和银币、金币一起流通。但随着流通量的扩大，汇率开始恶化。在过去两年的战争中，纸币供应的扩张加快，使得开梅成为这个时期战争的主导形式。在1917年初，纸币的数量达到了百万里拉，1917年底达到了一亿里拉。战争结束时，开梅的总量达到1.61亿，到1918年底仍有1.58亿。[②] 奥斯曼帝国银行也在战争期间增加了纸币的数量。

战时政府对开梅做出了这样一个承诺，即战争结束后国家将以黄金方式等价购买。这个期限从6个月到7年不等。对于第一系列的开梅，奥斯曼帝国政府将奥地利公共债务管理局的黄金等价物和黄金一起存贮。在随后的一系列开梅中，借用德国政府的国债作为担保。政府还在1918年设法出售了1800万里拉的战争债券。

伊斯坦布尔的开梅的汇率从1916年初的每黄金里拉120库鲁斯上升到1917年中期的400库鲁斯，战争结束时是500库鲁斯。省份的比例甚至更低。例如，1917年8月，在伊斯坦布尔的一个黄金里拉兑换

---

① 法律文本见 Kuyucak，Para ve Banka，Cilt I，214 – 216.

② Toprak，Turkiye'de Milli Iktisat，232 – 263. 另外一起纸币间谍事件发生在1911—1912年与意大利的战争中。奥斯曼指挥官 EnverPasa 在利比亚的部队，发行纸币既可以支付战争开支，也可以提供交换媒介，因为从伊斯坦布尔出货的硬币不能通过意大利封锁。K. M. MacKenzie，"Coins of Tripoli：Fertile Field of Study，"World Coins7（1983），106.

了 430 库鲁斯的纸币，在布尔萨和伊兹密尔是 450 库鲁斯，① 阿达纳是 600 库鲁斯，锡瓦斯和埃尔祖鲁姆为 666，特拉布宗为 500，摩苏尔为 766 库鲁斯，在阿勒颇为 555 库鲁斯。部分原因是货币扩张，部分原因是在首都的经济苦难中，战争期间的价格呈上涨趋势，特别是过去两年。伊斯坦布尔奥斯曼公共债务管理局编制的生活费指数从 1914 年 7 月至 1918 年最后一个季度增加了 18 倍。

---

① Toprak, Turkiye'de Milli Iktisat, 252.

第十四章　结论

本书研究了地处洲际贸易交叉口的大型帝国的货币史，其总是容易受到商业、支付和货币流通的影响。长途贸易、币种和从中世纪末到20世纪的金钱之间的强大的双向互动，使得采用全球视角看待这一数量问题至关重要。因此，货币史让我们有机会超过许多历史学家划定的范围，来研究近6个世纪以来近东与欧洲和南亚的历史之间的联系。

为了研究货币使用、信贷方式不断变化的模式，以及相关私人和公共机构的发展，这本书同时关注地方历史资料。本书作者查阅了关于矿藏、造币厂和货币市场的国家政策的性质，尤其是在帝国的核心区域的政策的性质。利用货币和档案证据，本书还追踪了不同奥斯曼货币的变化轨迹，研究了它们与外国货币的相互作用。基于这些区域性视角，这本书首次确立了涵盖整个帝国的货币体系的逻辑。随后，从16世纪到现代，这一逻辑体系也发生了很大变化。现在对这些发现进行概括。

关于金钱和信贷的使用问题。长期以来人们一直认为，东地中海周边的货币的使用仅限于长途贸易和部分城市经济。最近，各种证据表明，在城市地区人们广泛使用货币和信贷，在农村也是一样。随着16世纪农村人口的增加和城乡之间的经济联系的增长，由于国家对各种经济活动征税，农村人口中很大一部分人通过进入市场来使用造币。同样，小规模而又密集的信贷关系网络在城市中心及其周围地区发展。那里既不存在禁止利息和高利贷的伊斯兰教教派，也不存在阻止其在奥斯曼社会扩大信贷的正规银行机构。无论是穆斯林还是非穆斯林都在主要城市中心的大型放债人中占有突出地位。

　　尽管 17 世纪时，货币信贷关系以及农村与城市之间的联系受到破坏，随着 18 世纪的经济扩张和经济稳定的发展，这些关系又重新开始发展。19 世纪是融入世界市场和外贸迅速扩张的时期。农村人口不仅是经济作物生产者，也是进口商品的采购者。这些发展大大增加了货币和信贷的需求和使用，特别是在更商业化的沿海地区。

　　关于本书所描述的政治经济框架下提到的国家政策，有人认为，国家经济政策往往会十分重视那些大型社会团体的利益。15 世纪以来，中央官僚机构首先需要重塑伊斯坦布尔政府的经济政策。尽管帝国在 17 世纪和 18 世纪开始出现分散化的趋势，但各省的商人和农业生产者仍然没有足够的力量来改变这些政策。尽管如此，官僚主义的权力有限。国家政策往往不得不考虑社会团体的反对意见。在各省，当地壮大的社会团体对省级管理人员能力的要求越来越高。结果，经济政策和货币实验由国家与社会的相互影响而形成。

　　在货币实验中，奥斯曼帝国政府很清楚自身权力的局限性。与商品市场和长途贸易相比，政府控制物资或造币物资供应以及调节价格（即汇率和利率）变得更加困难。奥斯曼帝国的行政人员也意识到，在货币市场上，商人、货币兑换商和赞助商等参与者，比在商品市场上更容易规避国家的规则和法规。政府对货币市场的干预仍然有选择性，大多数发生在极端的货币动荡或战争等非常时期。总的来说，奥斯曼的货币实验表现出很大程度的可行性和务实性。

　　阿克斯和库鲁斯银含量大量减少。整体的货币贬值主要发生在以下三个时期：15 世纪下半叶梅赫德二世统治时期；16 世纪 80 年代到 17 世纪 40 年代经济和货币的不稳定时期；19 世纪初的穆罕默德二世统治时期，货币贬值和货币紧缩发生得比奥斯曼帝国历史上的任何其他时期都快。这种情况的出现并不是由于某种单一的原因，贬值背后的原因和动机实际上有很多。尽管如此，它们中的大多数都是有效的。

　　最重要的是，财政原因主导了奥斯曼帝国的贬值。国家是在衡量成本和利益之后才决定是否实施贬值政策，因此这些货币的贬值不是偶然。虽然这种做法使得帝国在经济上获得了利益，但付出的最严重的代价却是政治性的。因此遭到了强烈的反对，国家使用贬值手段的能力往往受到限制。

我们很难确定国家之外的社会团体是否能从贬值中获益。大多数城市群体、政府雇员、公会会员、店主和小商人都不喜欢货币贬值。每次贬值后，他们工资的购买力下降，货币贬值因此遭到了最为强烈的反对。17 世纪至 18 世纪，士兵与公会成员之间存在重大的重叠。因为许多人开始以工匠和店主的身份来做兼职。这种贬值增加了禁卫军和公会会员与其他不满组织组成联盟或加入首都某个或其他政治派别的可能性。这种广泛的反对行为是对贬值政策的主要威慑。而这种反对是否有效不应该以叛乱发生的频率来衡量。从长远来看，这种叛乱的威慑力阻止了中央政府频繁使用贬值手段。

如果在 19 世纪早期就采用了其他机制，特别是内部借款机制，中央政府就不会被迫采用这种迅速贬值的手段。但是，由于战争和改革的要求，中央政府在这一时期的额外资源需求前所未有的增加。尽管 18 世纪中叶之后取得了一些进步，奥斯曼信贷市场和机构仍然无法满足这一巨大的需求。

首都的禁卫军和公会成员对贬值活动的反对是非常合理的。从 15 世纪到 20 世纪，正在进行的伊斯坦布尔价格研究以及其他帝国主要城市价格的初步调查结果显示，长期来看，政府当局坚持货币贬值，或减少造币的贵金属含量是奥斯曼价格上涨的最重要原因。可以确定的是，在这些运动的中期，价格以银每克为单位。从 1500 年到 1640 年增加，18 世纪前几十年减少，直到 19 世纪中叶才再次增加。然而，这一切都维持在一个长期的基本水平上。

有很多原因能够解释，周期货币和经济状况往往会在长时间内相互影响和相互加强。货币稳定有助于扩大贸易和生产，而货币不稳定或货物短缺常常对信贷、生产和贸易活动产生不利影响。经济繁荣或经济活动的扩张往往使国家能够获得额外的收入，有利于货币稳定。由于这些原因，我们可以认为，货币和经济状况之间存在很大的长期相关性。因此，关于货币状况的这一卷的结论应该有助于我们更多地了解奥斯曼帝国经济中的长期趋势和经济周期。

　　大多数经济史学家都认为，16 世纪初至 16 世纪 80 年代这段时间是人口和经济扩张的时期，至少在帝国的核心地区是这样。从货币历史中获取的证据确实如此。16 世纪另一个长期争议的话题是货币改革。关于 16 世纪和 17 世纪伊斯坦布尔和其他奥斯曼城市整体价格涨幅，我的看法与巴尔坎的相似。然而，至于这种整体增长趋势的具体情况，我所获得的各种类型的物价显示，当时白银占比较小，能够证实巴尔坎 25 年前提出的奥斯曼帝国贬值的部分观点。这些结果表明，价格革命对奥斯曼帝国经济和金融危机的影响并不如曾经想象得那么大。

　　此外，最近关于价格革命的辩论表明，除了基于简单的数量—理论框架之外的解释，还需要更多不同的思考。因此，欧洲和亚洲以及近东的人口增长、城市化和商业化的长期趋势与货币流通速度之间的因果关系，还需要对价格变化进行更为详细的审查。

　　关于最初欧洲价格革命的争论引起广泛关注的原因之一，是汉密尔顿伯爵及其追随者对新收入利用重新分配的方式使得价格上涨，为资本主义的兴起铺平了道路。以类似的方式，奥斯曼的价格上涨被解释为 16 世纪末的"奥斯曼帝国衰退"的转折点和主要原因。回想起来，这些认为价格革命是一个关键历史事件的说法有些夸张。毫无疑问，奥斯曼帝国经济和社会在 16 世纪末面临严峻的困境。然而，这些困难与其他更为复杂的原因相关，例如经济困难、福利待遇的变化以及欧洲的工业化等。此外，在 16 世纪末，奥斯曼农业和工业并没有进入一段不可逆转的时期。

　　直到最近，奥斯曼史学描述了 16 世纪后一个帝国的衰落。作为适应不断变化的情况的一种方式，这种模式正在被一个更加强调国家和社会重组能力的模式所替代。这一推论的转变，是因为经济史学家质疑，17 世纪和 18 世纪是否只是一个充满危机和经济停滞的时期。这一推论能够得到大量货币史的支持。本卷的结论表明，17 世纪是货币不稳定甚至解体的时期。这些不利条件不可避免地对经济产生不利影响。相比之下，伴随着经济扩张和经济稳定，18 世纪成了奥斯曼货币体系复苏的时期。此外，18 世纪帝国中心与边缘地区之间的货币联系大大加强。因此，货币史证据表明，贬值不可逆论不仅站不住脚，而且还与 17、18 世纪的真实情况截然不同。

与以前有关奥斯曼帝国货币史的研究不同，目前本书数据采用了涵盖整个帝国的全民的视角，并将目光集中在整个奥斯曼货币体系上，关注部分与整体之间的联系。根据现有材料的内容，本书涵盖了从巴尔干和克里米亚通过叙利亚、埃及和海湾到马格里布的帝国所有地区。这些地区的贸易和支付模式与西欧到印度洋地区完全不同。很明显，帝国中心与这些地区之间的政治、行政和经济联系也有很大的差异。因此，我们的理论反映了货币的复杂性和异质性，及其对当地发展和全球经济力量的回应。他们坚信，这个巨大的帝国不仅需要作为世界经济体的一部分进行审视，也需要放在整体的社会变迁中考察。同样重要的是，奥斯曼帝国不应被视为一个封闭或被控制起来的个体，而应被作为一个多元的、边界模糊的实体，特别是在处理有关货币历史的问题时。

直到 16 世纪，奥斯曼帝国覆盖了安纳托利亚大部分地区和巴尔干地区，都有一个独特的货币体系。然而，随着奥斯曼帝国的扩张，这个简单的货币制度无法继续延续下去。整个奥斯曼帝国人一直在寻求兼顾钱币与流通的两全方法。在整个帝国，从巴尔干地区到埃及和马格里布地区，金币都是主权的重要象征。苏丹尼的质量标准与维多利亚州的重量标准保持一致，威尼斯达克特成了地中海及其以外地区的长途贸易的公认标准。

在日常交易中使用的银币，在某种程度上中央政府选择在新征服的地区的长途贸易中保留当地货币。产生这种偏向最重要的原因是为了避免经济破裂和可能出现的动乱。中央政府是否具有统一帝国银币的能力尚不可知。因此，扩大帝国建立货币体系的任务，在很大程度上依赖其实用性和可行性。

结果，在货币和其他事项上，帝国的不同区域出现了不同程度的行政管控。其核心是首都机构的管理，与伊斯坦布尔地区类似。随着距离首都的距离越来越远，机构和行政做法反映了首都与各省之间的平衡在不断发生着变化。

我们的发现也表明，几个世纪以来帝国中心与外围之间货币联系的性质发生了重大变化。伊斯坦布尔与奥斯曼帝国其他地方，埃及、的黎波里、突尼斯和阿尔及尔不同地区的货币政权之间的联系在 17 世纪即使没有完全消失，也还是受到了大幅削弱。相比之下，这些关系在 18 世纪得到恢复甚至加强。对于开罗和的黎波里而言，这些联系最为强大，但对突尼斯、克里米亚和阿尔及尔来说，却比较微弱。关于货币和通货的说明可能显得矛盾，因为 18 世纪被历史学家普遍认为是帝国日益分散化的时期。现在讨论这些事态发展是否实际上为 19 世纪的集中化奠定了基础还为时尚早，但是这个论点值得认真考虑。

因此，本书中采用的全面货币史视角对其他重要问题提出了重要的见解，其中最重要的是奥斯曼帝国制度的历史和演变、帝国的概念、实体的性质，以及奥斯曼帝国本身关于货币的看法。

致谢

多年来，我从不同渠道获得了诸多人士的帮助，很荣幸能在此对他们表示感谢。如果哈利勒·先令没有花费几十年的时间为研究 17 世纪的奥斯曼货币奠定基础，我都不可能尝试这个项目。我还想感谢他近年来一些启发性的谈话。当哈利勒·伊纳志克邀请我为《剑桥集》撰写一篇有关奥斯曼帝国的经济和社会史的文章时，随着那一篇文章发展成如今的书，我对土耳其货币史的兴趣开始变得浓厚，我很感激他多年来的鼓励和支持。库尼·奥尔斯是对奥斯曼钱币学贡献最大的学者，我从他的出版著作中受益匪浅。

在与众人谈话和信件交流的过程中，我收获颇丰，特别是在收集帝国不同地区货币状况变化的资料、信息和证据上受益匪浅。以下人员为我提供了不可或缺的帮助，特在此感谢：艾萨·阿巴斯、穆罕默德·阿瑞提、内兹·艾库特、瑟库瑞·贝斯曼、佐田·布尔巴基、雅武兹·恺撒、克里斯托弗·克莱、迈克尔·库克、琳达·达林、阿卜杜勒哈米德·芬尼亚、埃琳娜·傅瑞格克斯 – 赛雷特、穆罕默德·根茨、耐莉·汉娜、瑟库瑞·卡萨巴、Hasan Kayali、鲁迪·林德纳、穆罕默德·El-Najdawi、约翰·麦卡斯克盖尔、鲁迪·马太、莱斯利·皮尔斯、图尔坎·雷多、阿卜杜尔 – 卡里姆·雷夫、琳达·席勒、莎拉·希尔兹、塔尔·舒拉、阿夫拉姆·阿多维奇、伊丽莎白·撒迦利亚，以及多尔·泽厄维。许多人在这份手稿的不同阶段或成稿时阅读了其中的部分。感谢以下人员提出的宝贵建议和意见：埃德汉·埃尔登、琳达·达林、丹尼斯·弗林、帖木儿·库兰、肯尼斯·M. 麦肯齐、唐纳德·奎塔特、法鲁克·塔巴克，以及塞弗·托普拉克。近年来，我有幸与以下得力的研究助理共事：居文·巴克雷则、杰姆·埃莫伦斯、雷迪尔·乌孜别克、伊萨克·泽尔、菲根·塔什肯，哈姆迪·敦瑟。我还想感谢以下大学的债务研讨会和会议的组织者和参与者，我将在后面详细介绍他们。我从收藏夹最近的研究中受益匪浅，希望能以此书作为回报。我也认识到他们关注和强调的问题经常与经济史学家的不一样。在最后的分析中，我认识到我们的不同偏好是我们的差异和共同兴趣的生动案例。这本书的部分内容包括：开罗大学、本·古里安大学、薄伽丘大学、哥伦比亚大学、哈佛大学、密歇根州安阿伯大学、中东技术大学、俄亥俄州立大学、普林斯顿大学、犹他州特拉维夫大学、威尼斯大学以及位于西雅图的华盛顿大学。当然，所有的观点和错误都属于作者的责任。

近年来，我一直在许多图书馆查阅资料，目的就是查阅更广范围的货币史的细节。在这些当中，我要特别感谢普林斯顿大学的火石图书馆收集的资料和他们的员工。我还要感谢伊斯坦布尔首相奥斯曼档案部的工作人员，感谢他们的长期援助。通过查阅位于纽约的美国钱币协会收集的有关奥斯曼货币的资料，我在土耳其货币标准上的工作更加容易。我要特别感谢伊斯兰钱币的馆长，迈克尔·贝茨，感谢他在我工作期间为我提供的帮助。我要感谢美国钱币协会和位于伊斯坦布尔的 Yapl ve Kredi Bankasl 文化中心及其主任赛纳·森图尔克，感谢他们允许我发布一些他们收集的钱币的图片。Ali Akylldlz 和埃德汉·埃尔登也提供了图片、纸币和汇票。我还要感谢剑桥大学出版社的玛丽戈尔德·阿克兰和莱斯利·特金，感谢他们在项目的每个阶段给予的耐心、支持和专家援助。

第八章和第九章的部分内容是论文《国内货币缺乏之时：在 17 世纪的奥斯曼帝国时期，贬值的欧洲货币》，该文发表在 1997 年的《经济史》期刊中。我要感谢剑桥大学出版社许可使用这些材料。

最后，我感谢阿塔图尔克研究所的经济学部门，博斯普鲁斯大学以及土耳其科学院的研究基金项目，项目编号为 97-HZ101，感谢他们对本研究项目的支持。